JÉSUS
contre
JÉSUS

Des mêmes auteurs

Édition critique de
En compagnie d'Antonin Artaud
(journal de Jacques Prevel)
Flammarion, 1994

Corpus Christi : enquête sur l'écriture des Évangiles
Mille et Une Nuits/Arte éditions, 1997-1998

DE GÉRARD MORDILLAT

Vive la Sociale ! revu et corrigé…
Mazarine, 1981, et Seuil, coll. « Point Virgule », 1987

A quoi pense Walter ?
Calmann-Lévy, 1987, et Seuil, coll. « Point Virgule », 1988

L'Attraction universelle
Calmann-Lévy, 1990, et LGF, 1993

Béthanie
Calmann-Lévy, 1996, et LGF, 1998

Le Retour du permissionnaire
Éditions de la Pionnière, 1999

DE JÉRÔME PRIEUR

Nuits blanches : essais sur le cinéma
Gallimard, coll. « Le Chemin », 1980

Séance de lanterne magique
Gallimard, coll. « Le Chemin », 1985

Le Spectateur nocturne
Éditions des Cahiers du cinéma, 1993

Guerre Éclair
Éditions de la Pionnière, 1997

GÉRARD MORDILLAT
JÉRÔME PRIEUR

JÉSUS contre JÉSUS

ÉDITIONS DU SEUIL
27, rue Jacob, Paris VIe

ISBN 2-02-034994-9

– Qui êtes-vous ? me demanda-t-il.
– Pas de question embarrassante, lui répondis-je.

LAURENCE STERNE, *Tristram Shandy.*

Les Évangiles, un texte miné

Le lecteur des Évangiles s'aventure toujours en terrain miné.

Miné, parce que pour beaucoup l'histoire de Jésus tient du livre d'images et que les images de Jésus minent le texte. A travers les cathédrales, les églises, les musées du monde entier ou l'imagerie populaire, nous sommes convaincus d'avoir *vu* son histoire, d'en avoir été témoins, de l'être encore et toujours. Nous la connaissons par cœur : c'est l'enfant qui naît dans la crèche de Bethléem entre le bœuf et l'âne, c'est la Vierge Marie le tenant contre son sein, c'est Joseph, son père, le charpentier, ce sont les rois Mages venus l'adorer, c'est Jean-Baptiste le baptisant dans le Jourdain. Ce sont les douze disciples, ce sont les noces de Cana, c'est l'homme de Nazareth marchant sur les eaux, multipliant les pains, guérissant des malades, accomplissant des miracles, ramenant Lazare à la vie. Ce sont les marchands chassés du Temple, les Douze attablés lors de la Cène, c'est la trahison de Judas, l'arrestation sur le mont des Oliviers, le jugement des grands prêtres, Pilate se lavant les mains. C'est la Passion, le Golgotha, la croix gigantesque, la mort du Crucifié et Marie accablée de douleur. C'est la Résurrection, la sortie du tombeau, les apparitions aux pèlerins d'Emmaüs, Thomas qui ne croit que ce qu'il voit, puis le Christ qui s'élève dans les nuées.

Depuis des siècles, nous vivons au rythme des jours qui scandent les étapes du destin de Jésus : Noël, Pâques, l'Ascension…

Sans le savoir, nous sommes les protagonistes et les spectateurs du drame interprété en son nom. Nous respirons et nous pensons à l'intérieur du récit évangélique, de son modèle, de son tragique, de sa morale, de sa structure mentale. Croyants ou incroyants, comme on dit, athées, agnostiques, chrétiens ou non, « Jésus-Christ » fait partie de notre mémoire, de notre conscience et de notre inconscient.

Miné, parce que rien ne vouait Jésus à être connu après sa mort : il n'avait rien laissé, et aucun document de son temps ne le mentionnait, ni lettre officielle ni écrit privé. Il est le sujet d'une œuvre entièrement posthume dont il est l'inspirateur, faute d'en être l'auteur. Jésus est ce que les autres ont fait de lui. Il a été « écrit », saisi par la littérature. Les croyants y verront l'action de l'Esprit-Saint inspirant les rédacteurs, les non-croyants s'en remettront aux circonstances qui firent que, dans l'entourage de Jésus ou dans l'entourage de ceux qui lui succédèrent, il s'en trouva un ou plusieurs pour mettre sa vie et sa mort en récit contrairement aux autres prophètes messianiques de son temps, dont il ne reste au mieux que le nom. Contemporains des portraits du Fayoum ou des fresques de Pompéi, les Évangiles sont l'archive de l'un de ces innombrables misérables qui aurait dû rester à tout jamais anonyme. Malgré leurs limites, nous disposons sur Jésus d'une information bien plus riche que celle que nous pouvons avoir sur un marchand égyptien ou un paysan syrien de la même époque, voire sur n'importe quel journalier, colporteur ou vagabond du XVIIe siècle.

Deux grandes traditions narratives s'opposent à l'intérieur des écrits canoniques, c'est-à-dire des textes reconnus par l'Église : celle des évangiles selon Marc, Matthieu et Luc, les « synoptiques » parce qu'on peut les confronter d'un même regard, et celle de l'évangile selon Jean. Elles ne s'accordent ni sur le lieu de sa naissance, ni sur la durée de l'activité de Jésus, ni sur l'identité de ses disciples, ni sur ses miracles, ni sur son procès, ni sur la date de sa mort, ni sur ses apparitions… Devrions-nous pour autant écarter ces documents, d'autant plus que ce ne sont que des « archives internes » au mouvement chrétien ? « Que resterait-il de Salamine si l'on "écartait" Hérodote et Eschyle sous prétexte qu'ils sont partisans ? Que resterait-il de Jésus si on "écartait" les Évangiles ? » interroge Pierre Vidal-Naquet.

Miné parce que, malgré les apparences, la distinction entre les écrits reconnus par le Canon du Nouveau Testament et les textes rejetés par lui, les « apocryphes » (les textes cachés), n'a évidemment pas la moindre pertinence à l'origine. Elle n'a surtout aucune réalité avant la définition d'une « orthodoxie » qui interviendra entre le IIe et le IVe siècle au prix de négociations, de compromis, d'épreuves de force. Le fragment du récit de la Passion qui constitue l'évangile de Pierre, la liste de paroles de Jésus dont est composé l'évangile de Thomas finiront par être considérés comme hérétiques, à la différence de l'évangile selon Jean dont cela faillit pourtant être le sort, tout comme l'Apocalypse placée sous son nom. Quant au dialogue philosophique que propose *Le Pasteur* d'Hermas, il fit partie de certaines listes avant d'être finalement écarté du Canon.

Bien qu'ils portent un nom d'auteur, les Évangiles n'ont pas été écrits d'un seul trait par les dénommés Marc, Matthieu, Luc ou Jean qui auraient suivi Jésus pas à pas, du début de sa prédication jusqu'à sa crucifixion. Les évangélistes ne sont pas les Apôtres, une ou deux générations au moins les séparent d'eux. Si vive soit leur origine sémitique, ces récits nous sont tous parvenus, sans aucune exception, en langue grecque, jamais en hébreu ou en araméen – encore moins en latin ! Avant d'exister comme récits, leur formation a vraisemblablement commencé, au plus tôt, vingt ans après la mort de Jésus. Leur mise au point a dû s'étaler sur une durée longue jusqu'à la fin du Ier siècle, en plusieurs phases, sur plusieurs registres, selon un processus tortueux qu'il faut essayer de dénouer à partir de l'état actuel du texte.

Les Évangiles ne sont pas l'œuvre d'un seul homme mais de plusieurs regroupés sous l'autorité d'une figure emblématique qui n'a peut-être d'autre réalité que celle de son nom et d'autres finalités que celles de sa communauté. C'est pourquoi il ne faut jamais perdre de vue un fait essentiel que l'on a trop tendance à méconnaître et dont la portée est lourde de conséquences : personne ne peut affirmer *avec exactitude* où les Évangiles ont été écrits. Ni quand, ni par qui, ni pour qui, ni contre qui. Plutôt que de répondre à nos questions, les textes se répondent d'abord entre eux, durant cette période particulièrement bouleversée pour le judaïsme qu'a été la seconde moitié du Ier siècle.

L'Évangile fut d'abord oral et sa lettre n'était pas destinée à être fixée. Les Évangiles écrits n'étaient pas davantage voués à se pérenniser et à traverser les siècles pour parvenir jusqu'à nous. Les livrets évangéliques étaient (et sont toujours dans leur fonction liturgique) des « scénarios », des argumentaires, une trame conçue pour être interprétée, développée, prolongée, transformée. Les Évangiles sont une littérature qui agglomère par blocs tous les genres littéraires qui ont été nécessaires à leur élaboration, sans que l'on puisse jamais les résumer à un seul. Ils sont compilations, paraphrases, citations, surcharges, répétitions, commentaires, digressions, controverses.

Tour à tour récits biographiques, fables pieuses, légendes historiées, scènes dialoguées, sentences morales, conseils pratiques, traités philosophiques, les textes évangéliques sont d'abord des textes de propagande dont l'objectif est de propager la foi, d'attirer, de convaincre, de convertir. Leur projet est, avant tout, de faire de leurs destinataires des *croyants*. Le texte est « parole d'évangile ». Mais si Constantin ne s'était pas converti au début du IVe siècle, entraînant à sa suite tout l'Empire romain puis tout l'Occident, comment lirions-nous maintenant ces récits, si jamais ils n'avaient pas disparu ?

Dix-neuf siècles après sa rédaction, faut-il que le texte soit si puissant pour qu'il projette jusqu'à nous non seulement le corps d'un personnage nommé « Jésus de Nazareth », à la fois réel et imaginé, mais avec lui des parcelles d'histoire. Comme si entre les mots, entre les lignes, elles apparaissaient çà et là, par éclair, par illumination, tel le Ressuscité au bord du lac de Tibériade se montrant à ses disciples qui d'abord ne le reconnaissent pas. Le lecteur des Évangiles serait-il invité comme les disciples, comme les chrétiens, à reconnaître l'histoire dans le texte, là où les mauvais lecteurs ne reconnaissent rien ?

Comment ne pas être tenté en effet de lire dans les Évangiles la chronique à quatre voix des faits et dits de Jésus, comme des pages arrachées à sa biographie ? Pourtant, l'écart qu'ils ne cessent de creuser entre le Jésus « né d'une femme » et le Jésus « né du texte » est vertigineux. D'autant plus vertigineux qu'il est démultiplié par les rôles et les missions que les auteurs des vingt-sept livres du Nouveau Testament assignent *a posteriori* à leur Christ.

Jésus est une projection de chaque communauté qui en fait son porte-parole. C'est Jésus *selon* Marc, *selon* Matthieu, *selon* Luc, *selon* Jean. Le vocabulaire évangélique agrandit à l'extrême la perspective des narrations. Il convoque le Royaume, le Seigneur, les douze trônes, le « règne sur la terre entière » – comme s'il s'agissait déjà d'un drame élisabéthain auquel seraient conviés ceux qui discernent la véritable identité de Jésus. Alors qu'il y a tout lieu de penser que le nombre de ses partisans était des plus réduits, ce sont toujours des « foules » qui le suivent, son entrée à Jérusalem ne peut être que « triomphale », et s'il se rend au Temple, c'est pour le « purifier », comme autrefois Judas Maccabée, le libérateur de la terre sacrée d'Israël. Mais cette exagération tendancieuse n'est rien à côté de l'invincible majoration des textes sous l'effet de toute l'histoire postérieure au christianisme.

Le projet des évangélistes ne saurait être de dire l'histoire, mais de lui donner un sens. Pour eux, elle n'existe qu'interprétée théologiquement. Cette conception amène tout aussi bien les rédacteurs à modifier ce qu'ils savaient de Jésus pour plier sa biographie à leur objet qu'à respecter leurs sources, mais en les enveloppant d'un réseau de références qui en bouleversent la perception. Quoi qu'en pensent certains, départager la légende de la réalité, détacher l'une de l'autre, relèvera toujours de la conjecture tellement la théologie et les faits sont enchâssés.

Paradoxalement, ce sont les invraisemblances de toutes sortes, l'hétérogénéité des sources chrétiennes, leurs lacunes, leurs contradictions, leurs défauts, leurs fractures qui permettent de s'immiscer dans le texte pour remonter le temps.

Le texte des Évangiles est à double fond, il amalgame constamment deux réalités anachroniques : celle de Jésus en son temps, les alentours des années 30 de notre ère, en Galilée et en Judée, et celle à laquelle ont à faire face ses héritiers lors de la rédaction de ces récits, des années plus tard, loin de Palestine. Lire le texte, c'est donc détecter en lui ce double jeu permanent entre ce qui appartient à l'histoire du temps de Jésus et ce qui relève de sa réécriture, lors de la formation, puis de la rédaction et enfin de l'édition des livres qui composeront, par opposition à la Bible hébraïque, le Nouveau Testament. L'histoire factuelle dont témoignent apparemment les Évangiles n'est peut-être jamais qu'un écran qui voile les enjeux profonds du texte : l'enjeu doctrinal (fonder une interprétation), l'enjeu généalogique (fonder une autorité), l'enjeu liturgique (fonder un culte), l'enjeu polémique (fonder des exclusions), l'enjeu symbolique (fonder une appartenance). L'histoire « nous confronte sans cesse avec des étrangetés devant lesquelles notre réaction la plus naturelle est de ne pas voir ; loin de constater que nous n'avons pas la bonne clé, nous n'apercevons même pas qu'il y a une serrure à ouvrir », comme le rappelle Paul Veyne.

Miné, parce que, pour traverser ce champ de mines, un corps spécial de démineurs s'est constitué à travers le monde, patients déchiffreurs de signes, explorateurs de pages. Extraordinaires lecteurs, comme on en voit peu désormais, capables de mesurer l'enjeu d'un livre sur un seul mot. « En exégèse, dit modestement Charles Perrot, toutes les méthodes ou presque ont leur intérêt, à la condition d'être maniées avec humour. »

Le paradoxe est que ce corps spécial de lecteurs provient pour l'essentiel des institutions chrétiennes. C'est donc à l'intérieur même de l'Église qu'ont été formés et aguerris la plupart de ceux dont la fonction est de faire exploser ce texte apparemment si simple, si évident et en réalité si souvent opaque et torturé, dangereux pour qui s'en approche de trop près, puisque à son contact les certitudes se désagrègent. N'est-ce pas pourquoi, pendant des siècles, l'Église s'est opposée à la recherche, puis, en désespoir de cause, à la divulgation de ses résultats, redoutant qu'à force de déminer les textes ce soit la foi qui soit minée ?

Probablement n'est-ce pas tout à fait le hasard si le même mot ouvre et ferme la bibliothèque que composent les textes réunis par le Nouveau Testament : le mot *biblos*, qui passe à la fin du singulier au pluriel, du livre aux livres. Les Évangiles sont une incroyable machine à produire du sens, du savoir, de l'histoire, de la foi, du doute, mais surtout une incroyable machine à produire sans cesse du langage. Lire ce livre aujourd'hui, c'est éviter d'être aveuglé par les commentaires qui se sont substitués à lui. Constructions, gloses, interprétations, extrapolations produites par le texte lui-même et sa propre combinatoire qui font apparaître un Jésus encore autre, un Jésus né des siècles de lectures. « L'expérience d'une lecture purement *littéraire* d'un texte évangélique a sans doute quelque chose d'une gageure, remarque Jean Starobinski. Cette lecture s'ajoute à toute l'exégèse antécédente, qu'elle ignore ou feint d'ignorer. En ce qu'elle n'est ni la lecture d'un croyant ni celle même d'un théologien d'une autre confession, elle paraîtra inadéquate par son extériorité même. Extériorité que ne compensera pas le fait de s'enfermer *à l'intérieur* du texte pour tenter d'en saisir tout le sens. Pour celui qui se livre à ce genre d'exercice, c'est une mise à l'épreuve. Saura-t-il discerner autant de faits significatifs qu'en a su voir la tradition exégétique ? »

Aucune certitude historique, aucune vérité scientifique, aucun schéma unique ne saurait jamais résoudre, une fois pour toutes, les questions du texte. Il faut sans cesse varier les points de vue, les perspectives, les approches, savoir prendre le contre-pied du récit, le retourner comme un gant sans jamais perdre de vue ce qui devait être sa cohérence. Les réponses seront définitivement provisoires, partielles, hypothétiques, conditionnelles, ouvertes sur de nouvelles questions, appelant sans cesse à lire, à relire les Évangiles en se défiant en permanence des deux préjugés majeurs qui, depuis toujours, brouillent leur approche : d'une part le « rationalisme » qui suppose chez les évangélistes le projet de tromper les lecteurs pour les amener à l'Église et, à l'inverse, le « christocentrisme » qui, proclamant que Jésus est le Christ, prétend tout expliquer, même l'inexplicable, faisant de cette certitude la clé de compréhension du Nouveau Testament, sans quoi le texte demeurerait foncièrement illisible.

Miné, enfin, par un fantôme plus invisible et plus mystérieux que les autres, le fantôme du lecteur, de l'auditeur, du destinataire des Évangiles. Nous ignorons quel était l'usage du livre, son mode d'emploi. A la place du rouleau connu jusque-là, l'invention du *codex*, ce petit cahier facilement maniable écrit recto verso, a dès l'origine propagé la diffusion des Évangiles à travers les couches sociales, les niveaux de culture, les régions du pourtour méditerranéen avec un succès extraordinaire. Ce lecteur d'autrefois est un frère et un étranger. Nous ne lisons plus comme il lisait jadis, mais nos yeux, à nouveau, déchiffrent les mêmes mots, nos oreilles les entendent, nos bouches les prononcent.

Miné, parce que, à chaque ligne, à chaque mot, le texte des Évangiles vise à nous faire oublier qu'il est ce qu'il est, un récit construit de bout en bout. Miné, parce que sa logique ne nous apparaît plus. Miné, parce qu'il ressemble à un puzzle dont certaines pièces manqueraient et d'autres seraient en trop. Miné parce que, comme la lettre volée d'Edgar Poe, la solution de l'énigme est toujours là, sous nos yeux, dans le texte. Dans ce livre que tous croient connaître et que plus personne ne lit. Dans ce livre qu'il faut apprendre à lire. A lire comme un livre.

Nous nous sommes constamment référés à :

– la dernière édition de *La Bible de Jérusalem* (Éd. du Cerf, 1998) pour la plupart des citations de l'Ancien et du Nouveau Testament ;

– ainsi qu'à la *Synopse des quatre évangiles* établie par P. Benoît et M.-É. Boismard (Éd. du Cerf, 1990).

1
Inconnu

« Ne demande pas pourquoi le Christ est né le jour de Noël, conseillait le célèbre auteur de romans d'espionnage John Le Carré, demande plutôt s'il est né. » La réponse à cette question est aisée : le Christ n'est pas né le 25 décembre ou n'importe quel autre jour. Le Christ n'est pas né. « Christ » n'est pas le nom d'une personne, c'est un titre attribué à Jésus après sa mort. Sans que nous sachions, d'ailleurs, à quel moment précis.

Actes de naissance

Si le Christ, c'est-à-dire le Messie, est une figure théologique, Jésus, lui, est un individu dont il faut affirmer d'emblée que nous ne savons rien (ou presque), sinon qu'il est mort. D'où chacun peut déduire qu'il est né, mais quand ? On affirme un peu partout que Jésus serait venu au monde en – 4 ou en + 6. En tout cas quelques années autour du commencement de notre ère. Avant ou après Jésus-Christ donc… Mais l'évangile selon Marc comme l'évangile selon Jean ignorent cet événement et celui de Matthieu situe la naissance « au temps du roi Hérode », sans plus. C'est-à-dire durant le règne d'Hérode le Grand qui s'étendit sur plus de trente ans (de – 37 à – 4). Selon Luc, c'est également « aux jours du roi Hérode » qu'Élisabeth, la cousine de Marie, la mère de Jésus, conçoit Jean le Baptiste. Chez Luc toujours, Marie enceinte quitte Nazareth pour se rendre à Bethléem où Joseph, son mari, doit répondre au recensement de « l'univers entier », ordonné par les autorités impériales. Mais comment Jésus a-t-il pu naître « au temps du roi Hérode » (mort en l'an 4 avant notre ère) et être recensé (avant même d'être né) par Quirinius, le légat romain de Syrie, en l'an 6, dix ans plus tard ? Selon Luc, Jésus naît au moment où, selon Matthieu, il aurait atteint l'âge de quatorze ans.

Lorsque Jésus entame sa prédication, en « l'an quinze du principat de Tibère César » (Lc 3,1) – ce qui correspond à la fin de l'an 27 de notre ère ou au début de l'an 28 –, il a « environ trente ans » (Lc 3,23). Que faire de l'indication contenue dans le quatrième évangile où Jésus est accusé par ses contradicteurs de se vanter d'avoir connu Abraham, alors qu'il n'a « pas encore cinquante ans » (Jn 8,57) ? Comment Jésus peut-il avoir environ trente ans quand il est sur les rives du Jourdain avec Jean le Baptiste et pas encore cinquante ans juste quelque temps plus tard ?

Serait-il né une vingtaine d'années plus tôt que ce que l'on croit ? Les « trente ans » de Jésus ne seraient-ils pas plutôt à rapprocher du chiffre symbolique qui marque la maturité dans la tradition juive ? Joseph, le patriarche, a cet âge quand il devient le premier ministre du Pharaon, et David aussi quand il est couronné... Quant au « moins de cinquante ans », le chiffre n'est-il pas déduit de la durée des travaux de construction du second Temple de Jérusalem ? Dans l'évangile selon Jean, Jésus dit aux juifs : « Détruisez ce sanctuaire et en trois jours, je le relèverai. » Les juifs lui dirent alors : « "Il a fallu quarante-six ans pour bâtir ce sanctuaire, et toi, en trois jours tu le relèveras ?" Mais lui parlait du sanctuaire de son corps » (Jn 2,20). D'où le raisonnement : si Jésus parle du Temple comme de son corps, si la construction du Temple a commencé il y a quarante-six ans, Jésus n'a donc pas encore cinquante ans, mais quarante-six.

A l'évidence, les rédacteurs des Évangiles s'inquiétaient moins que nous de ne pas connaître l'année de naissance de Jésus.

Ainsi, pendant longtemps, la date anniversaire de la nativité resta fluctuante : Clément d'Alexandrie se prononçait pour célébrer Noël le 19 avril ; le 18 avril avait aussi ses partisans, tout comme le 28 mars ou le 29 mai. En Orient, c'était le 6 janvier qui était célébré. Au terme de nombreux débats exclusivement liturgiques, l'Église de Rome attendra la fin du règne de Constantin (mort en 337) pour célébrer la naissance de Jésus le 25 décembre. Noël remplacera désormais la fête du dieu solaire, Mythra, qui marquait le solstice d'hiver. Datée du milieu du IIIe siècle, la plus ancienne mosaïque chrétienne actuellement connue – celle du mausolée des Julii au cimetière du Vatican – représente d'ailleurs le Christ-soleil sur son char triomphal, *Natalis solis invicti*…

C'est deux siècles plus tard qu'un moine romain, l'un des plus érudits de son temps, Denys le Petit, proposa de substituer à l'ère de Dioclétien une ère nouvelle, l'ère de l'Incarnation, l'ère chrétienne qu'il a léguée à l'Occident. Nous ignorons comment Denys le Petit procéda exactement, mais il est sûr que les contradictions des indices chronologiques à l'intérieur des Évangiles ne l'ont pas arrêté dans ses calculs. S'appuyant principalement sur Luc, il confondit les années de Rome et se trompa en fixant le point zéro de notre ère. Date parfaitement arbitraire, l'an 2000 est, en réalité, l'an 2003 ou l'an 2004 de l'ère chrétienne.

Fils de Marie

S'il est résolument impossible d'atteindre la date de naissance de Jésus, peut-être pouvons-nous au moins cerner ses origines. Les Évangiles semblent indiquer avec fermeté l'identité des parents de Jésus – Joseph et Marie –, même s'ils hésitent entre Nazareth et Bethléem pour localiser le lieu de sa venue au monde. La scène de la nativité est presque aussi universellement connue que celle de la crucifixion. Elle est pourtant assez éloignée des textes du Nouveau Testament. C'est avant tout une création de la ferveur populaire propagée par les évangiles apocryphes et surtout, au début du Moyen Age, par *La Légende dorée* de Jacques de Voragine.

Si l'on y regarde de plus près, le personnage de Joseph est même quasiment absent des évangiles canoniques. Joseph apparaît cinq fois dans le premier chapitre de l'évangile de Matthieu, mais n'est jamais mentionné chez Marc et chez Jean. Quant à Luc, c'est exclusivement dans les récits de l'enfance qu'il intervient, moins d'une dizaine de fois. D'après Matthieu et Luc, Joseph n'est pas à proprement parler « le père » de Jésus, ce qui expliquerait la modestie de son rôle. Il n'est pas son géniteur, mais son père adoptif, son père nourricier, son père légal, celui qui assume la paternité et accepte sous son toit l'enfant de Marie avant de s'effacer de l'histoire.

D'ordinaire, Joseph est représenté comme un homme âgé, mais la lecture des Évangiles ne donne aucun indice pour supposer son âge. Si l'on se réfère à la tradition juive attestée aux environs du IIe siècle, un jeune juif est prêt « à dix-huit ans pour le dais nuptial », il est donc plus probable que Joseph ait été un jeune homme lorsqu'il épousa Marie. D'autant que, dans l'évangile de Luc, la construction parallèle des récits de la naissance et de l'enfance de Jean le Baptiste et de Jésus rend symétriques les deux destins. L'évangéliste laisse à penser qu'au couple de vieillards stériles (Zacharie et Élisabeth) doit s'opposer un couple de jeunes gens vierges (Joseph et Marie), tels qu'exceptionnellement ils ont été représentés par Murillo dans *Le Mariage de la Vierge*.

Dans *Jérusalem au temps de Jésus*, Joachim Jeremias indiquait que les fillettes pouvaient être « fiancées » dès l'âge de cinq ans et que, nubiles entre douze et treize ans, leur père avait tout pouvoir sur elles, notamment de les marier ou de les vendre comme esclaves : « On acquiert une femme par l'argent, contrat et rapports sexuels », peut-on lire dans le Talmud de Babylone. Selon la coutume juive, un engagement juridique formel liait les deux conjoints. Une fois les « fiançailles » célébrées, l'épouse, surtout si elle n'était pas encore pubère, demeurait un an encore sous le toit paternel avant de passer sous l'autorité de son mari. Ainsi Matthieu peut-il présenter sans contradiction Marie comme « la fiancée » de Joseph et parler de lui comme de « son époux ». Pendant cette période intermédiaire, toute relation sexuelle était interdite. Or, toujours selon Matthieu, avant que Joseph et Marie aient mené vie commune, Marie « se trouva enceinte du fait de l'Esprit-Saint » (Mt 1,18). Marie est une enfant enceinte.

« Né de la prostitution »

Il est frappant de constater qu'à travers les Évangiles Jésus n'est pas identifié par ses contemporains comme « Jésus fils de Joseph », ainsi que le voudrait la tradition juive, mais comme « Jésus de Nazareth », comme « le Nazôréen » ou « le Galiléen », voire, plus étonnant encore, comme « le fils de Marie » (Mc 6,3). Plus que toute autre mention, ce détail est de nature à étayer le soupçon qu'il ne serait pas un enfant légitime mais un enfant naturel. Marie fut tour à tour accusée d'avoir couché avec un soldat romain nommé Panther ou Pandéra, elle fut traitée de prostituée, de courtisane, et même, selon une tradition alexandrine, on insinua qu'elle entretenait une relation incestueuse avec son frère !

Ces accusations poursuivaient-elles déjà Jésus de son vivant ? Cela expliquerait-il la brutalité de ses relations avec Marie : « Qui sont ma mère et mes frères ? » (Mc 3,33). « Que me veux-tu, femme ? » lui lance-t-il chez Jean (Jn 2,3) ? Chez Luc il n'est pas plus amène : « Pourquoi me cherchiez-vous ? Ne savez-vous pas que je dois être dans la maison de mon Père ? » (Lc 2,49). Et si une passante s'avise de louer Marie : « Heureuse celle qui t'a porté et allaité », elle s'attire immédiatement cette violente rebuffade : « Heureux plutôt ceux qui écoutent la parole de Dieu et l'observent » (Lc 11,27-28). Marie n'aurait-elle pas écouté et observé la parole de Dieu ?

La tradition évangélique de la virginité de Marie et de la conception miraculeuse va s'avérer un moyen de couper court aux controverses sur la paternité de l'enfant ont dû se développer à l'époque de la formation des Évangiles. Dans l'évangile de Matthieu, la « virginité » de Marie repose sur la citation d'un verset du livre d'Isaïe : « Voici que la vierge concevra et enfantera un fils » (Is 7,14). Mais c'est une traduction tendancieuse. En hébreu, le terme original qu'utilise la Bible est *'almah*, c'est-à-dire « la jeune fille ». Les auteurs de la Septante, la version grecque de la Bible hébraïque, ont traduit *'almah* par *parthenos*, « la vierge », obligeant le texte à aller bien au-delà de ce qu'il disait. Il faut noter que le seul autre usage du mot *parthenos* est réservé par la Septante à Dina, la fille de Jacob qui avait été violée (Gn 34,3)... Comme l'a souligné Geza Vermes dans *Jésus le juif*, la notion même de « virginité » n'était évidemment comparable en rien à la nôtre. Ainsi, la *Tosephta* qui reflète l'enseignement du rabbin Éliézer ben Hyrcanus à la fin du Ier siècle précisait : « J'appelle vierge celle qui n'a jamais vu le sang, même si elle est mariée et a eu des enfants jusqu'à ce qu'elle ait vu sa première manifestation ». La question de la virginité serait donc précisément liée à l'absence de règles. Or, l'évangile de Luc établit un parallèle très net entre la grossesse de Marie, qui est vierge (qui n'a peut-être pas encore eu de règles), et sa cousine Élisabeth, enceinte de Jean le Baptiste « dans sa vieillesse » (donc, qui n'a plus ses règles).

Entre les données sociologiques de la Palestine au Ier siècle et la traduction grecque de la Bible, il y aurait une sorte d'accord : c'est avant même d'avoir eu ses règles que Marie, encore petite fille, se serait trouvée enceinte de Jésus. Une grossesse exceptionnelle qui tiendrait du prodige.

Peut-être faut-il entendre les accusations de bâtardise comme une réponse à l'énormité de la légende de la naissance virginale ? Mais peut-être aussi faut-il considérer ces insultes comme le reflet d'une réalité ? Dans la société juive, le bâtard n'a qu'une situation et un statut précaires. C'est, en quelque sorte, un juif de seconde zone. Entre autres, il ne peut il ne peut se marier avec une véritable Israélite, comme Jésus qui demeure célibataire tout au long du récit évangélique et semble ne fréquenter que « quelques femmes qui avaient été guéries d'esprit mauvais et de maladies » (Lc 8,2). Ainsi, ce ne serait pas métaphoriquement mais littéralement que les adversaires de Jésus lui lanceraient : « Nous ne sommes pas nés de la prostitution ! » (Jn 8,41). De même faut-il relire dans cette optique l'épisode au cours duquel les habitants de Nazareth, sa patrie, « le poussèrent hors de la ville et le menèrent jusqu'à un escarpement de la colline sur laquelle leur ville était bâtie pour l'en précipiter » (Lc 4,29).

A l'inverse, la bâtardise peut apparaître comme un signe d'élection par Dieu. Dans le livre d'Osée, Yzréel naît de la prostitution sur ordre de Yahvé pour être l'instrument de la réunion des fils de Juda et d'Israël, ce qui est la vocation du Messie. Et, si nous nous égarons un instant sur le terrain de la psychologie, il y a une certaine cohérence à voir Jésus, né de père inconnu, bâtard aux yeux de ses coreligionnaires, chassé, exclu, se forgeant la conviction que ses malheurs apparents sont autant de signes de son destin divin.

Mères irrégulières

Les matériaux à la disposition des évangélistes devaient être suffisamment pauvres, lacunaires, parcellaires, incomplets, pour que rien ne soit perdu sur Jésus, que tout soit utilisé. Aussi, plutôt que de trier le vrai du faux, le légendaire de l'authentique, ils vont accaparer tout ce qui était à leur portée, le pour et le contre, le bien et le mal, les accusations comme les hommages. Selon l'évangile de Matthieu, Jésus sera, finalement, le descendant de David et d'Abraham. Plus universaliste, Luc remontera au-delà d'Abraham. Il fera de Jésus, « à ce qu'on croyait » (Lc 3,23), le fils de Dieu par Adam.

Même si elles s'arrangent toutes deux pour réserver une place à Joseph, l'époux de Marie, ces généalogies ne visent en rien à sauver sa réputation. Pures créations apologétiques, ce sont en fait des récits symboliques où chaque nom est porteur d'histoire. A quelques exceptions notables – Zilpa, la Cananéenne, voire Timna, dans la Genèse –, le code littéraire exclut le plus souvent les femmes. Matthieu choisit d'en insérer quatre dans l'ascendance de Jésus : Thamar, celle qui se déguise en prostituée pour séduire son beau-père (Gn 38), Rahab, la prostituée professionnelle (Jos 2,2), Ruth, la séductrice de Booz (Rt 3,6-13), et Bethsabée, femme d'Urie, maîtresse de David (2 S 12,15). Toutes ont pour point commun d'entretenir un rapport étroit avec l'adultère ou la prostitution, comme si l'évangéliste voulait anticiper la justification de Marie. D'autant que la tradition biblique ne craint pas de célébrer ces pécheresses : Rahab est une véritable héroïne nationale, la fidélité de Ruth digne de louanges, quant à Thamar : « Elle est plus juste que moi » (Gn 38,26), avoue Juda le patriarche. Toutes ces femmes, y compris Marie, sont des mères irrégulières d'un « fils de David », né de l'intervention directe de Dieu.

Mais cette introspection dans le gynécée biblique demeure une spécificité de Matthieu que Luc dédaigne. L'évangile de Marc ne s'aventure pas plus dans les branches problématiques de l'arbre généalogique, il préfère proclamer d'emblée Jésus « fils de Dieu » (Mc 1,1). Quant à l'évangile selon Jean, lui aussi étranger à toute recherche d'ancêtres, il amplifiera la formule sous la forme irrécusable du « Fils Unique-engendré » (Jn 1,18).

Nazareth

Le plus prolixe en détails sur l'enfance de Jésus est l'évangile de Matthieu. Après avoir fui la colère d'Hérode le Grand jusqu'en Égypte, Joseph ramène sa famille au pays d'Israël. Craignant de se rendre en Judée à cause des persécutions d'Hérode Antipas qui a succédé à son père, « il se retira dans la région de Galilée, et vint s'établir dans une ville appelée Nazareth ; pour que s'accomplît l'oracle des prophètes : Il sera appelé Nazôréen » (Mt 2,22-23).

Cette affirmation apparemment sans grande conséquence est en réalité un véritable nœud d'énigmes. Les exégètes ont eu beau lire et relire la Bible pour y retrouver l'oracle censé concerner Jésus, ils ne l'ont jamais découvert : c'est un faux verset, une création de l'évangéliste. Quant à l'adjectif « nazôréen », présent aussi dans les Évangiles sous la forme « nazaréen » ou « nazarénien », il ne peut en aucun cas, étymologiquement, dériver du mot « Nazareth ».

Aucun document ancien, romain ou grec, ne mentionne la bourgade de Nazareth. Nazareth n'apparaît pas non plus ni dans la Bible, ni dans la littérature talmudique, ni dans les livres de l'historien juif Flavius Josèphe qui énumère pourtant un grand nombre de villes et de villages de Galilée. L'archéologie n'est pas d'un grand secours puisque aucun vestige n'est antérieur au IIe siècle de notre ère.

Ce qui signifie que, du temps de Jésus :

– soit Nazareth n'existait pas, que c'est à partir de ce « nazôréen » énigmatique que le nom de la localité a été forgé, et non l'inverse ;

– soit que la bourgade n'était pas là où elle est située aujourd'hui. Il est d'ailleurs difficile de faire concorder la topologie de Nazareth selon Luc et celle de la ville actuelle.

Avant de devenir un lieu de pèlerinage, Nazareth n'aurait-elle été qu'une ville fantôme ? L'évangéliste Jean en avait-il conscience quand il écrivait : « De Nazareth, peut-il sortir quelque chose de bon » ? (Jn 1,46). Il y a d'ailleurs de la part des autres évangélistes comme une réticence à utiliser ce nom. Souvent ils préfèrent parler de « sa patrie », « sa ville », « son pays » (Mc 6,1 ; Mt 13,54)…

Charpentier

Jésus exerçait le métier de charpentier, l'évangile de Marc le signale : « Celui-là n'est-il pas le charpentier ? » (Mc 6,3). Le récit de Matthieu pense qu'il s'agit plutôt de la profession de son père : « Celui-là n'est-ce pas le fils du charpentier ? » (Mt 13,55). L'imagerie chrétienne a diffusé ce cliché tant et si bien qu'il est devenu l'une des certitudes biographiques de la vie de Jésus. Curieusement, pourtant, jamais dans les Évangiles Jésus ne travaille le bois ni ne pratique la moindre activité manuelle. Les hommes qu'il recrute pour le suivre n'ont rien de compagnons-charpentiers ou de menuisiers. D'autant que le charpentage était quasiment inconnu en Palestine où les habitations étaient bâties en torchis.

Si Jésus avait été charpentier, du moins fils de charpentier, ses paroles, ses paraboles n'auraient-elles pas dû naturellement se nourrir du vocabulaire, des expressions, des anecdotes propres à ce métier ? Jésus n'y fait jamais allusion. Sans compter qu'au moment de la crucifixion l'occasion aurait été propice pour souligner la cruelle ironie de la mort de Jésus sur une pièce de charpente… En revanche, on peut remarquer que, dans la littérature talmudique, le mot « charpentier » sert régulièrement de métaphore pour désigner un homme sage. Il est dit dans le Talmud de Jérusalem : « C'est quelque chose que nul charpentier, fils de charpentier, ne peut expliquer », et dans celui de Babylone : « Il n'y a pas de charpentier ni fils de charpentier qui puisse expliquer cela. » Or cette même association de pensée affleure dans le texte de Marc et dans celui de Matthieu à propos de Jésus : « Le sabbat venu, il se mit à enseigner dans la synagogue, et le grand nombre en l'entendant étaient frappés et disaient : "D'où cela lui vient-il ? Et qu'est-ce que cette sagesse qui lui a été donnée et ces grands miracles qui se font par ses mains ? Celui-là n'est-il pas le charpentier ?" » (Mc 6,3). Autrement dit : n'est-il pas un sage ?

Si Jésus a exercé une profession, il est plus probable que ce fût un métier rural plutôt qu'un artisanat. Tout son enseignement, toute sa « sagesse », s'appuie sur le travail de la terre, sur ses fruits, sur la vie de pêcheur ou de berger. Jésus, vraisemblablement, était un paysan galiléen, un paysan sans terre, un journalier.

Jean le Baptiste

L'évangile selon Luc, dans son récit de l'enfance de Jésus, noue une relation familiale entre Jésus et Jean le Baptiste qui seraient « cousins ». La parenté entre les deux enfants est un des thèmes de prédilection de l'iconographie chrétienne. Il est incontestable que cette histoire n'est qu'une fable cherchant à combler le vide absolu qui sépare la naissance de Jésus du début de son activité publique. Ces récits serviront d'arrière-fond au personnage du Baptiste tel qu'il apparaît dans les Évangiles où son rôle est essentiel, même si l'évangile selon Marc, comme celui de Jean, ne s'engage pas sur le terrain bucolique et familial où les deux bambins grandissent sous les yeux de leurs mères attentives.

Chez Marc, la « biographie » de Jésus s'ouvre sous ce parrainage fondamental : « Et il advint qu'en ces jours-là Jésus vint de Nazareth en Galilée, et il fut baptisé dans le Jourdain par Jean » (Mc 1,9). Les autres évangélistes reconnaîtront aussi ce geste de purification rituelle de Jésus, son « baptême » au sens juif, comme l'acte inaugural de sa vie publique. Non sans réticences et sans détours, car le « baptême de repentir pour la rémission des péchés » entraînait un problème vertigineux. De quoi Jésus, Fils de Dieu, « vierge né d'une vierge », aurait-il pu avoir à se repentir ? Dans l'évangile des Hébreux, un des textes non canoniques primitifs, Jésus présente lui-même l'objection : « En quoi ai-je péché, que j'aille et que je sois baptisé par lui ? »

Alors que tout porte à croire que sa place, historiquement, fut la première, le personnage du Baptiste a été intégré à la geste chrétienne dans un rôle secondaire. Les évangélistes qui doivent affirmer la primauté de Jésus s'emploient ostensiblement à renverser l'ordre de dépendance de l'un par rapport à l'autre. Ils prêtent au Baptiste des paroles où, de lui-même, il se déprécie : « Celui qui vient est plus fort que moi », « Je ne suis pas digne de délier la courroie de ses sandales » (Mc 1,7 ; Mt 3,1, Lc 3,16 ; Jn 1,27), « Il faut que lui grandisse et que moi je décroisse » (Jn 3,30). Mais de cette application à minimiser le Baptiste, à le mettre en sujétion permanente de Jésus, on peut déduire l'inverse. Non seulement Jésus devrait à Jean le Baptiste sa vocation de prédicateur, mais il lui devrait également la teneur de sa prédication. Selon Matthieu, Jean prêchait : « Repentez-vous, car le Royaume des Cieux est tout proche » (Mt 3,2), ce que Jésus redira mot pour mot : « Dès lors Jésus se mit à prêcher et à dire : “Repentez-vous, car le Royaume des Cieux est tout proche” » (Mt 4,17). Lorsque Jean le Baptiste annonce : « Déjà la cognée se trouve à la racine des arbres » (Mt 3,10), Jésus renchérit : « Tout arbre qui ne produit pas de bons fruits va être jeté et coupé au feu » (Mt 7,19). L'un comme l'autre prophétisent d'une même voix : « Le Royaume des Cieux souffre violence, et des violents s'en emparent » (Mt 11,12).

Il y a donc de fortes probabilités pour que Jésus ait été l'un des disciples de Jean le Baptiste, sans que rien ne prouve qu'il ait été distingué particulièrement parmi ceux qui rejoignaient son mouvement. Ni, comme le soutient le quatrième évangile, qu'il ait débauché ses premiers disciples parmi les rangs baptistes.

Douze pour un

Jean l'évangéliste situe l'appel des disciples de Jésus à Béthanie, au-delà du Jourdain, près de Jérusalem. Selon Marc et Matthieu, la scène a eu lieu à l'autre bout du pays sur les bords de la mer de Galilée, et, selon Luc, près du lac de Génésareth.

Des milliers de tableaux, de gravures, de fresques nous ont habitués à voir les Douze choisis par Jésus « pour être ses compagnons et pour les envoyer prêcher avec pouvoir de chasser les démons » (Mc 3,14-15) comme une assemblée de nobles personnages, dignes et pénétrés, richement vêtus et auréolés d'or. La lecture des Évangiles évoque plutôt une bande de gueux, hâves et misérables, ayant abandonné femme, enfants, famille, vivant de la mendicité : « Ne vous procurez ni or ni argent, ni menue monnaie pour vos ceintures, ni besace pour la route, ni deux tuniques, ni sandales, ni bâton : car l'ouvrier mérite sa nourriture », leur dit Jésus (Mt 10,9). Ils vont, maudissant ceux qui refusent de les accueillir : « Malheur à vous les riches, vous avez déjà obtenu votre salaire ! Malheur à vous qui êtes repus car vous aurez faim ! Malheur à vous qui riez maintenant car vous serez dans le deuil et pleurerez ! » (Lc 6,24). Comme leur maître, ce sont des errants, sans domicile fixe : « Les renards ont des tanières et les oiseaux du ciel des nids, le Fils de l'Homme n'a pas où reposer sa tête » (Mt 8,28). Plutôt que l'enthousiasme, leur arrivée dans les bourgades de Palestine devait provoquer les réactions que suscite aujourd'hui l'installation de gitans ou de marginaux aux abords d'un village. Jésus leur recommande d'ailleurs de ne pas s'attarder plus de deux jours au même endroit : « Quand on vous pourchassera dans telle ville, fuyez dans telle autre et si l'on vous pourchasse dans celle-là, fuyez dans une troisième » (Mt 23,34), conseille-t-il. La *Didaché*, ou *Doctrine du Seigneur*, ce manuel de discipline de la communauté primitive, retournera ce conseil de prudence en règle de vie : « Un apôtre qui reste plus de deux jours en un lieu est un pseudo-prophète. »

Mauvaises fréquentations

Les Évangiles font aller Jésus vers les plus démunis, les plus nécessiteux, les infirmes, les déments, les perdus… Ses mauvaises fréquentations ont toujours été portées par l'apologétique au crédit de sa mission divine : « Ce ne sont pas les biens portants qui ont besoin de médecin, mais les malades. Je ne suis pas venu appeler les justes, mais les pécheurs » (Mc 2,17). Mais il s'agit tout aussi bien pour l'évangéliste de replacer dans une perspective religieuse les données les plus objectives de la sociologie des premiers adeptes.

A qui, en effet, Jésus pouvait-il s'adresser, sinon à ceux qui, comme lui, ne trouvaient pleinement leur place dans aucun des courants du judaïsme du Ier siècle – parce qu'ils étaient des déracinés, parce qu'ils étaient mis à l'écart de la société (comme les prostituées, les chemineaux, ou les collecteurs d'impôts), parce qu'ils s'en sentaient exclus (comme les malades, les lépreux, les fous) ? Son audience réunit ceux que les autres négligent. Résolument étranger à l'aristocratie sacerdotale sadducéenne, Jésus n'appartient ni aux cercles intellectuels pharisiens ni même au courant essénien (dont les contours et la nature exacte sont d'ailleurs très difficiles à cerner). Héritier du message apocalyptique du Baptiste, Jésus ne s'est pas pour autant, comme lui, retiré au désert. Jean de Baptiste attendait qu'on le rejoigne, Jésus va au-devant de ceux à qui il veut enseigner. C'est un prêcheur de plein vent qui exerce son activité de guérisseur sans autre contrôle que celui de sa conscience. Sa parole n'est pas une parole savante, c'est la parole rustique d'un autodidacte, d'un prophète galiléen.

Moins d'un an après sa rencontre avec le Baptiste (selon les évangiles synoptiques, Marc, Matthieu et Luc), ou, au plus, deux ou trois ans plus tard selon l'évangile de Jean, les paroles et les actes de Jésus le conduiront à la croix…

Le dernier jour

L'opinion commune veut que Jésus soit mort à l'âge de trente-trois ans. Pourtant, là encore, aucun texte ne donne la moindre indication directe. Dans un premier temps, il faut avancer à l'aide de données externes aux Évangiles. Par Flavius Josèphe, nous savons que Pilate fut préfet de Rome en Judée de 26 à 36. Il est donc possible de placer l'activité de Jésus à l'intérieur de cette fourchette de dix ans, d'autant plus que d'autres personnages également présents dans les Évangiles sont, toujours selon Flavius Josèphe, parfaitement contemporains (Hérode Antipas, tétrarque de Galilée de – 4 à 39 ; les grands prêtres Ann en exercice de 6 à 15 ; Caïphe, dc 18 à 35).

Dans un deuxième temps, pour affiner le calcul, pour resserrer encore plus cette période, d'ailleurs exceptionnellement courte, il faut prendre en compte une indication essentielle sur laquelle les Évangiles sont unanimes : Jésus aurait été crucifié durant la période de la Pâque. C'est-à-dire à l'occasion de la grande fête juive de Pessah qui commémore la sortie d'Égypte, une fête de pèlerinage qui dure sept jours, du 15 au 21 du mois de nizan (en mars ou avril selon le calendrier lunaire).

Les quatre Évangiles s'accordent tous, en outre, pour affirmer que la crucifixion de Jésus eut lieu « le jour de la Préparation », donc un vendredi, à la veille du sabbat. Selon les récits synoptiques, ce vendredi, veille de sabbat, jour dit de la Préparation, était le premier jour de la Pâque tandis que, pour Jean, ce jour de la Préparation était seulement la veille du début de la Pâque. Grâce au calcul astronomique qui permet de reconstituer le calendrier juif du Ier siècle, la date de la mort de Jésus semble pouvoir être identifiée avec une sidérante précision.

Tenant compte de la période du préfectorat de Ponce Pilate en Judée, trois hypothèses seulement peuvent être envisagées pour faire coïncider un jour de sabbat soit avec le premier jour de la Pâque, soit avec une veille de Pâque. Dans le premier cas, c'est-à-dire selon la chronologie des évangiles synoptiques, c'est le 14 de nizan, le 27 avril 31, que la mort de Jésus aurait eu lieu. En revanche, si l'on se place de point du vue de l'évangile de Jean, elle doit être située le 15 de nizan, soit le 7 avril de l'an 30, mais aussi éventuellement le 3 avril 33.

Autant de certitude rassure. Mais quel registre d'état civil, quel acte officiel, quel procès-verbal corrobore ces conclusions ? Aucun, à vrai dire. Comme pour la naissance de Jésus, il faut se fier uniquement aux textes chrétiens pour parvenir, par déduction, à cette datation. Mais, trois dates, n'est-ce pas beaucoup trop ? Comment n'en retenir qu'une ?

La veille

Selon le quatrième évangile, Jésus meurt à l'heure où les agneaux sont rituellement immolés sur le parvis du Temple. L'évangile apocryphe de Pierre, sans que l'on sache si ce texte non canonique dépend de l'évangile de Jean ou exprime une tradition différente, reprend cette indication. Pour lui, le supplice a lieu avant que le sabbat ne commence et « avant le premier jour des Azymes, leur fête ». Une des *baraïta* du Talmud assure également : « La veille de la Pâque on pendit Yéshou [de Nazareth]. Le héraut avait marché pendant quarante jours devant lui en disant : "Voici Yéshou [de Nazareth] qui va être lapidé, parce qu'il a pratiqué la sorcellerie et qu'il a séduit et égaré Israël. Que tous ceux qui connaissent quelque chose à sa décharge viennent plaider pour lui." Mais il ne se trouva personne pour prendre sa défense, et on le pendit la veille de la Pâque. » C'est enfin, et peut-être surtout, ce que l'on pourrait déduire de la première épître aux Corinthiens, où Paul, vers l'an 55, proclame : « Christ notre Pâque a été immolé. » L'association réfère explicitement la crucifixion au jour rituel prescrit pour le sacrifice des agneaux, donc à la veille de l'ouverture de la Pâque.

Sur le plan politique, on peut soutenir l'hypothèse que faire exécuter un juif avant l'ouverture de la Pâque évitait de passer pour un geste de provocation de la part des autorités romaines. Ainsi l'évangile de Marc – contre son propre point de vue chronologique – semble appuyer la position propre à Jean : « La Pâque et les Azymes allaient avoir lieu dans deux jours, et les grands prêtres et les scribes cherchaient comment arrêter Jésus par ruse pour le tuer. Car ils disaient : "Pas en pleine fête, de peur qu'il n'y ait du tumulte parmi le peuple" » (Mc 14,1-2). Mais cette solution chronologique réserve une part trop belle à la prudence des autorités que rien, ailleurs, ne vient la confirmer.

Le lendemain de la veille

A l'inverse, l'hypothèse défendue à partir des évangiles synoptiques n'est pas sans arguments. De la part des Romains, ordonner une crucifixion le premier jour de la Pâque pouvait marquer leur volonté de donner à ce châtiment public une valeur particulièrement exemplaire et dissuasive. Ce qui s'accorderait assez bien avec le cynisme et la brutalité dont était prodigue Ponce Pilate, selon le portrait qu'en tracent aussi bien Flavius Josèphe que Philon d'Alexandrie.

Dès lors ne vaut-il pas mieux supposer, contrairement à ce qu'affirme Jean, que la mort de Jésus a eu lieu le premier jour de la Pâque en se fondant sur le récit de la Passion que l'on trouve aussi bien chez Marc et Matthieu que chez Luc ? Pourtant, jamais chez les synoptiques cette transgression de la Pâque juive n'apparaît comme une attitude provocatrice de la part du gouverneur romain. Comme si, sur le plan historique, le jour n'avait aucune incidence. Mais, avant d'être le fait des exégètes, cette discussion chronologique est celle des évangélistes entre eux. Elle masque peut-être un autre objectif.

D'une façon ou d'une autre, les quatre évangiles répètent que la crucifixion eut lieu lors de la Préparation, c'est-à-dire la veille du sabbat, un vendredi. Or cette indication semble étouffée par la référence à la Pâque. Il y a évidement un enjeu théologique à associer la mort de Jésus au jour de la Préparation. Cela permet de déboîter la semaine juive de son pivot traditionnel, le sabbat : tout un ensemble de nuances et d'indices vise, dans le texte, à différer la venue du sabbat, à l'isoler, à lui réserver le statut de « jour des juifs ». Ainsi le sabbat apparaît-il à travers les différents récits de la Passion comme un jour interdit. Un jour sans cesse référé au cadavre de Jésus, au risque d'impureté qu'il fait courir. C'est, aux yeux des évangélistes, un jour maudit. Il l'est d'autant plus fortement que les raisons alléguées par les textes sont plus d'une fois approximatives ou carrément erronées. L'évangile de Matthieu va même jusqu'à éviter de nommer ce jour au prix d'une étrange périphrase : « le lendemain de la Préparation », écrit-il (Mt 27,62).

Alors pourquoi parler du « lendemain de la veille » ? Pour ne pas nommer le jour du sabbat ? Pour que la mort de Jésus demeure le jour de la veille – si bien que Jean, dans cette optique, au lieu de contredire les synoptiques, les redouble : Jésus meurt, comme ils le racontent, la veille du sabbat, mais, mieux encore, il meurt avant la Pâque, la veille.

L'œil de l'histoire

Une autre anomalie subsiste. Lors de l'entrée de Jésus à Jérusalem qui précède le récit de la Passion, les synoptiques soulignent que le peuple agite des feuilles de palmier pour saluer son passage. Pourquoi Jésus déplore-t-il, par ailleurs, la stérilité d'un figuier ? Ce n'est pas au printemps que mûrissent les figues, ni au printemps que les palmiers sont en feuilles, mais au début de l'automne. Si Jésus a été arrêté à la suite de ces événements, c'est dans le cadre d'une autre fête juive que la Pâque qu'il aurait pu être exécuté, par exemple à l'occasion de la fête des Tentes que l'on célèbre en septembre-octobre... Mais comment être sûr de quoi que ce soit si les textes chrétiens eux-mêmes se contredisent sur ce point fondamental ?

Il faut accepter notre ignorance : on ne saura jamais si Jésus est mort à Pâque, la veille, le jour même, ou un autre jour. Mais, au fond, qu'importe que Jésus soit né en l'an 0 ou en – 20, qu'il soit mort en avril plutôt qu'en automne, une veille de sabbat plutôt qu'une autre. Si flous soient ces jours, ces mois, ces années, si flottantes soient ces dates, elles servent à inscrire dans l'histoire le personnage nommé Jésus. Et c'est un enjeu capital. Dans la conscience moderne, la date, c'est l'histoire, « l'œil de l'histoire », pour reprendre une expression de Paul Veyne. Sans date, il n'y a pas d'histoire, mais du merveilleux, du légendaire, de l'inconnu. Tout paraît préférable à l'absence de date parce que, même approximativement, même hypothétiquement, si elle n'est pas datable, l'histoire disparaît.

Absentes de la lettre des Évangiles, les dates que l'on peut en déduire à la lecture constituent des points de repère apparemment objectifs. Ce sont des indices insoupçonnables d'ambition religieuse. Les dates transforment l'Évangile en archive. Le temps comble l'ignorance primitive, le texte devient historique. Les dates la rendent immédiatement lisible. Elles permettent d'exhumer du livre des traces, des débris, des vestiges. Grâce à la chronologie, l'Évangile change de statut. Il devient sa propre référence, sa propre caution.

En plaçant la crucifixion à l'heure même où les agneaux sont immolés au Temple, l'évangile de Jean désigne sans ambiguïté Jésus comme « l'agneau de Dieu qui enlève les péchés du monde », selon les termes mêmes qu'il prête à Jean le Baptiste au début de son évangile (Jn 1,29). Quand, à la fin du même récit, les soldats s'apprêtent à donner le coup de grâce à Jésus et constatent qu'il est déjà mort, Jean prend soin de souligner : « Ils ne lui brisèrent pas les jambes » (Jn 19,33). Ce qui, pour ses contemporains, évoque moins l'événement que le livre de l'Exode où il est stipulé qu'aucun os de l'agneau sacrifié pour la Pâque ne doit être brisé.

Dès lors comment partager l'assurance de tant d'exégètes aujourd'hui qui, dans un bel ensemble, professent que c'est Jean « qui a raison » pour déterminer la date de la crucifixion contre les trois évangiles synoptiques ? En défendant la « priorité » de Jean, c'est-à-dire la préférence qu'ils accordent à sa chronologie du récit de la Passion, ils ne font plus œuvre d'historiens, ils adhèrent à la conception théologique de Jean. Ils nomment « histoire » ce qu'ils devraient nommer « théologie ».

Rien de rien

Dès que l'on se tourne vers la figure du personnage central des Évangiles, ce « juif obscur, de la lie du peuple, nommé Jésus, crucifié comme blasphémateur au temps de l'empereur Tibère, sans qu'on puisse savoir en quelle année », selon Voltaire, l'histoire semble littéralement s'effacer. Serait-elle comparable aux lettres blanches, aux vides entre les mots qui, selon les rabbins, composent la Torah invisible du Messie ? En 1849, Ernest Renan affirmait : « A peine, peut-être, en exprimant de tous les évangiles ce qu'ils contiennent de réel, obtiendrait-on une page d'histoire sur Jésus. » Et un siècle plus tard, Maurice Goguel d'ajouter : « Là où Renan parlait d'une page, certains critiques ne parlent plus que d'une ligne. » Quant à Rudolf Bultmann, il estimait que l'on ne pouvait définitivement rien savoir de Jésus, rien sur sa vie ni sur sa personnalité, rien de rien. La recherche historique aurait pu s'arrêter là, sur ce *rien* infini creusé sous le piédestal de la statue de « Jésus-Christ ».

Mythe ou vérité

Depuis des siècles, les exégètes chrétiens ont eu beau remuer les bibliothèques, jamais ils n'ont retrouvé Jésus dans la littérature antique. Rien chez Sénèque (mort en l'an 66), chez Pétrone ou Lucain (morts en 65), chez Pline l'Ancien (mort en 79). Rien non plus chez Philon d'Alexandrie (mort en 54), pas davantage chez Plutarque (45-125) ou chez Quintilien (65-95). Les rationalistes, au début du siècle, tirèrent argument de cette absence chez les auteurs de l'Antiquité et de l'incohérence des archives chrétiennes pour conclure que Jésus n'était qu'un mythe forgé de toutes pièces.

Cette idée, qui a beaucoup agité les esprits, notamment en France avant guerre, résiste mal à la critique. S'il y a eu mythologisation des figures du Christ – ce que nul ne conteste –, si la personne de Jésus est désormais méconnaissable, elle est toujours demeurée celle d'un être humain – au point que les courants du christianisme primitif qui ont voulu n'y voir qu'un être céleste vidé de toute humanité ont très vite été marginalisés.

Qui plus est, l'existence historique de Jésus n'a jamais été mise en cause par les premiers adversaires païens du christianisme les plus conséquents, en particulier Celse à la fin du IIe siècle et Porphyre au milieu du IIIe (pour ce que l'on en connaît, puisque leur œuvre, pourtant volumineuse, a été systématiquement détruite par leurs adversaires et qu'elle ne nous est parvenue qu'à travers les citations de leurs détracteurs chrétiens). Ainsi peut-on retrouver, dans le *Contre Celse* d'Origène, cette apostrophe de Celse à Jésus : « En réalité tu es originaire d'un petit hameau de Judée, fils d'une pauvre campagnarde qui vivait de son travail. » Et cette autre, plus virulente : « Jésus s'étant attaché dix ou onze hommes décriés, publicains et mariniers fort misérables, s'est enfui avec eux de çà et de là, mendiant sa subsistance d'une manière honteuse et sordide. »

La tradition juive ne suspecte pas non plus l'existence historique de Jésus, mais, comme chez Celse, elle dénigre l'individu et met en cause ses prétentions divines. La prière synagogale des « dix-huit bénédictions », le *Shemoneh-esreh*, dont la rédaction finale remonte à la fin du Ier siècle, maudit les hérétiques mais ignore la question. Vers 150, dans son *Dialogue avec Tryphon*, Justin n'est jamais l'écho de cet argument. La dispute du chrétien et du rabbin ne porte que sur la mission de Jésus. Quant au Coran, loin de nier l'existence de Jésus, il voit en lui un prophète important de l'histoire de la Révélation.

Même s'il est choquant, au regard de l'histoire ultérieure du christianisme, que celui en qui l'Occident chrétien voit le Seigneur, le Sauveur, le Fils de l'Homme, le Fils de Dieu, voire l'incarnation de Dieu lui-même, soit, de son temps, passé inaperçu, rien ne justifiait que les historiens romains prêtent attention à Jésus, ni même qu'ils aient entendu parler d'un juif galiléen, entouré d'une poignée d'hommes aussi démunis que lui – des « sans-maison » disait Tryphon –, dont l'action majeure fut dirigée contre le Temple et la mort en croix atrocement banale. En son temps, à l'aune de l'histoire, Jésus n'était rien ni personne.

Sans doute, la question de l'historicité de Jésus ne pouvait-elle survenir, sur le plan anthropologique, qu'à l'époque moderne. Les juifs pas plus que les Grecs ne se sont jamais aventurés, dans l'Antiquité, à discuter de l'existence ou de l'inexistence de Zeus, d'Apollon ou même d'Ulysse. Mais ce sont trois arguments liés aux textes chrétiens eux-mêmes qui, paradoxalement, à défaut d'une preuve matérielle impossible à obtenir, apportent la plus forte présomption en faveur de l'historicité de Jésus.

Premièrement, la crucifixion. « Un scandale et une folie », pour reprendre les termes de Paul dans l'épître aux Corinthiens. Pourquoi les chrétiens auraient-ils imaginé ce mode d'exécution s'ils avaient inventé le personnage de Jésus, alors que ce châtiment alors typiquement romain les désignait immanquablement comme des adorateurs d'un ennemi de Rome, au moment même où ils avaient besoin de ne pas s'aliéner l'Empire ?

Deuxièmement, le chef d'accusation inscrit sur la croix, « roi des juifs ». Pourquoi les chrétiens qui, au moment de la rédaction finale des Évangiles, sont amenés à se distancer du judaïsme auraient-ils reconnu pour « Seigneur » le « roi des juifs » ?

Troisièmement, les incohérences des textes. Pourquoi les sources chrétiennes seraient-elles si diverses et surtout si disparates, pourquoi seraient-elles semées d'anomalies, d'incompatibilités, de contradictions si elles résultaient d'un plan concerté, si elles étaient l'œuvre délibérée d'un groupe unique, si tout en elles visait à accréditer la fiction ?

Henri Barbusse le relevait : « Lorsque Jésus parut, le Christ n'existait pas encore. Lorsque le Christ parut, Jésus n'existait plus depuis longtemps. Jésus-Christ n'a jamais existé. » Mais si le « longtemps » dont parle l'auteur des *Judas de Jésus* mérite d'être estimé au plus juste de sa durée, il montre clairement que deux figures, au moins, viennent immédiatement à l'esprit lorsqu'on évoque Jésus. Deux fantômes : « Jésus-Christ », un corps sans ombre, c'est-à-dire sans désir, sans doute, sans secret, sans rire, sans peur : le Jésus de la foi, le Ressuscité, le corps glorieux de l'Église à l'image de Dieu. « Jésus de Nazareth », une ombre sans corps, une figure noire, tantôt gigantesque, tantôt réduite à rien : c'est le Jésus « pré-pascal », le Jésus d'avant la résurrection, le Galiléen, l'homme à la condition d'esclave, le prophète annonçant la Fin des Temps et mourant sans avoir vu sa prophétie s'accomplir.

Ces deux figures sont répertoriées et ne posent pas – ou ne posent plus – de véritables problèmes. Alfred Loisy pouvait écrire, en 1903, dans *Autour d'un petit livre* où il répondait à ses détracteurs ecclésiastiques : « Saint Paul dit, dans l'épître aux Philippiens, que le Sauveur qui existait au ciel » en forme de Dieu s'est, « pour ainsi dire, vidé de lui-même en prenant la forme de serviteur et devenant semblable aux hommes ». L'apôtre conçoit ainsi comme deux Christs : celui de la foi, qui était de toute éternité « en forme divine », et celui de l'histoire, qui parut « en forme humaine ». Le « Seigneur Christ », glorifié dans la résurrection, est l'objet de la foi chrétienne, comme le Christ préexistant « en forme de Dieu ». Jésus de Nazareth est le prédicateur et le thaumaturge que « tout le monde a connu ».

Une lecture minutieuse des textes devrait donc permettre de distinguer ce qui revient à la foi de ce qui appartient à la raison, le « Christ Jésus » et « Jésus de Nazareth », ces deux figures indissociables et concurrentes.

Exégèse et critique

L'analyse critique des textes de l'Ancien et du Nouveau Testament est une discipline relativement récente puisqu'elle remonte seulement à la seconde moitié du XVIIe siècle. A côté du rôle joué par Spinoza et son *Traité théologico-politique*, on a beau jeu de rappeler la place essentielle occupée par l'oratorien Richard Simon avec *L'Histoire critique du Vieux Testament* complétée peu après par l'*Histoire critique du Nouveau Testament*. Mais la première édition de ce livre fut brûlée sur l'instigation de Bossuet, et les autres ne virent le jour que grâce aux publications à Amsterdam qui permettaient de déjouer la censure. Jean Astruc, professeur de médecine, prolongea au XVIIIe siècle le mouvement inauguré par Richard Simon sans plus de succès. Ce sont les Allemands, puis les Anglais au début du XIXe, bientôt suivis par les Suédois, qui prennent la relève, faisant ainsi prédominer en la matière l'optique luthérienne et anglicane.

En France, à partir des années 1880, des intellectuels catholiques réinvestirent la lecture critique des textes bibliques. La crise du modernisme qui en est résultée a finalement mis au jour deux attitudes ou, plus exactement, deux personnalités opposées : Alfred Loisy (1857-1940), d'une part, prêtre et professeur à l'Institut catholique de Paris qui finit par être interdit d'enseignement puis de sacrement avant d'être excommunié – mais il sera élu à la chaire d'hébreu du Collège de France, autrefois occupée par Renan ; d'autre part, Marie-Joseph Lagrange (1855-1938), qui, avec l'ordre des Dominicains, fut à l'origine de la fondation de l'École biblique et archéologique de Jérusalem.

Avec une grande intelligence, le pape Léon XIII encourage le mouvement, malgré les résistances très vives qu'il déclenche, et pour longtemps. Mais, du même coup, il réussit à faire la part du feu. L'encyclique *Providentissimus* (1893) affirme ainsi qu'il faut réconcilier la foi et la science, mais elle met en garde contre « la haute critique » et insiste sur le rôle particulier de l'Église, « à qui il appartient de juger du sens et de l'interprétation des livres sacrés ».

En 1902, la Commission des études bibliques créée par le même Léon XIII précise cette fonction de « conseiller spirituel de la recherche » qui est finalement dévolue à la hiérarchie catholique. Ses membres auront à charge de favoriser « cette interprétation plus critique que notre temps réclame », tout en la préservant « non seulement de tout souffle d'erreur, mais même de toute témérité d'opinions ». Et le pape de bien rappeler que « Dieu n'a pas livré les Saintes Écritures au jugement privé des savants, mais il en a confié l'interprétation au magistère de l'Église ».

Les encycliques *Divino afflante Spiritu* (1943), sous le pontificat de Pie XII, et *Dei verbum* (1965), sous celui de Jean XXIII, confirmeront ce double mouvement dont la Commission biblique pontificale, en 1993, exprimera clairement l'enjeu. Dans un document intitulé *L'Interprétation de la Bible dans l'Église*, elle souligne expressément que les recherches exégétiques, quelles qu'elles soient, quelles que soient la nouveauté, la diversité et la validité des méthodes employées, ont aussi pour avantage d'éviter que pasteurs et fidèles « ne tombent à la merci d'une science exégétique étrangère à l'Église et privée de rapports avec la vie de la foi ». Canaliser la recherche, c'est-à-dire occuper le territoire, c'est interdire aux chercheurs d'oublier que leurs travaux ont avec la théologie « un rapport essentiel dont ils doivent se montrer conscients ».

S'est-on tellement éloigné de la position de Bossuet lorsque parut l'édition dite de Trévoux du Nouveau Testament traduite par Richard Simon : « L'Église aura toujours des docteurs qui excelleront dans tous ces talents particuliers ; mais ce n'est pas sa plus grande gloire, disait l'évêque de Meaux. La science de la tradition est la vraie science ecclésiastique ; le reste est abandonné aux curieux, même à ceux de dehors, comme l'a été, durant tant de siècles, la philosophie aux païens » ?

La première quête

De façon très révélatrice, les chercheurs engagés dans l'exégèse critique des textes du Nouveau Testament définissent leur travail comme une quête. Et même s'il faut l'accepter dans sa stricte étymologie latine (*quaesitus*, « recherche »), on ne peut s'empêcher de l'entendre comme une supplique à obtenir des écrits chrétiens l'aumône d'un fait brut qui atteindrait Jésus au plus intime de sa réalité historique. L'acte inaugural de cette quête a été la publication du texte de Hermann-Samuel Reimarus (1694-1768), *Du but de Jésus et de ses disciples*, édité à titre posthume, en 1774, par le philosophe Lessing.

Reimarus affirmait sans détour que Jésus, né juif, ayant vécu sous la Loi, était mort sans autre horizon qu'Israël ; qu'il ne fonda ni n'envisagea même une autre religion ; qu'il ne fut jamais chrétien et n'établit ni ne connut jamais l'Église. A la suite de Jean le Baptiste, sa proclamation de l'imminence du Royaume de Dieu devait s'entendre comme l'entendaient ses compatriotes, c'est-à-dire comme l'espoir de la restauration du

Royaume d'Israël après plusieurs siècles d'occupation étrangère. Dans cette seule perspective, Jésus pouvait prétendre être le messie, ou, s'il ne l'avait pas prétendu, être perçu comme tel.

En montant à Jérusalem et en allant défier les autorités du Temple, Jésus fut acclamé à la fois comme le roi et comme le prophète que le peuple attendait. Contrairement aux prophéties, particulièrement celles de Zacharie, Dieu ne se manifesta pas. Arrêté pour avoir troublé l'ordre public, Jésus fut crucifié, comme beaucoup d'autres avant lui et beaucoup d'autres après lui. Toujours selon Reimarus, les disciples de Jésus, dépités de voir s'évanouir les promesses qu'il leur avait faites, incapables de revenir à leurs occupations antérieures, proclamèrent qu'il était ressuscité et déplacèrent leurs espérances dans l'espoir de son retour.

Même si quelques savants anglais l'avaient précédé sur ce terrain abrupt, le livre posthume de Reimarus fit scandale. Il fut largement combattu, au point d'être toujours cité – très partiellement – mais jamais réédité en France depuis sa première traduction en 1778. Aujourd'hui encore, dans *Jésus de Nazareth, Nouvelles approches d'une énigme*, volume collectif qui rassemble les contributions de quelques-uns des exégètes contemporains les plus pertinents, Vittorio Fusco peut protester : « Le Jésus de l'histoire qui résulte de cette lecture est tellement lié à son contexte qu'il n'a plus rien à nous dire », et d'ajouter plus loin : « Complètement réintégré dans le judaïsme de son temps, il est enlevé aussi bien à l'Église qu'à la conscience moderne. » C'est, en d'autres termes, l'inquiétude qui agite Enrico Norelli : « L'intervention de Reimarus n'avait pas ouvert qu'un problème historique, mais également un problème théologique ; car si Jésus de Nazareth était autre que celui qu'affichent nos évangiles, à quoi la foi chrétienne doit-elle se référer ? »

La brèche ouverte par Reimarus encouragea de nombreux auteurs, comme Ernest Renan (1823-1892) en France, dont *La Vie de Jésus* eut un retentissement considérable, et David

Frédéric Strauss (1808-1874) en Allemagne, à s'attaquer aux textes des Évangiles, à chercher à replacer les événements qu'ils décrivent dans un cadre historique et géographique acceptable, à restituer l'archéologie des lieux et à examiner l'historicité des personnages. Enfin la lecture devenait possible, le Nouveau Testament n'était plus un livre pieux où tout était vrai, où tout était parole de Dieu. Malgré la chape de dix-huit siècles d'exégèse chrétienne, l'histoire paraissait à portée de main. On allait pouvoir la rétablir, comme on rétablit la vérité. Il fallait creuser, déblayer, tailler, décaper le texte, l'affranchir des ajouts ecclésiastiques, le nettoyer des gloses et des commentaires qui l'étouffaient. Ainsi allait-on reconstituer la vie réelle de Jésus, extraire l'être humain de sa légende, dégager le corps du sarcophage.

Partout les réactions furent d'une violence que l'on a peine à imaginer aujourd'hui. Strauss se consolait en pensant qu'il ne fallait pas plus en tenir compte « que des cris qu'arrachent souvent à des femmes l'explosion voisine et inattendue d'une arme à feu ; elles poussent des cris non parce que le coup a manqué le but ou en a atteint un qu'il ne devait pas atteindre, mais uniquement parce qu'un coup de feu est parti ».

Mais le coup était-il parti en l'air ?

En 1906, dans sa thèse *L'Histoire de la recherche sur la vie de Jésus*, Albert Schweitzer (1875-1965) disqualifiait brillamment toutes ces tentatives. Il stigmatisait les auteurs qui, pour combler les manques vertigineux de l'histoire, projettent sur leur conception de Jésus leur propre vie, leur théologie, leur idéologie… « Chaque époque trouve ses propres idées en Jésus ; elle ne peut pas le faire revivre autrement. Non seulement chaque époque se retrouve en lui, mais chaque individu le crée selon sa propre personnalité. Il n'y a pas d'entreprise historique plus personnelle que d'écrire une vie de Jésus. » Même s'il oubliait de se compter parmi ceux qu'il visait, et s'il oubliait d'y compter les rédacteurs des Évangiles, l'argument de Schweitzer était imparable. La première quête s'achevait sur un constat d'échec.

La deuxième quête

Vouloir écrire une biographie de Jésus menait à une impasse : l'histoire manquait et, lorsque indirectement elle ne manquait pas, elle apparaissait décevante. La deuxième quête prit acte de ce manque et de cette déception et s'engagea, en Allemagne, dans une tout autre voie. Interrogeant les textes en eux-mêmes, elle explora leur forme littéraire, leur genre et leur style, comment l'histoire de leur rédaction pouvait être reconstituée et comment elle permettait d'approcher Jésus, non pas tel qu'il avait vécu, mais tel qu'il avait été perçu, tel que son message avait été transmis par les communautés croyantes en vue de sa prédication. Ce point était essentiel : les Évangiles ne restituent pas l'enseignement de Jésus tel qu'il l'a donné mais l'enseignement sur l'enseignement de Jésus tel que le professent les rédacteurs des textes. Les Évangiles sont une catéchèse. Les évangélistes font œuvre de propagandistes, ils plient l'histoire aux nécessités de la propagation de leur foi, de leur propagande. La recherche est donc fatalement placée sous l'étrange lumière de cet effet d'optique.

Contre des siècles et des siècles d'apologie chrétienne, la deuxième quête constatait la discontinuité radicale entre Jésus et Jésus-Christ. Paradoxalement, c'était Jésus en tant que Christ proclamé par les Évangiles qui se révélait le moins inaccessible. En l'atteignant on pouvait espérer déceler son empreinte, comprendre, en creux, ce qu'avait été Jésus en tant que personne historique, trouver dans le texte le moule d'où il était sorti.

Maurice Goguel (1880-1955) a donné ainsi la synthèse des conclusions de la *Formegeschichte*, cette « école des formes » dont Rudolf Bultmann (1884-1976) fut la figure dominante :

« 1. Le cadre des récits évangéliques est artificiel, les transitions y sont schématiques et rédactionnelles, elles ne réalisent pas d'enchaînement organique et ne font que masquer le fait que la narration évangélique était originairement formée d'une multiplicité d'éléments isolés les uns des autres.

« 2. Les Évangiles ne sont pas des documents d'histoire. Ils n'ont été composés ni conservés pour faire connaître le Jésus qui a vécu et enseigné en Galilée et en Judée et qui est mort à Jérusalem. Ce sont des documents religieux qui présentent ce que Jésus était pour la foi et pour la piété des milieux dans lesquels ils ont été composés.

« 3. Les diverses formes sous lesquelles se présentent les matériaux évangéliques montrent qu'ils ont été élaborés en vue des diverses fonctions de la vie de l'Église ; ils y sont si étroitement adaptés qu'il serait chimérique de prétendre en dégager un noyau historique. »

Malgré un énorme travail et le déploiement de grandes intelligences, l'École des formes ne pouvait donc parvenir à des résultats plus probants que ceux rassemblés lors de la première quête. Le Jésus confessé comme Jésus-Christ, comme Seigneur et Christ ressuscité, ce que les théologiens nomment « le Jésus du kérygme » – ce qui signifie « annonce » ou « prédication » –, ne permettait pas plus, même par contraste, d'accéder à l'histoire. « Chacun reste libre, remarquait Bultmann, de mettre le nom de "Jésus" entre guillemets et de considérer ce mot comme une abréviation pour le phénomène historique qui nous occupe. » Une fois encore, la recherche du Jésus historique se heurtait au mur du « rien », sans pouvoir le dépasser.

La troisième quête

Depuis Reimarus, les savants penchés sur les textes n'avaient-ils rien découvert, rien atteint que le silence de l'histoire ou l'impasse de l'apologétique chrétienne ? Pourtant, sur le plan scientifique, les acquis paraissaient considérables, dans des domaines aussi divers que l'histoire des textes, la sociologie, la linguistique… Or ces lectures, ces analyses, ces avancées furent malgré tout perçues comme des échecs. Pourquoi, sinon parce qu'elles étaient en porte à faux avec la piété populaire, avec la tradition chrétienne, avec les enseignements de l'Église... Le Jésus du texte n'était pas celui que l'on croyait. « Quel Jésus en effet ? s'interroge Xavier Léon-Dufour. Un juif, ou un chrétien avant la lettre ? Pourrait-on réduire, fût-ce momentanément, le Christ auquel nous croyons à ce Jésus de Nazareth qu'on veut nous faire prendre pour un simple juif, vivant dans l'horizon borné de la Loi, sans même une prétention messianique ? »

C'est pourtant dans cette perspective que la troisième quête s'engage aujourd'hui. Dans ce que l'on pourrait nommer « la perspective Reimarus », même si la critique en rejette toujours ses conclusions les plus extrêmes, notamment sur l'attitude des disciples et « l'invention » de la résurrection. Considérant à égalité le matériel canonique et l'ensemble de la littérature apocryphe, les chercheurs s'orientent vers l'exploration approfondie des significations et des conséquences de la judaïté de Jésus, acceptée enfin comme une composante irréductible et fondamentale. En 1950, le grand cinéaste danois Carl Th. Dreyer déclarait à la radio qu'il souhaitait faire un film sur Jésus : « Je ferai interpréter Jésus par un juif. Dans la grande masse l'idée est solidement fixée que Jésus était un aryen blond. C'est une bonne action, il me semble, que de contrer ce préjugé. » La question n'est plus désormais de savoir si Jésus fut juif, mais quelle sorte de juif il fut : un prophète de l'Apocalypse, un essénien, un baptiste, un pharisien ou un adversaire des pharisiens, un maître de sagesse, un gnostique hellénisé ou un intégriste galiléen, un illuminé, un observant ou un novateur qui rompit avec le judaïsme ?

Au travers des Évangiles, Jésus demeure, en effet, un juif incompréhensible.

Le Graal du Jésus historique

C'est devant l'impossibilité d'atteindre la personne de Jésus « qui a vécu dans le monde », Jésus de Nazareth, et devant celle, jumelle, de connaître historiquement le Christ de la foi, que les chercheurs ont formulé le concept paradoxal de « Jésus historique ». Mais ce « Jésus historique » n'a pas de réalité. C'est, selon l'expression de Jacques Schlosser, une « abstraction forgée par la critique ». Une vue de l'esprit qui présente l'énorme avantage sémantique de rendre Jésus aussitôt historique en le nommant comme tel.

La quête du « Jésus historique » est une activité si prometteuse qu'elle est devenue une discipline à part entière à l'intérieur de la recherche néotestamentaire. Ce n'est plus un nom propre, encore moins un titre de révérence, c'est un substantif que l'on peut se permettre d'approcher, de manipuler, d'expérimenter. Le vocable passe de main en main comme le furet dans les vieilles comptines. « On doit reconnaître la différence radicale entre le Jésus historique et le Jésus terrestre, résume Bernard Sesboué. Le premier est celui que la recherche historique contemporaine essaie de restituer à travers les diverses traces qu'il a laissées. Le second est celui qui a réellement vécu dans ce monde. » Alternative non dénuée de malice puisque ce « Jésus terrestre », « celui qui a réellement vécu », échappe à la recherche mais induit sa part manquante, le Jésus céleste.

A la dénomination « Jésus historique », qui porte en soi la réponse à la recherche qu'elle feint d'entreprendre, ne serait-il pas préférable de substituer celle de « Jésus vraisemblable » ? Vraisemblable au regard de nos connaissances sur la Palestine du Ier siècle (Flavius Josèphe, les manuscrits de Qumrân, le Talmud et la Mishna qui, en plus des codifications de la loi juive, contient nombre d'indications sur la vie quotidienne). Vraisemblable quant à ce qu'aurait pu croire, penser, pratiquer, espérer un juif galiléen des années 30 de notre ère, et surtout ce qu'un juif d'alors n'aurait pas pu être, ce qu'il n'aurait pas pu faire ou souhaiter. La difficulté tient à ce que ce Jésus vraisemblable doit sans cesse composer avec un autre Jésus, un Jésus mi-juif mi-chrétien, mi-hébreu mi-grec, le Jésus invraisemblable que projette le feu croisé des livres du Nouveau Testament. Un Jésus aux figures foncièrement multiples qui jamais ne pourra être ramené à l'unité, c'est-à-dire à l'histoire. Ainsi la recherche oscille-t-elle toujours entre deux périls, entre le tout et le rien. Entre la volonté de tout garder et l'envie de ne rien croire.

L'alternative Jésus ou Jésus-Christ, qui décalque l'alternative histoire ou Foi, ne peut être dépassée que par l'affirmation autoritaire d'une unité : Jésus était bien le Christ, ce qui constitue l'un des dogmes fondamentaux de l'Église. « Ainsi l'historien peut demeurer en paix avec le croyant », admet encore Xavier Léon-Dufour. A tel point que, dans la mentalité courante, « Jésus-Christ » est un nom propre, le prénom et le patronyme d'un héros de l'Occident, dont on peut être sûr qu'il n'est pas un mythe comme les autres dieux de l'Antiquité.

La quête du « Jésus historique » évoque irrésistiblement la quête mystique du Saint Graal, cette coupe avec laquelle Jésus aurait procédé à l'institution de l'eucharistie, cette coupe dont Joseph d'Arimathie se serait servi pour recueillir le sang qui coulait des plaies du Seigneur. Le Jésus historique est le Graal que poursuivent les chercheurs à travers le monde, dans l'espoir de transmuter l'encre du Nouveau Testament en lettres de sang.

Mais les chercheurs, à l'instar des chevaliers du roi Arthur, seraient-ils condamnés à voir toujours l'objet de leur recherche se dérober devant leurs yeux, au moment même où ils croient le saisir ? Les « temps aventureux » ne cesseront-ils donc jamais ? La quête du Jésus historique serait-elle vouée à un éternel recommencement ? Comme l'exprime Daniel Marguerat, « la quête du

Jésus de l'histoire inflige une blessure permanente à la tentative idolâtrique de s'approprier le Christ ». Ne faut-il pas plutôt penser que la conviction selon laquelle Jésus était bien *historiquement* le Christ n'est pas l'aboutissement de la recherche (de la quête), mais qu'elle est au contraire son présupposé le plus profond ? Avec la quête du Jésus historique, l'histoire n'est requise qu'en garantie de la foi. Dans *L'Avenir de la science*, Renan persiflait les savants qui s'affirment croyants : « Ils ne cherchent pas, ils tâchent de prouver. » La quête du Jésus historique est donc moins une recherche de nature scientifique qu'une théologie de l'histoire. Ses enjeux sont tout autres que de prouver que Jésus a bien été crucifié à Pâque, qu'il a prononcé les Béatitudes ou qu'il a ramené Lazare à la vie, de décider s'il s'est prétendu ou non le Messie, s'il fut le disciple ou le maître de Jean le Baptiste, s'il fut vraiment trahi par Judas et quelles ont été ses dernières paroles…

Après avoir écarté le spectre d'un christianisme sans Christ où, selon Bultmann, « tout pourrait fort bien se passer comme si l'événement christique était un vestige mythologique qui attend encore d'être éliminé », le Jésus historique est un leurre lancé par les chercheurs pour capturer la véritable proie, le Graal que tous les nouveaux Galaad espèrent conquérir : non le « Jésus historique » mais le « Christ historique ».

Flavius Josèphe

Né vers 37 et mort en 100, l'historien juif Flavius Josèphe semble heureusement s'inscrire en faux contre la conspiration du silence ou l'incognito qui frappe Jésus en dehors des textes chrétiens. Après s'être retrouvé à la tête des résistants juifs du front de Galilée lors de la révolte de 66, Joseph ben Matthias, qui n'est pas encore Flavius Josèphe est fait prisonnier par les Romains. Il se rallie à leur camp au point de devenir l'interprète de Titus lors du siège de Jérusalem, entre 69 et 70. Affranchi, tout en demeurant fidèle au judaïsme, il obtient la citoyenneté romaine et entreprend de rédiger *La Guerre des juifs* et *Les Antiquités juives* où, pour la première fois, sont relatées l'histoire ancienne et l'histoire immédiate du peuple juif. La grandeur des Romains, estime-t-il, ne doit pas être écrite au détriment de celle de leurs adversaires. Convaincu que l'enquête doit suppléer à la compilation, que le rôle de l'historien est d'écrire l'histoire qui n'a jamais été écrite, à l'aide d'une documentation très variée, il s'attache à défendre, voire à réhabiliter, sa nation. Quitte à laisser penser que l'histoire juive s'est arrêtée avec la ruine du Temple de Jérusalem (en 70), résultat de l'offensive ennemie tout autant que de la guerre civile entre factions rivales juives.

Son œuvre comporte deux mentions relatives à Jésus. Au livre XX des *Antiquités juives* (publié à Rome dans les années 93-94), on peut lire le récit de la lapidation survenue en 62 à Jérusalem de quelques « justes » sur l'ordre du grand prêtre. Parmi eux se trouve « Jacques, frère de Jésus surnommé le Christ ». L'authenticité de cette formule n'a jamais suscité de grandes discussions. *Stricto sensu*, elle conforte avant tout l'historicité de Jacques que personne ne conteste.

Mais l'incise qui marque la notoriété posthume du personnage surnommé *christos*, « le Christ », n'a-t-elle pas pu être ajoutée par des mains chrétiennes ? Relevons que le plus ancien manuscrit des *Antiquités* auquel il est possible de remonter n'est pas antérieur au IXe siècle. Les copistes qui travaillaient dans les abbayes et les monastères ont eu jusque-là tout loisir de corriger le texte original et d'y placer cette précision dont l'absence leur semblait peut-être incompréhensible.

Mais, outre ce passage qui n'évoque Jésus qu'indirectement, il y a surtout ce que l'on surnomme le *testimonium flavianum*, un court texte dont la force vient de ce qu'il constitue une véritable notice biographique sur Jésus.

Au chapitre 3 du livre XVIII des *Antiquités juives*, Flavius Josèphe détaille longuement l'une des querelles qui opposa les habitants de Jérusalem à Pilate, le préfet de Judée. Puis on peut lire : « Vers le même temps, survint Jésus, habile homme si du moins il faut le dire homme. Il était en effet faiseur de prodiges, et maître des hommes qui reçoivent avec plaisir des vérités. Il se gagna beaucoup de juifs et aussi beaucoup du monde hellénique. Le Christ, c'était lui. Et, Pilate l'ayant condamné à la croix, selon l'indication des premiers d'entre nous, ceux qui avaient été satisfaits au début ne cessèrent pas. Il leur apparut en effet le troisième jour, vivant à nouveau, les divins prophètes ayant prédit ces choses étonnantes et dix mille autres merveilles à son sujet. Et jusqu'à présent la race des chrétiens, dénommée d'après lui, n'a pas disparu. »

Tout est là…

C'est même l'attestation inespérée offerte par un auteur indépendant, reconnaissant Jésus maître de sagesse, faiseur de miracles, ayant des disciples jusque chez les Grecs, mis à mort par Pilate sur la dénonciation des chefs de son peuple, ressuscitant après avoir été annoncé par les prophètes bibliques et donnant son nom aux chrétiens puisque « le Christ, c'était lui ». On a envie de s'écrier : trop beau pour être vrai ! tant chacune des phrases mises sous la plume de Flavius Josèphe semble guidée par un rédacteur ecclésiastique, féru de littérature chrétienne.

Dans ses *Conseils raisonnables à M. Bergier*, Voltaire – encore lui – ironisait parmi les tout premiers : « Cessez de vouloir justifier la fraude de ceux qui insérèrent dans l'histoire de Flavius Josèphe ce fameux passage touchant Jésus-Christ, passage reconnu pour faux par tous les vrais savants. Quand il n'y aurait dans ce passage si maladroit que ces seuls mots "il était le Christ", ne seraient-ils pas suffisants pour constater la fraude aux yeux de tout homme de bon sens ? N'est-il pas absurde que Josèphe, si attaché à sa nation et à sa religion, ait reconnu Jésus pour Christ ? Eh ! mon ami, si tu le crois Christ, fais-toi donc chrétien ; si tu le crois Christ fils de Dieu, Dieu lui-même, comment n'en dis-tu que quatre mots ? »

Quand bien même la notice ne comporterait pas cette invraisemblable référence au Christ, la lecture allégorique de la Bible pour annoncer sa venue, sa prédication hors d'Israël ou la persistance de la race des chrétiens « jusqu'à présent » sont autant d'anachronismes pour le moins aussi criants, mais pas nécessairement très tardifs.

L'auteur véritable du *testimonium* aurait-il simplement voulu composer un pastiche ou un double du discours que Pierre adresse au centurion Corneille dans les Actes des Apôtres, tant les analogies entre les deux textes semblent nombreuses ? « Vous savez ce qui s'est passé dans toute la Judée : Jésus de Nazareth, ses débuts en Galilée, après le baptême proclamé par Jean ; comment Dieu l'a oint de l'Esprit-Saint et de puissance, lui qui a passé en faisant le bien et en guérissant tous ceux qui étaient au pouvoir du diable ; car Dieu était avec lui. Et nous nous sommes témoins de tout ce qu'il a fait dans le pays des juifs et à Jérusalem. Lui qu'ils sont allés jusqu'à faire mourir en le suspendant au gibet, Dieu l'a ressuscité le troisième jour et lui a donné de se manifester, non à tout le peuple mais aux témoins que Dieu avait choisis d'avance » (Ac 10,37-41).

Beaucoup d'efforts – y compris de la part de brillants exégètes – ont été déployés pour défendre, coûte que coûte, l'authenticité même fragmentaire du *testimonium*, malgré l'impressionnant faisceau d'évidences contraires.

Il suffira d'en relever quelques-unes :

– La notice est une copie conforme de l'archétype du récit chrétien primitif (les Évangiles et les Actes des Apôtres) : à cause des juifs, Jésus est victime d'une erreur judiciaire. Pilate, sans la moindre raison, l'envoie au châtiment. Mais sa mort ignominieuse, loin de l'anéantir, est l'épreuve préalable à sa rédemption céleste. Elle est même l'accomplissement des prophéties de la Bible…

– Une curieuse symétrie oppose les deux notices que Flavius Josèphe consacre à Jésus et à son frère. D'un côté, le gouverneur romain condamne à mort un homme (Jésus) auquel on peut seulement reprocher d'être un juste. De l'autre, le gouverneur déclenche la destitution du grand prêtre en exercice pour avoir fait lapider un homme (Jacques, « frère du Christ »), dont le seul crime est d'être surnommé « le Juste ». Pourtant flagrante, l'incohérence entre les deux attitudes romaines n'entraîne chez l'historien pas le moindre commentaire, lui qui, d'ordinaire, en est si peu avare.

– La notice du livre XVIII des *Antiquités* n'entretient strictement aucun rapport avec le corps du chapitre. Le *testimonium* vient s'insérer entre deux récits : celui d'une insurrection juive à l'encontre de Pilate, qui voulait financer la construction d'un aqueduc à l'aide du trésor du Temple, et celui de la déportation vers la Sardaigne de quatre mille juifs de Rome. Entre les deux, la digression sur Jésus, du seul point de vue narratif, est des plus brutales. Rien ne la laisse présager, aucune conséquence n'en est tirée.

– Alors que, dans son œuvre, Flavius Josèphe ne cesse de manifester son hostilité envers les tendances messianiques qu'il rend responsables de la perte de la nation juive, rien n'est fait pour laver Jésus ou ses disciples de ce soupçon.

– Est-il possible que les historiens romains du IIe siècle aient ignoré le *testimonium*, alors que la compétence des *Antiquités juives* devait faire autorité pour tout ce qui touchait aux questions juives ? Ou ne lisaient-ils pas cette mention dans le texte qu'ils connaissaient ?

– Les Pères de l'Église du IIe et du IIIe siècle ignorent aussi le *testimonium flavianum*. Comment accepter que Justin, Irénée, Tertullien, Clément d'Alexandrie ou Origène n'aient pas brandi l'attestation dans leurs disputes avec les savants juifs ou païens ? Il faudra attendre 325 pour qu'Eusèbe de Césarée en fasse état dans son *Histoire ecclésiastique*.

Un faux authentique

Comme si la falsification n'était pas aveuglante, la critique, à partir du XIXe siècle, cherchera désespérément une issue de secours : on se demandera sérieusement et jusqu'à nos jours si le *testimonium* constitue vraiment une pièce rapportée, une interpolation totale ou si l'anachronisme est dû à la traduction, s'il ne s'agirait pas d'une correction partielle, voire du remaniement d'un fragment original disparu…

On exhumera des variantes du texte, une version slave qui, quoi qu'on en dise, fait la part au moins aussi belle au surnaturel. Il suffit d'en citer le début : « Alors parut un homme, s'il est permis de l'appeler un homme. Sa nature et son extérieur étaient d'un homme, mais son apparence plus qu'humaine et ses œuvres divines ; il accomplissait des miracles étonnants et puissants. Aussi ne puis-je l'appeler homme. D'autre part, en considérant la nature commune, je ne l'appellerai pas non plus ange. Et tout ce qu'il faisait par une certaine force invisible, il le faisait par la parole et le commandement. » Quant au dernier paragraphe, il raconte d'une façon non moins extraordinaire la mise à mort de Jésus : « Les docteurs de la Loi furent blessés d'envie et ils donnèrent trente talents à Pilate pour qu'il le tuât. Celui-ci les prit et leur donna licence d'exécuter eux-mêmes leur désir. Ils le saisirent et le crucifièrent en dépit de la loi des ancêtres. »

Le moins que l'on puisse dire, c'est que ce prétendu Flavius Josèphe, dans ce que l'on appelle la recension longue, est encore plus cavalier que les Évangiles avec l'histoire. Mélangeant le préfet romain avec le traître Judas, il accomplit surtout ce qu'aucun des évangiles canoniques, pas même celui de Jean, n'a jamais osé afficher : c'est ouvertement qu'il accuse les élites juives d'avoir été les bourreaux de Jésus, les auteurs directs de la crucifixion !

A lire ce pseudo-Flavius Josèphe, les textes chrétiens semblent donc, par contraste, bien réservés. S'il était authentique, comment imaginer que le Nouveau Testament puis l'Église répugnent à utiliser l'argument alors qu'il aurait été capital dans la polémique antijudaïque ?

Une version arabe rapportée au xe siècle par l'évêque de Hiérapolis, Agapios, a encore dernièrement fait rebondir la discussion au sein de la communauté des chercheurs. Le texte a l'avantage d'être plus concis : « A cette époque-là, il y eut un homme sage, nommé Jésus, dont la conduite était bonne ; ses vertus furent reconnues. Et beaucoup de juifs et des autres nations se firent ses disciples. Et Pilate le condamna à être crucifié et à mourir. Mais ceux qui s'étaient faits ses disciples prêchèrent sa doctrine. Ils racontèrent qu'il leur apparut trois jours après sa résurrection et qu'il était vivant. Peut-être était-il le Messie [ou : il était considéré comme le Messie] au sujet duquel les prophètes avaient dit des merveilles. » Moins surchargée, plus prudente, cette version du *testimonium* n'en paraît pas moins que les précédentes sous influence chrétienne.

Comme les Évangiles eux-mêmes, les différentes versions du *testimonium* se retrouvent en concurrence. Elles prennent ainsi un poids, une épaisseur, une réalité qui les arriment à la pensée chrétienne, et finissent par obtenir, envers et contre tout, malgré l'évidence, leur label de pièce historique. Si peu crédibles soient-elles, les versions s'attestent mutuellement, vérifiant par l'absurde ce que l'on peut observer du travail historique de Flavius Josèphe. « Quant au bon usage de Josèphe comme source, souligne Étienne Nodet, il convient aussi bien de ne pas le prendre tel quel, malgré l'exactitude qu'il proclame, que de le considérer comme uniformément douteux. L'évaluation de ses dires est facilitée par le fait que dans la plupart des cas on dispose d'un certain contrôle, soit parce qu'on connaît ses sources par ailleurs, soit parce qu'il raconte deux fois les mêmes choses ou même trois fois. »

Un autre passage des *Antiquités* est particulièrement considéré par les chrétiens, celui qui, au livre LVIII, cite Jean le Baptiste : « Cet homme de bien exhortant les juifs à cultiver la vertu et à user de justice entre eux et de piété envers Dieu, afin de se joindre au baptême [...]. Beaucoup se rassemblant autour de lui, Hérode craignant qu'un tel charme sur les gens n'entraîne quelque sédition, car ils semblaient prêts à tout faire selon l'avis de celui-là, juge bien meilleur de s'en emparer avant qu'un imprévu survienne par lui, plutôt que de changer d'avis sous la surprise d'un événement brusque. Celui-là donc, envoyé captif à Machéronte, la forteresse précitée, à cause des soupçons d'Hérode, y est occis. »

Bien qu'il donne de Jean le Baptiste une image tout autre que celle des Évangiles, ce passage de Flavius Josèphe n'a jamais été contesté. Et pour cause ! L'authenticité historique du personnage de Jean le Baptiste devient garante de celle de Jésus. C'est une attestation indirecte mais précieuse. A partir du moment où Jésus et Jean le Baptiste sont liés dans les Évangiles, rien n'empêche de penser qu'ils sont aussi liés dans les *Antiquités*, fût-ce par défaut, même si ce lien n'est jamais exprimé.

Le cinquième évangile

Dans l'histoire du christianisme, Flavius Josèphe apporte l'histoire en dot. De surcroît, il se voit dévolu le rôle du « bon juif », c'est-à-dire du juif passé aux Romains, du juif qui, tout en ne se convertissant pas, offre sa judaïté en garantie de son objectivité. Malgré lui, à son insu, Flavius Josèphe devient un historien selon le cœur des chrétiens, une pièce essentielle dans la pensée historique chrétienne sur Jésus. Comme si, avec une grande naïveté mais une belle prescience, la notice qui lui est attribuée programmait plusieurs siècles de recherches sur le « Jésus historique ».

Son rôle est d'éviter le scandale, de faire en sorte que Rome reconnaisse, de façon prémonitoire, celui sur qui va reposer la religion officielle de l'Empire puis de l'Occident tout entier, à partir de la conversion de Constantin au début du IVe siècle. Flavius Josèphe atteste du Jésus de l'histoire et prépare la reconnaissance de la divinité du Christ. On aura tôt fait de considérer les Romains de son temps comme déjà chrétiens, et d'amalgamer l'Empire et l'Église de Rome. Ce qui compte finalement, c'est que Flavius Josèphe *aurait pu* parler de Jésus, s'il ne l'a fait lui-même.

Historiquement, théologiquement, politiquement, Flavius Josèphe est le trait d'union entre Jésus et le Christ. Il permet de passer du judaïsme au christianisme comme il est passé lui-même de la Palestine à Rome. Le passage que Flavius Josèphe a ouvert est un passage sûr, un passage dont les fondations ne sont rien de moins que l'histoire juive tout entière comme les livres de la Bible hébraïque seront celles du Nouveau Testament. Grâce à un historien juif qui est également un historien romain, la place sera prête désormais pour ouvrir dans l'histoire de l'Occident un nouveau chapitre. Ainsi, pendant des siècles, l'œuvre entière de Flavius Josèphe va être vénérée comme le complément judéo-romain du Nouveau Testament, comme un « cinquième évangile ». C'est-à-dire comme l'évangile « historique », affranchi de l'interprétation chrétienne.

L'histoire des Romains

Pourtant, les sources extérieures à la littérature néotestamentaire et à Flavius Josèphe ne sont pas totalement muettes : Tacite, Suétone et Pline le Jeune font allusion à un nommé « Christos », « Christus », « Chrestus » – sans que jamais pourtant ils ne rapprochent ce nom de celui de Jésus.

Dans *La Vie des douze Césars*, Suétone évoque l'édit de Claude promulgué vers 41 ou 49-50 : « Il chassa de Rome, écrit-il de l'empereur Claude, les juifs qui sous l'impulsion de *Chrestus* [*impulsore Chresto*] ne cessaient de s'agiter. » Et plus loin, sous le règne de Néron, il rapporte que « des supplices furent infligés aux *chrétiens*, race d'hommes d'une superstition nouvelle et malfaisante ». Tacite, dans les *Annales*, raconte que Néron se défaussa d'avoir provoqué lui-même les incendies de Rome en 64 : « Pour dissiper cette rumeur, Néron désigna des coupables à sa place et frappa des peines les plus raffinées ces gens odieux en raison de leurs scandales, que le vulgaire appelait *chrétiens*. L'auteur de ce nom, *christus*, sous le gouvernement de Tibère, avait été mis à mort par le procurateur Ponce Pilate ; et cette détestable superstition, qui avait été étouffée sur le moment, éclatait de nouveau non seulement à travers la Judée, point de départ de ce fléau, mais même à travers Rome, où affluent et se propagent de tous côtés les abominations et les ignominies. On arrêta d'abord ceux qui avouaient leur foi, puis, sur leur dénonciation, une multitude considérable, convaincue moins du crime d'incendie que de haine contre tout le genre humain. »

Alors gouverneur de Bithynie en Asie Mineure, Pline le Jeune rend compte, en 111, de sa mission à l'empereur Trajan : « Je n'ai jamais assisté à l'instruction d'aucun procès contre les *chrétiens* ; en conséquence j'ignore de quoi on les accuse et jusqu'où on a coutume de les punir [...]. Est-ce le nom seul de *chrétiens* que l'on punit même si aucun crime n'a été commis, ou sont-ce les crimes attachés à ce nom ? Cependant, à l'égard de ceux qui m'étaient déférés comme *chrétiens*, voici la règle que j'ai adoptée [...]. Ceux qui niaient leur qualité présente ou passée de *chrétiens*, si devant moi ils invoquaient les dieux, rendaient hommage par l'encens et le vin à ton image, et si, de surcroît, ils maudissaient le nom de *christus*, toutes choses impossibles à ce que l'on dit à obtenir des vrais *chrétiens*, ceux-là j'ai jugé bon de les relâcher. J'ai cru devoir les renvoyer. D'autres, déférés sur dénonciation, ont d'abord dit qu'ils étaient *chrétiens*, puis se sont rétractés, prétendant l'avoir été effectivement mais ne plus l'être. [...] Au reste ils prétendaient que toute leur faute ou leur erreur n'avait été que de se réunir à leur coutume à jour fixe, avant l'aube, et de chanter entre eux tour à tour un hymne à *christus* comme à un dieu (*christo quasi deo*) [...]. Et ce n'est pas seulement dans les villes que s'est répandue cette contagion de superstition, mais encore dans les villages et jusque dans les campagnes. »

Ces textes romains ont pour point commun d'avoir été écrits exactement au cours de la même période, les années 110 à 120.

« Christos »

Rien n'interdit en fait d'avancer l'hypothèse que Suétone ne se référait pas à un mort, mais qu'il évoquait un chef rebelle, un Christ toujours en vie au tournant des années 40 et 50 de notre ère et même plus tard. Un Christ autre que Jésus.

N'est-ce pas cette concurrence elle-même que l'on perçoit à travers les évangiles synoptiques à l'égard des rivaux potentiels, les autres christs qui se déclarent pendant la période de rédaction des textes ? Ainsi s'expliquerait que l'évangile de Marc formule, par l'entremise de Jésus, cette mise en garde : « Alors si quelqu'un vous dit : "Voici, le Christ est ici !", "Voici il est là !", n'en croyez rien. Il surgira en effet des faux christs et des faux prophètes qui opéreront des signes et des prodiges pour abuser, s'il était possible, les élus » (Mc 13,21). Matthieu reprend presque littéralement cette formule dont Luc varie à peine les termes : « Il dit : Prenez garde de vous laisser abuser, car il en viendra beaucoup sous mon nom qui diront : "C'est moi, le temps est tout proche." N'allez pas à leur suite ! » (Lc 21,8). A l'évidence, la revendication du titre de « christ » est l'objet d'une querelle de propriété dans les Évangiles. C'est un titre précieux, un titre unique, une marque déposée par les chrétiens qui, selon leurs tendances, veulent s'en assurer l'exclusivité.

Dans l'évangile selon Marc et, pour une fois à l'identique chez Matthieu, chez Luc et chez Jean, on trouve cet avertissement : « Vous serez haïs tous à cause de mon nom » (Mc 13,13). Mais en quoi le nom de Jésus pourrait-il être haïssable ? Ce n'est évidemment pas lui qui est en cause, c'est le titre *christos*. Dans la *Grande Apologie* adressée à l'empereur Antonin vers l'an 150, Justin, l'un des premiers Pères de l'Église, plaidera : « Nous disons les mêmes choses que les Grecs, et seuls nous sommes haïs pour le nom du Christ. Nous sommes innocents et on nous tue comme des scélérats. » Jouant habilement sur la confusion des appellations, sur l'étymologie incertaine qui, à une lettre près fait des disciples de *christus* les partisans de *chrestus*, en latin « le meilleur », Justin cherchera d'ailleurs à désamorcer la menace : « Un nom n'est ni bon ni mauvais : il faut juger les actes qui s'y rattachent. A ne considérer que ce nom qui nous accuse, nous sommes les meilleurs des hommes. »

Maudit Christ

Le mot « chrétien » est toujours d'un usage extrêmement ambigu. Jésus ne l'a jamais été et, de son temps, les « chrétiens » n'existent pas, pas plus après sa mort, lors de la formation de la communauté primitive dite « chrétienne ». Entre 30 et 70, comme le soulignait Étienne Trocmé, le christianisme primitif « ne peut absolument pas, à proprement parler, être décrit comme un *christianisme* ». Les premiers « chrétiens » sont tous juifs et n'ont aucunement l'intention de fonder une religion nouvelle, pas plus que Jean le Baptiste ou Jésus n'avaient l'intention de le faire. Gageons que l'idée même leur aurait fait horreur.

Le terme « chrétien » n'est qu'un palliatif. Une façon anachronique d'englober sous le même label une diversité théologique et géographique, radicalement étrangère au modèle catholique et romain qui allait s'imposer trois siècles plus tard. « C'est à Antioche que, pour la première fois, les disciples reçurent le nom de *chrétiens* » (Ac 11,26), lit-on dans les Actes des Apôtres, comme s'il allait de soi de désigner les partisans de Jésus en fonction du sobriquet qui identifiait leur maître. Les Actes ne précisent pas par quel chemin s'est formée l'expression « chrétiens ». On peut simplement constater que l'appellation *christianoï* vient de l'extérieur ; doublement de l'extérieur. D'une part, elle naît hors de Palestine, en Asie Mineure, dans la troisième ville la plus peuplée de l'Empire ; d'autre part, elle émerge hors du groupe, probablement à l'instigation de païens mais peut-être aussi à l'initiative d'autres juifs de la diaspora voulant prendre leurs distances avec eux. A l'origine, le terme « chrétien » isolait une catégorie particulière de juifs et de païens attirés par le monothéisme, les « craignant-Dieu ».

Aux yeux de ses premiers fidèles Jésus apparaissait comme le Messie, celui qui a reçu l'onction d'huile royale et sacerdotale, l'Oint du Seigneur (en grec, *christos* dont dérive le latin *christus*, christ). Il n'est pas difficile d'imaginer comment on peut se moquer de ce *massiah* hébraïque pour en faire « celui qui a été enduit », « le huileux », « le barbouillé », « le pommadé », ou le « gominé » comme le traduisait Maurice Goguel.

Le fait que Tacite, Suétone et Pline ne mentionnent pas le nom Jésus, le caractère aussi vague que général de leur énoncé, leur expression peu valorisante pour l'individu nommé *christos* ou *christus*, écartent, à l'inverse du *testimonium flavianum* et contrairement à ce que les rationalistes ont souvent défendu, l'idée d'une interpolation chrétienne. Les historiens romains ne cherchent pas à attester de l'existence de Jésus, ils ne connaissent ni l'homme de Nazareth, ni le Nazôréen pas plus que Yéshoua' ou le Galiléen. Il n'est d'ailleurs pas absolument certain que le terme *christos* soit, pour eux, l'équivalent religieux du terme « messie » ni qu'ils l'emploient avec une connotation satirique. C'est plutôt son utilisation comme patronyme chargé d'une violence potentielle, comme un nom criminel, une marque d'infamie, voire comme un cri de ralliement qui paraît s'imposer. Sous *christus* ou *chrestus*, ce surnom à l'orthographe incertaine, ils confondent un agitateur, un condamné de droit commun et une sorte de dieu, tous sujets d'inquiétude pour le pouvoir impérial.

On peut même supposer que Flavius Josèphe a eu connaissance de l'agitation « chrétienne » qui se manifeste sporadiquement aussi bien à Rome qu'en Asie Mineure, et dont on a aujourd'hui la trace à travers les Actes des Apôtres, l'édit de Claude et d'autres documents romains. Vers les années 90, il a pu entendre les critiques adressées aux « chrétiens ». Il n'ignore sans doute pas non plus les attaques dont ils sont l'objet, notamment à cause du prosélytisme dont ils font preuve auprès des non-juifs. Pourquoi alors ne les cite-t-il jamais dans ses œuvres alors que rien du judaïsme ne lui semble étranger ?

Flavius Josèphe avait pour ambition de promouvoir le judaïsme à l'intérieur de l'Empire. Tout ce qui pouvait nuire à son projet lui semblait dangereux. Pour lui, les chrétiens devaient apparaître comme des « hérétiques », des marginaux dont il jugeait plus prudent de se tenir éloigné. Appliqué à faire l'apologie des siens auprès des Romains, Flavius Josèphe aurait donc volontairement ignoré ces « parents compromettants », selon l'expression d'Alfred Loisy. Il aurait préféré se taire à leur sujet.

Ennemis de tous les hommes

La plus vieille accusation portée contre les juifs était d'être un peuple de lépreux et de criminels chassés des terres du Pharaon, d'être des intouchables. Dans le livre d'Esther, Aman, le favori du roi perse Assuérus, dit au souverain : « Au milieu des populations dans toutes les provinces de ton royaume, est dispersé un peuple à part. Ses lois ne ressemblent à celles d'aucun autre et les lois royales sont pour lui lettre morte. Les intérêts du roi ne permettent pas de le laisser tranquille. Que sa perte soit donc signée… » (Est 3,8). La singularité juive a toujours excité l'animosité chez les Égyptiens, les Perses, les Grecs.

Alexandre le Grand et après lui les légions romaines ont laissé aux peuples conquis une grande liberté de culte. Les dieux locaux étaient invités au banquet des dieux de l'Olympe ou du Capitole. La fraternisation des dieux anticipait l'intégration des peuples soumis. En échange, ceux-ci avaient pour obligation de satisfaire aux devoirs dus au monarque, de lui rendre hommage, de sacrifier pour lui.

Lorsque les Romains vont être confrontés au judaïsme, ils vont découvrir que les juifs postulent l'existence d'un Dieu invisible, incomparable, qu'il est interdit de nommer et de représenter. En pénétrant dans le Temple de Jérusalem, Pompée constatera avec stupeur qu'il n'y avait à l'intérieur « aucune image des dieux, que la place était vide et que les secrets du sanctuaire n'étaient rien ». Mais, plus insupportable, les juifs proclament que ce Dieu est unique et, en aucun cas, ne saurait s'asseoir à la table des dieux des autres peuples. A leurs yeux, ce ne sont que des chimères. Leur Dieu pousse à déroger aux règles sacrées de l'hospitalité et de la commensalité qui traversent toutes les cultures du monde antique. Dans *L'Ane d'or*, Apulée se gaussera d'une mégère qui « méprisait et foulait aux pieds les dieux et, à la place d'une religion vraie, mettait l'idée menteuse et sacrilège d'un dieu qu'elle déclarait unique par la duperie de pratiques vides de sens ».

Le rituel de la circoncision, lorsqu'il n'était pas l'objet de plaisanteries, était assimilé à une castration, les interdits alimentaires à une manie détestable, et le repos du sabbat paraissait d'une insondable hypocrisie puisque, sabbat ou pas, en cas d'incendie, d'inondation, d'invasion, de foudre, de peste, comme le dit Flaccus, préfet d'Égypte, les juifs chercheraient à mettre à l'abri parents, enfants, fortune, « tout ce qui leur est cher ».

Dès lors, le judaïsme fut considéré comme une religion asociale, misanthrope. Tacite écrit que les juifs ont entre eux « un attachement obstiné, une commisération active, qui contraste avec la haine implacable qu'ils portent au reste des hommes. Jamais ils ne mangent, jamais ils ne couchent avec des étrangers, et cette race, quoique très portée sur la débauche, s'abstient de tout commerce avec les femmes étrangères ». Les juifs sont réputés « ennemis de tous les hommes ».

« A mort les athées ! »

Auteur chrétien du ve siècle, Lactance a fait admettre l'idée qu'étymologiquement le mot *religio* signifiait « ce qui relie l'homme au divin ». De ce point de vue, les attaques contre les chrétiens étaient injustifiées, comme s'étaient employés à le démontrer avant lui les autres Pères de l'Église. En fait, le monothéisme juif, y compris sous son avatar chrétien, a d'emblée été incompréhensible pour les Romains.

Pour eux, pareils aux autres juifs, les juifs chrétiens sont considérés comme « athées ». Ce sont des individus sans dieux dès l'instant où ils excluent les dieux de la Cité. Leur intolérance aux divinités des autres les entraîne à se placer hors de la société, hors de ses usages, hors de ses cultes. Un témoignage anonyme raconte le martyre du chrétien Polycarpe survenu vers les années 160 : « Alors la foule, déchaînée par le courage et la piété de cette grande famille que forment les chrétiens, vociféra : "A mort les athées !" » Les accusations de croyances folles et malfaisantes, de haine du genre humain, de pratiques occultes et contre nature portées contre les juifs sont transférées à l'identique contre les dissidents « chrétiens ». Dans son *Discours vrai*, Celse observe les uns et les autres avec la jubilation d'un entomologiste : « Juifs et chrétiens ressemblent à une troupe de chauves-souris, à des fourmis qui sortent de leurs trous, à des grenouilles qui tiennent séance autour d'un marais, à des vers formant assemblée dans un coin de bourbier, qui disputent ensemble qui d'entre eux sont les plus grands pécheurs et se diraient les uns aux autres : "Nous sommes ceux à qui Dieu révèle d'avance et prédit tout ; négligeant l'univers et le cours des astres, sans souci de cette vaste terre, c'est pour nous seuls qu'il gouverne, avec nous seuls qu'il communique par ses envoyés." »

Au début du IIe siècle de notre ère, l'existence de ces « chrétiens » pose, socialement et politiquement, un problème d'actualité (Pline), et ce problème perdure même depuis une cinquantaine d'années (Suétone, Tacite). Quand les historiens romains se font l'écho des sentiments qu'inspirent les chrétiens, ces ennemis du lien social, ils montrent combien la *religio* latine est *ce qui relie* l'homme, non pas avec le divin, mais avec les autres hommes. Les adeptes de *christos* forment une secte dont ils craignent l'agitation, dont ils ne comprennent pas les pratiques, dont ils redoutent « l'exclusivisme » religieux, plus radical encore que celui des juifs traditionnels. De l'extérieur, ces *christianoï* sont considérés comme d'autant plus dangereux qu'ils sont difficiles à localiser, à identifier, à situer par rapport aux autres juifs. Alors même que le judaïsme est parvenu à obtenir, privilège supplémentaire, le statut convoité de *religio licita*, cette reconnaissance ou cette tolérance est menacée par l'agitation sectaire de certains mouvements juifs. Il est frappant de constater chez Pline, chez Suétone et chez Tacite, combien les *christianoï* mettent en cause cet équilibre. Combien ce qui les pousse à agir est toujours recouvert d'un terme qui est l'opposé de la *religio* : la *superstitio*. Sous cette « superstition » sont clairement visés l'irréligion, l'incivisme, le désordre.

Demain la Fin

Les chrétiens inquiétaient les Romains pour une raison que ni les images pieuses ni la tradition de l'Église ne nous permettent plus d'appréhender : les disciples de Jésus étaient persuadés de vivre les derniers instants avant la Fin des Temps. Pour eux, le Fils de l'Homme allait venir sur les nuées et prononcer le Jugement dernier. Ensuite, l'humanité disparaîtrait ou serait si différente qu'ils pouvaient se sentir déliés de toute loi, de toute contrainte.

Jamais, par exemple, Jésus ni aucun de ses disciples n'envisagent une descendance. Ils ne semblent pourtant pas vivre sans femmes puisque Paul, dans la première épître aux Corinthiens, se plaint : « N'avons-nous pas le droit d'emmener avec nous une femme chrétienne, comme les autres apôtres, et les frères du Seigneur, et Céphas [Pierre] ? » (1 Co 9,5). Malgré cela, aucune naissance n'est évoquée par les évangélistes. Celle de Jean le Baptiste se situe *avant* celle de Jésus !

Alors que la fertilité des femmes et la virilité des hommes sont des valeurs intangibles du judaïsme, Jésus et les siens s'en démarquent, convaincus peut-être qu'à si peu de jours de la Fin des Temps la question de la survie de l'espèce n'a plus de sens. « Il y a des eunuques qui se sont eux-mêmes rendus tels à cause du Royaume des Cieux », proclame Jésus dans l'évangile selon Matthieu (Mt 19,12).

A un étudiant qui lui demandait : « Quelle est vraiment la différence entre l'Ancien Testament et le Nouveau Testament ? », Jacob Taubes eut l'idée de répondre : « Si je lis l'Ancien Testament et que j'y cherche un leitmotiv, j'y trouve celui d'une femme stérile qui crie, qui prie pour avoir un enfant. Sara, Rebecca, Rachel, Anne [la mère de Samuel] et il y en a encore d'autres. Quand on regarde le Nouveau Testament, on constate qu'on y trouve pas mal de miracles du Christ, par exemple qu'il a redonné la vue à un aveugle, qu'il a fait marcher des paralysés, qu'il a ressuscité des morts, mais une chose n'est pas racontée, c'est qu'une femme stérile – cela serait pourtant évident – s'est jetée à ses pieds ou l'a tiré par ses habits en lui disant : "Je voudrais un fils." Cela ne figure pas dans le Nouveau Testament. »

On trouve au contraire cette terrible malédiction dans l'évangile selon Luc : « Filles de Jérusalem, ne pleurez pas sur moi ! Pleurez plutôt sur vous-mêmes et sur vos enfants ! Car voici venir des jours où l'on dira : Heureuses les femmes stériles, les entrailles qui n'ont pas enfanté, et les seins qui ne sont pas nourris » (Lc 23,28-29). Jésus et les siens n'attendent plus rien des hommes, ils attendent tout de Dieu. Et cela dans un sentiment d'extrême urgence que l'on peut entendre à de nombreuses reprises, à travers les synoptiques : « En vérité je vous dis que cette génération ne passera pas avant que tout ne soit arrivé » (Mc 13,30 ; Mt 24,34 ; Lc 21,32), ou : « En vérité je vous le dis, il en est d'ici présents qui ne goûteront pas la mort avant d'avoir vu le Royaume de Dieu venu avec puissance » (Mc 9,1 ; Mt 16,28 ; Lc 9,27).

Le Royaume attendu, celui qui doit rétablir l'ordre divin du monde, est très clairement le Royaume d'Israël dans lequel les non-juifs n'ont évidemment aucune place, et d'où ils doivent être chassés. C'est ce que comprennent les Romains. C'est ce que comprennent les disciples de Jésus. C'est ce que comprend la foule qui l'accueille à Jérusalem aux cris de : « Hosanna ! Béni soit celui qui vient au nom du Seigneur ! Béni soit le Royaume qui vient de notre père David ! » (Mc 11,9), ou chez Jean : « Béni celui qui vient au nom du Seigneur et le roi d'Israël ! » (Jn 12,13). Qu'il se soit prétendu le Messie ou que d'autres, après sa mort, aient prétendu qu'il l'était, rien n'indique que Jésus ait pu entretenir une conception autre du Royaume à venir.

Tout le Nouveau Testament jusqu'au livre de l'Apocalypse mais aussi l'ensemble de la littérature chrétienne primitive doivent être lus dans cette perspective de l'imminence de la fin dernière, ce cataclysme que les premiers juifs chrétiens appelaient de leurs vœux. Aujourd'hui cette attente de la Fin des Temps n'appartient plus ni à l'imaginaire chrétien, ni à son système de pensée, ni même à sa mémoire. Ce fut pourtant le seul avenir pensable du temps de Jésus. Un avenir si proche que, pas un seul instant, Jésus n'avait songé à organiser sa succession ni à bâtir une Église.

2
Crucifié

Du témoignage des Évangiles, aux yeux des historiens les plus sceptiques ou des critiques les plus radicaux, seule la crucifixion de Jésus apparaît comme un épisode indiscutable. L'unique lieu du texte où l'histoire a pris corps. « Je fais toutes réserves sur les détails du récit évangélique », affirmait Charles Guignebert dans son grand livre sur Jésus. Mais, poursuivait-il, « je ne crois pas possible de douter de l'historicité de la crucifixion ». Alfred Loisy le disait à peine autrement : « Rien dans les récits évangéliques n'a consistance de fait, si ce n'est le crucifiement de Jésus. » Comment, en effet, les chrétiens auraient-ils pu inventer un pareil dénouement ?

La suprême infamie

A l'origine, la crucifixion était un supplice oriental. Les Grecs l'ont appris probablement des Perses ou des Phéniciens, et les Romains des Carthaginois. *Mors turpissima crucis*, « la mort en croix, suprême infamie » : on considérait comme particulièrement ignominieux d'infliger ce châtiment à un citoyen romain. C'est par excellence le « supplice servile ». A Rome, réservé d'abord aux esclaves, il est peu à peu étendu à diverses catégories de criminels, en particulier aux voleurs, aux brigands de toutes espèces, aux indigènes dans les provinces de l'Empire, aux condamnés pour des motifs politiques ou de droit commun.

Le judaïsme n'ignorait pas non plus la « suspension au bois ». Alexandre Jannée, vers 87 avant notre ère, fait exécuter huit cents pharisiens à Jérusalem, prétend Flavius Josèphe. Mais étaient-ils encore vivants au moment de leur supplice ou déjà morts ? Selon la traduction littérale d'Émile Puech, le Deutéronome stipule : « Et s'il arrive qu'un homme soit coupable d'une peine capitale il sera mis à mort et tu le pendras au bois » (Dt 21,22-23). C'est donc de l'exposition infamante d'un cadavre qu'il s'agit, la mise à mort précède la suspension au gibet, comme en témoigne Jésus lui-même, lorsque selon Matthieu, il accuse par avance les pharisiens de vouloir assassiner les prophètes : « vous en tuerez *et* mettrez en croix… » (Mt 23,34).

Dans le Rouleau du Temple, découvert à Qumrân avec les autres manuscrits de la mer Morte, on trouve une interprétation plus sévère du même passage (toujours suivant la traduction d'Émile Puech) : « S'il arrive qu'un homme rapporte contre son peuple et qu'il trahisse son peuple, enfin qu'il le livre à un peuple étranger et qu'il agisse mal contre son peuple, vous le pendrez sur le bois et il mourra. » Dans ce cas, l'homme est pendu vivant, la suspension au bois est la cause première de la mort.

Tirant argument de ce manuscrit dont le plus ancien date d'environ – 150, certains ont vite imaginé que Jésus (qui n'a pourtant jamais été suspecté de trahison) aurait pu subir son châtiment de la main des juifs… Or rien n'atteste que cette interprétation qumrânienne de la Torah, c'est-à-dire de la loi juive transmise par Moïse, ait été reçue hors des limites de la communauté, au contraire. Il faut surtout rappeler avec force que, sur le plan judiciaire, au Ier siècle, dans une province de l'Empire, seul le gouverneur romain a pouvoir d'ordonner l'exécution d'un condamné à mort. Suggérer le contraire relève d'une méthodologie des plus douteuses, pour ne pas dire d'un antisémitisme sournois.

Le bois de malheur

Dans les Évangiles, Jésus n'est pas le seul à être conduit au supplice, deux autres sont exécutés en même temps que lui, les deux larrons. Le nombre paraît modeste car la crucifixion était, le plus souvent, un châtiment collectif. Même si les chiffres doivent toujours être interprétés avec précaution, en 519 avant notre ère, Darius Ier, roi de Perse, fait crucifier trois mille rebelles babyloniens, le tyran Denys de Syracuse inflige la même peine à des centaines de Grecs, auxiliaires des Carthaginois qui défendaient la ville de Motye. Quant au légat de Syrie, Quintilius Varus, il crucifia, dit-on, deux mille juifs rebelles après la mort d'Hérode le Grand, et six mille croix furent dressées sur les 195 kilomètres qui séparent Capoue et Rome quand la révolte de Spartacus fut anéantie.

Lors du siège de Jérusalem, Flavius Josèphe relate dans *La Guerre des juifs* le sort des assiégés qui essayaient de fuir la ville pour échapper aux légionnaires romains : « Quand ils étaient sur le point d'être pris, ils étaient acculés à se défendre et, après le combat, il semblait trop tard pour implorer grâce. Aussi étaient-ils fouettés, soumis avant de mourir à toutes sortes de tortures, puis crucifiés face au rempart. Leurs souffrances, certes, paraissaient pitoyables à Titus ; mais comme leur nombre – soi-disant jusqu'à cinq cents par jour – était trop grand pour courir le risque de les libérer ou de les faire garder, il laissa ses soldats agir comme ils l'entendaient, d'autant qu'il espérait que le spectacle horrible des innombrables croix amènerait plutôt les assiégés à se rendre. Aussi, les soldats, dans leur colère, et par haine, ridiculisaient les prisonniers en les crucifiant chacun dans une position différente, et, vu le nombre, la place manquait pour les croix, et les croix pour les corps. »

Les Romains appelaient la croix « bois de malheur ». Peut-être est-ce pour cette raison que ni Flavius Josèphe ni les autres auteurs de l'Antiquité n'ont jamais, pour ainsi dire, relaté le détail du supplice. Peut-être aussi parce que la seule mention du mot *crucifixion* suffisait amplement à l'évoquer, comme « guillotine » ou « chaise électrique » suffisent aujourd'hui à indiquer la peine capitale. Dans son *In Flaccum*, Philon d'Alexandrie rapporte avec force précisions les atrocités commises par les habitants d'Alexandrie contre les juifs de la ville lors des pogroms qui eurent lieu en l'an 38. Mais il se contente de dire des victimes qu'« après tous les tourments que leur corps avait pu endurer, le supplice qu'on leur réservait pour la fin était la croix ». Nommer la crucifixion évitait l'horreur voire le caractère fastidieux de la description, la faute de goût.

Le christianisme n'aura ni ces réserves ni ces pudeurs. Tout au contraire, le récit de la Passion, au lieu de ramener le châtiment à son horrible banalité, va magnifier l'échafaud sur lequel Jésus a été supplicié. La crucifixion de Jésus apparaîtra même dans l'histoire tel un cas unique. Comme s'il n'y en avait jamais eu d'autres.

De ce fait, parmi la littérature antique, c'est peut-être paradoxalement des Évangiles que nous pouvons attendre la moins mauvaise description documentaire du supplice de la croix, à condition de suivre les textes pas à pas.

Nu et sanglant

L'évangile de Marc comme celui de Matthieu indiquent presque en passant que le gouverneur ordonne de « flageller Jésus ». Ainsi que l'évoquent toutes les sources romaines, le condamné est alors mis entièrement nu. On peut penser que c'est à ce moment que ses bourreaux se partagent ses vêtements – si cette histoire n'est pas seulement l'historicisation d'un verset du Psaume 22 : « Ils partagent entre eux mes habits et tirent au sort mon vêtement. » La flagellation n'est pas une simple « fustigation » avec des verges, le mot serait trop faible. Dans le récit du *Martyre de Polycarpe*, l'auteur anonyme de la fin du IIe siècle relate les persécutions contre les chrétiens :

avant d'être mis à mort, ils ont été, écrit-il, « déchirés par les fouets qui laissaient voir par les plaies béantes jusqu'aux veines et aux artères »... Plus près de nous, Herman Melville décrit dans *La Vareuse blanche*, son journal de bord sur un navire de guerre américain, le calvaire d'un marin condamné au fouet vers les années 1860. Melville note l'horreur : la morsure des lanières de cuir dont on ne voit même plus la trace « tant le sang coule des blessures », le dos du matelot « gonflé comme un oreiller », « noirci comme par le feu ». La petite phrase des évangélistes cache l'indescriptible souffrance. La flagellation avait pour fonction déterminante de « préparer » le supplice de la crucifixion. Elle supposait un abominable raffinement puisque tout l'art du bourreau consistait à châtier le condamné. sans l'achever prématurément.

Le supplicié sortait en sang de l'épreuve du fouet. D'où peut-être l'idée qu'ont les évangélistes de couvrir Jésus d'un manteau pourpre, d'un manteau de sang ? Ensuite, il devait porter sa croix jusqu'au lieu de l'exécution. Ses gardes ne se privaient sans doute pas de le piquer de leurs lances, de le brutaliser encore pour hâter sa marche. Le spectacle de l'humiliante nudité, le tourment d'avoir à supporter une charge écrasante, les plaies à vif, les gifles, les injures, les crachats, les cris de la foule, tout concourait à l'exemplarité du châtiment. Quiconque se risquait à agir contre l'Empire devait savoir ce qu'il encourait.

La majorité des représentations chrétiennes adopte ce scénario de la marche au calvaire. Mais il est contredit par l'évangile selon Marc, si on l'observe à la lettre. Chez Marc, en effet, Jésus se montre incapable de faire, ne serait-ce qu'un pas, sur le chemin du supplice. A la sortie du prétoire de Pilate, les soldats sont obligés de réquisitionner « un homme qui passait pour qu'il porte la croix de Jésus » (Mc 15,21). D'ordinaire, les traductions du verset suivant disent aussi que Jésus est « amené » par les soldats jusqu'au lieu de l'exécution. Mais le verbe grec *pherein* qu'emploie le texte original est bien plus précis. Il signifie que les soldats « portent » Jésus. C'est un condamné pantelant, agonisant déjà, que ses bourreaux « portent » littéralement jusqu'au Golgotha.

Porter sa croix

Quoi qu'on s'imagine, rien ne permet aujourd'hui de savoir si les condamnés se chargeaient de la croix en son entier ou seulement de la traverse horizontale, le *patibulum.* Parmi les attestations de l'Antiquité, les deux techniques semblent en concurrence. Artémidore écrit : « Celui qui doit être cloué à la croix commence par la porter », et Plutarque : « Dans les supplices corporels chacun des malfaiteurs porte sa propre croix. » Mais chez Plaute, on lit au contraire d'un condamné qu'il « portait son *patibulum* à travers la ville », ou ailleurs cette apostrophe : « Ils te mèneront le *patibulum* sur la nuque. »

Bien que ce schéma ait la faveur de beaucoup de commentateurs, il ne va pas sans quelques difficultés :

– D'après les sources romaines, le condamné était préalablement lié au *patibulum.* Or les évangiles de Marc et de Matthieu assurent que Simon de Cyrène qui revenait des champs a été réquisitionné pour suppléer Jésus. Pour qu'il ait pu prendre le *patibulum*, il aurait donc fallu délier le condamné. Si un tel événement s'était produit, les rédacteurs auraient-ils manqué de le signaler et de le commenter ? L'évangile de Jean et celui de Luc pour ne pas mettre Jésus en contradiction avec ses propres paroles : « Si quelqu'un veut venir à ma suite, qu'il se renie lui-même, qu'il se charge de sa croix et qu'il me suive » (Mt 16,24), préfèrent prudemment contourner le problème : Jean fait porter la croix par Jésus seul, quant à Luc, il indique que Simon de Cyrène aide Jésus, ce qui ne signifie pas qu'il se substitue à lui.

– La fixation du condamné, lié au *patibulum*, sur un poteau déjà installé, les *stipes crucis*, risquait de se révéler une opération délicate, au point de nécessiter un matériel (escabeaux, cordes, échelles, etc.) et un personnel bien plus fournis que ce que l'on se figure à la lecture des Évangiles. L'assemblage de la croix suppose, en effet, qu'une mortaise ait été creusée dans le *patibulum* et qu'un tenon soit taillé sur les *stipes*, de telle sorte qu'ils s'agencent l'un dans l'autre sans risquer de se déboîter, ni de casser net. Mais, dans cette hypothèse, le poids du corps pendu, la résistance du condamné, son instinct de survie ne sont pas des facteurs négligeables. Il est difficile de croire qu'un homme, même rompu par les coups, participe à sa mise en croix et s'y laisse hisser sans se débattre avec la dernière énergie.

Il semble donc préférable de suivre la version des évangélistes : Jésus (ou son suppléant, Simon de Cyrène) a transporté la croix entière du lieu de la flagellation jusqu'au lieu de sa mise à mort. Pour une fois avec unanimité, les quatre évangiles utilisent d'ailleurs le terme « croix », et non « traverse » ou « bois » ou *patibulum*. Certes, les rédacteurs auraient pu employer le mot de façon métonymique. Mais si Jésus n'avait été chargé que du *patibulum*, le rapprochement avec Isaac marchant au sacrifice, chargé du bois de l'holocauste, souvent développé ultérieurement par les Pères de l'Église, aurait été mis en valeur par le texte lui-même. Ce n'est pas le cas.

D'un simple point de vue technique, la fixation du condamné à une croix déjà assemblée paraît donc moins difficile, plus pratique, que l'ajustement d'un *patibulum* sur un pieu. Elle nécessite moins d'aides, elle peut s'effectuer à plat, avant que l'ensemble ne soit dressé comme on dresse un mât, ainsi que l'ont représenté Rembrandt ou le Tintoret. En revanche, cela suppose que les soldats ou les condamnés creusent des fondations suffisamment profondes pour assurer la solidité et la stabilité du gibet comme Michel-Ange le montre dans *Le Crucifiement de Pierre*. Travail de terrassement préalable dont les évangélistes ne font aucune mention. Ce qui, une nouvelle fois, interdit de conclure et de désigner à coup sûr la méthode employée pour fixer Jésus à la croix.

Golgotha

A Jérusalem, à l'intérieur de la basilique du Saint-Sépulcre, à côté de son tombeau, on contemple encore aujourd'hui l'endroit où Jésus aurait été crucifié : le Golgotha, en araméen « le lieu du crâne ». Du fait de ce nom, on a supposé une éminence rocheuse et les pèlerins doivent emprunter un escalier escarpé pour se rendre à l'autel sous lequel on peut apercevoir le point précis où la croix aurait été érigée. Sa découverte tardive remonte au IVe siècle, lorsque l'empereur romain Constantin, fraîchement converti, ordonna de rechercher le Golgotha et la tombe de Jésus. Les sources officielles étaient résolument muettes quant à l'existence d'un emplacement réservé aux exécutions capitales. Le plus souvent, pensait-on, les malfaiteurs étaient mis à mort sur les lieux mêmes de leur forfait.

Chargé de la tâche, l'évêque Macaire choisit d'entrer en prière et de demander à Dieu ce que les archives et l'archéologie lui refusaient. Ses prières, dit-on, furent exaucées. Il eut, en extase, la vision de la localisation du Golgotha qu'il découvrit sans coup férir sous le temple d'Aphrodite où la rumeur prétendait qu'il était et où depuis on le vénère. Même si la découverte du site résulte d'une « révélation » au sens le plus mystique du terme, l'évêque est « l'inventeur » du Golgotha, au sens archéologique du mot. En 1820, un anglican, le général Gordon, « découvrit » de la même manière, au-delà de la porte de Jaffa, un Golgotha concurrent. Même s'il paraît mieux cadrer avec les données évangéliques aux visiteurs qui empruntent ses allées, le « calvaire Gordon » n'est pas plus sûr que le premier emplacement.

Il y a, en réalité, plus de probabilités pour que la crucifixion ait été pratiquée au carrefour de deux routes qu'au sommet d'une butte ou sur un monticule rocheux. Le nom « lieu du crâne » viendrait-il alors de la disposition même du site qui évoquait la forme d'un crâne ? Ou parce que les crânes des condamnés s'y empilaient ? Origène comme Épiphane soutenaient que c'était parce que le crâne d'Adam se trouvait enterré là. A leur suite, saint Jérôme professa que le sang du second Adam (c'est-à-dire de Jésus) avait coulé sur le crâne du premier – comme l'a peint Fra Angelico dans sa *Grande Crucifixion*.

Répondant à la vacuité de l'histoire par la représentation des décors et l'invention des paysages, l'histoire de la peinture saura combler les curiosités les plus insatiables. En attendant, le génie des Évangiles aura été d'offrir une géographie virtuelle que chacun peut investir de ses espoirs, de sa foi, de sa fantaisie.

La localisation actuelle du Golgotha s'appuie, en fait, exclusivement sur le texte de l'évangile selon Jean. Dans toute la littérature chrétienne, seul cet évangile indique que le lieu était « proche de la ville » (Jn 19,20), donc à l'extérieur des murailles, et qu'« au lieu où il avait été crucifié, il y avait un jardin » (Jn 19,41). Ces deux données paraissent incontournables. Mais peut-on concevoir les croix dressées dans un site presque bucolique ? Quel rapprochement opérer entre « le lieu où il avait été crucifié » et un « jardin » ? La clé se trouve vraisemblablement chez Luc, lorsque l'évangéliste fait promettre par Jésus au bon larron : « En vérité, je te le dis, aujourd'hui tu seras avec moi au Paradis » (Lc 23,43). Le mot « paradis » vient du vieux persan *pairidaêza* qui signifie *enclos*. En grec, *paradeisos* a pris le sens de *parc* ou de *jardin*, mot qui, dans la Bible, est associé au « jardin d'Éden ». Jean, comme Luc, assimile secrètement la croix à l'arbre de Vie planté par Yahvé au centre du jardin d'Éden, à l'arbre de la Connaissance... Les exégètes et les archéologues ne se montreraient-ils pas bien téméraires en voulant localiser scientifiquement le Golgotha à partir de telles indications ?

La forme de la croix

Selon les quatre évangiles, le soldat qui tend une éponge au crucifié pour étancher sa soif est obligé de la présenter au bout d'un roseau. D'après Matthieu, la pancarte sur laquelle est inscrit l'acte d'accusation est placée au-dessus de la tête de Jésus. De ces indices, on s'est empressé de déduire que la croix était forcément haute, d'autant plus qu'à diverses reprises les textes du Nouveau Testament ne manquent pas de signifier que par son sacrifice Jésus a été « élevé ». Tout laisse à penser, en réalité, que les croix n'étaient pas d'une taille très supérieure à celle d'un homme debout. Contrairement à la tradition picturale, elles ne devaient pas excéder deux mètres, et la pancarte – éventuellement – pendait autour du cou du condamné.

Au Ve siècle, la croix à quatre branches devient le symbole chrétien par excellence et le crucifix entre en usage vers la fin du VIe et le début du VIIe siècle. Dans les Évangiles, rien n'indique la forme de la croix sur laquelle Jésus est mort. Était-ce une croix en T, *crux commissa*, dans laquelle les Pères de l'Église verront l'initiale de *Theos*, Dieu ? Une croix à quatre branches, *crux imissa*, qui fera écrire à Grégoire de Nysse (vers 335-395) : « Nous apprenons par la croix, dont la forme distribue en quatre que celui qui y fut étendu est Celui qui relie et ajuste toutes choses à lui-même » ? Une croix en Y comme l'extraordinaire crucifix de Sainte-Marie-du-Capitole à Cologne ? Voire une simple pièce de bois, ou même un vulgaire tronc d'arbre ?

La loi romaine ne prévoyait aucun modèle réglementaire : « Je vois devant moi des croix, non pas toutes du même modèle, mais variant avec le maître qui les avait fait faire », constatait Sénèque. Les bourreaux, semble-t-il, se déterminaient uniquement selon les circonstances et leurs caprices. Aucune des représentations de la croix de Jésus ne se fonde sur un souvenir historique, toutes sont des interprétations spéculatives du texte des Évangiles.

Rappelons qu'il n'y a eu aucun témoin chrétien de la crucifixion. Au contraire, les récits évangéliques produisent l'impression très négative que Jésus a marché vers la mort dans une solitude totale, accompagné seulement de ses bourreaux et offert aux sarcasmes de ceux qui s'amusaient de ses tourments. Pour atténuer ce sentiment de désertion, les évangélistes font intervenir comme pis-aller des femmes, servantes de Jésus, qui se tenaient « au loin ». La liste de ces spectatrices providentielles diffère chez Marc, Matthieu et Luc, mais à aucun moment – et c'est leur point d'accord le plus remarquable ! – elle n'intègre Marie, mère de Jésus, ni le moindre disciple... Jean s'empresse de corriger cette présentation des faits. Dans le quatrième évangile, Marie, mère de Jésus, se trouve au premier rang des témoins qui se tiennent « près de la croix », et aux femmes il adjoint le « disciple bien-aimé » qui sera désigné, par convention, comme l'auteur de l'évangile. Les différences entre Jean et les synoptiques sont donc très importantes : les témoins se tiennent « près » et non « loin » du calvaire, un disciple est présent, chargé de relater les faits « en vérité ». Mais que ce soit chez Marc, Matthieu, Luc ou Jean, Jésus est toujours crucifié entre le souvenir de ce qu'il a pu être et les usages que cette représentation doit signifier.

Le monopole des clous

La conviction que Jésus a été « cloué » par les mains à la croix est déduite d'un épisode postérieur au récit de la Passion, épisode qui, de plus, ne figure pas dans tous les évangiles.

Après sa mort, Jésus apparaît à ses disciples, mais Thomas proteste qu'il ne croira à sa résurrection « si je ne vois pas dans tes mains, lui dit-il, la marque des clous... » (Jn 19,25). Luc reprend implicitement cette indication quand Jésus ressuscité montre ses plaies à ses disciples, leur désignant ses mains et ses pieds. Mais c'est surtout dans les Actes des Apôtres dont Luc passe pour être également l'auteur que Pierre proclame à l'intention des habitants de Jérusalem : « Cet homme vous l'avez pris et fait mourir en le clouant à la croix par la main des impies » (Ac 2,23).

A la fin du IIe siècle, dans son *Contre Marcion*, Tertullien attribuait même à Jésus le monopole des clous : « Seul, il fut crucifié de façon si remarquable. » On peut donc s'interroger sur cette singularité du supplice de Jésus, le récit évangélique étant profondément imprégné de lectures bibliques, tant du Psaume 22 (« Ils ont percé mes mains et mes pieds ») que du livre d'Isaïe (« Il a été transpercé pour nos péchés »).

Écrivant une trentaine ou une quarantaine d'années après la mort de Jésus, les rédacteurs des Évangiles n'ont évidemment pas été des témoins oculaires de son supplice. Ils ne se souciaient d'ailleurs ni d'anatomie ni d'exactitude historique. Leur but était de justifier l'injustifiable ou, pour utiliser le vocabulaire de l'apôtre Paul, de retourner « la folie de la croix » en « langage de la croix ». De démontrer en quoi la crucifixion de Jésus ne pouvait se comparer à aucune autre, et combien elle échappait à l'ordre commun. Dans cette perspective, affirmer l'enclouage du condamné devait être décisif pour singulariser la mort de Jésus.

Il ne semble pas que des clous tiennent nécessairement les bras du crucifié à la croix. Ce mode de fixation n'est pas suffisamment fiable pour supporter le poids d'un être vivant. Si les clous sont plantés dans la paume, les chairs se déchirent et cèdent vite, ne serait-ce qu'à cause des torsions du supplicié. S'ils sont enfoncés dans les os du poignet (entre les petits osselets qui forment le carpe), voire entre le radius et le cubitus, les tortionnaires prennent le risque qu'au summum de la souffrance, dans un ultime réflexe de survie, le crucifié réussisse à s'arracher au bois où il agonise. Il est donc plus vraisemblable d'admettre que les crucifiés avaient les bras liés par des cordes. Ce qui n'exclut pas – éventuellement – l'usage de clous comme élément additif à la torture.

Le clouage des pieds n'est, lui, que secondaire dans la fixation de l'homme sur la croix. Sa fonction réelle est de maintenir le point d'appui du corps et, par conséquent, de régler la durée du supplice. « La croix torture longtemps celui qui y est fixé », écrivait Isidore de Séville. La crucifixion est en effet une mort par asphyxie. C'est un mode de pendaison. Le professeur en médecine J.-C. Sournia en a donné la description clinique : « Le corps est suspendu non seulement aux muscles des épaules, mais aussi aux puissants muscles pectoraux, aux muscles du dos et aux muscles intercostaux qui sont tous des muscles inspiratoires : ils sont fatigués au bout de quelques minutes et, pour pouvoir mieux respirer, l'homme se soulève sur ses pieds encloués, d'où une nouvelle douleur mais qui du moins soulage le haut du tronc. Il respire à son aise. Mais bientôt les muscles des cuisses et des jambes qui sont à demi étendus dans une position malaisée se fatiguent à leur tour, la douleur des pieds devient trop lancinante et le corps retombe, tirant sur les mains et sur le thorax. La respiration se trouve hachée dans ses alternances de blocage inspiratoire et de détente passagère, les muscles atteints de crampes de plus en plus longues et de plus en plus fréquentes se contracturent et le malheureux dont la face devient violette, asphyxie. Il finit par mourir dans une véritable tétanie respiratoire » (in *Janus*, avril-mai 1964).

Pendant la dernière guerre, au titre de leurs expériences « médicales », les nazis ont exécuté des prisonniers en les suspendant par les bras à des poutres après leur avoir attaché des poids aux jambes. Selon leur force, les victimes mouraient en une dizaine de minutes ou au bout de plusieurs heures…

Le coup de grâce

A en croire le quatrième évangile, l'agonie de Jésus aurait été étonnamment brève. Une fois encore, Jean se distingue du récit des synoptiques. Lorsque les juifs demandent que l'on achève les suppliciés pour que les corps ne restent pas pendus au bois un jour de sabbat, Pilate s'étonne que Jésus soit *déjà* mort.

Le « brisement des jambes », le *crurifragium*, était pratiqué pour hâter la mort. Les jambes rompues, le crucifié ne pouvait plus parvenir à se redresser et donc s'épuisait rapidement. Comme le geste n'est attesté nulle part ailleurs, certains pensent que c'était un supplice en soi et qu'il était réservé non aux crucifiés, mais aux soldats romains qui s'étaient montrés lâches devant l'ennemi.

L'évangile selon Jean ajoute enfin un épisode qu'il est à nouveau seul à raconter. Pour s'assurer que Jésus est bien mort, un soldat lui porte un coup de lance au côté. Si le détail est véridique, il est étonnant que les autres évangiles n'y fassent aucune allusion. Il n'est pas pour autant impossible, même si l'auteur poursuit d'autres buts.

La fonction théologique du coup de lance, en effet, est multiple. En premier, l'acte certifie que c'est bien un homme de chair et d'os qui a expiré sur la croix, non une créature immatérielle contrairement à ce que certains prétendent au moment où l'évangéliste écrit. Ensuite, il prouve qu'il faut identifier Jésus à l'agneau immolé et vidé de son sang pour Pessah, la Pâque juive, et rachetant le péché de tous les hommes. Il certifie enfin que cette mort s'est déroulée conformément au plan divin, puisqu'il était écrit dans le livre d'Isaïe : « Ils verront celui qu'ils auront transpercé » et « On ne lui brisera pas un os ».

Dans le récit de la Passion, surtout dans celui de Jean, Jésus maîtrise sa souffrance, domine ses contradicteurs, affronte la mort avec dignité et patience. Mais comment suivre les évangélistes lorsqu'ils le dépeignent citant les Psaumes ou tenant conversation avec les deux larrons, avec sa mère et le disciple « qu'il aimait » ? Renan, reprenant Eusèbe de Césarée, divaguait lorsqu'il imaginait que « les crucifiés de forte complexion pouvaient dormir et ne mouraient que de faim ». Pour l'homme pendu au bois pas un seul instant de répit, seule l'horreur à l'état sauvage.

Les Évangiles attribuent sept paroles à Jésus en croix sans jamais s'accorder sur les derniers mots qu'il aurait prononcés. A l'instar d'Alfred Loisy, il est plus vraisemblable de penser que « le Crucifié, avant de rendre l'âme, n'a poussé qu'un seul cri non articulé, que la tradition a voulu plus tard interpréter de diverses manières selon l'idée qu'on se faisait du Christ et pour l'édification des croyants ». Marc et Matthieu soutiennent que Jésus expire en se lamentant : « Mon Dieu, mon Dieu, pourquoi m'as-tu abandonné ? » (Mc 15,34 ; Mt 28,46). Luc place sur ses lèvres cette phrase : « Père, entre tes mains, je remets mon esprit » (Lc 23,46). Selon Jean, Jésus dit simplement « J'ai soif », puis, après avoir pris le vinaigre qu'on lui tend : « C'est achevé » (Jn 19,28-30). Porphyre ne manquera pas de s'appuyer sur ces incertitudes pour mettre en cause l'ensemble du « témoignage » chrétien sur la mort de Jésus : « Il est clair que cette fiction incohérente, ou bien représente plusieurs crucifiés, ou bien représente un seul qui meurt si mal, qu'il ne donne à ceux qui sont là aucune idée nette de ce qu'il souffre. Mais si ces gens-là n'étaient pas capables de dire véridiquement comment il était mort, et n'ont fait que de la littérature, c'est que sur tout le reste, ils n'ont rien non plus qui mérite confiance. »

Le serviteur modèle

Si, par expérience personnelle, les évangélistes pouvaient avoir une connaissance directe du supplice, encore pratiqué lorsqu'ils écrivent, la Passion, tout entière, est le fruit de leur travail littéraire, de leur questionnement de la Bible hébraïque, qu'ils lisent et relisent pour nourrir leur récit de tous les éléments qui leur font défaut. Les emprunts massifs au Psaume 22 et au chant d'Isaïe sur le « Serviteur souffrant » démontrent l'immensité de la dette des rédacteurs des Évangiles envers ces deux textes. Dans le Psaume 22 : « Mon Dieu, mon Dieu, pourquoi m'as-tu abandonné ? », « Et moi, ver et non pas homme, risée des gens, mépris du peuple, tous ceux qui me voient me bafouent, leur bouche ricane, ils hochent la tête : il s'est remis à Yahvé, qu'il le délivre ! Qu'il le libère, puisqu'il est son ami ! », ou encore, entre autres : « Comme l'eau je m'écoule et tous mes os se disloquent ; mon cœur est pareil à la cire, il fond au milieu de mes viscères ; mon palais est sec comme un tesson et ma langue collée à ma mâchoire. » Quant au chapitre 53 du livre d'Isaïe, il faudrait le citer tout entier ! « Or ce sont nos souffrances qu'il portait et nos douleurs dont il était chargé », « Dans ses blessures nous trouvons la guérison », « Maltraité il s'humiliait, il n'ouvrait pas la bouche, comme l'agneau qui se laisse mener à l'abattoir », « Par contrainte et jugement il a été saisi », et surtout le verset 12 : « Parce qu'il s'est livré lui-même à la mort et qu'il a été compté parmi les criminels alors qu'il portait le péché des multitudes et qu'il intercédait pour les criminels. »

Il n'est pas faux de soutenir, comme l'ont fait de nombreux chercheurs, que, sans Isaïe, le christianisme n'existerait pas. Afin d'exalter le caractère rédempteur de la souffrance qui deviendra l'argument central de la morale chrétienne, les évangélistes en ont tiré tout l'arrière-plan du récit de la Passion. Mais ils l'ont fait au prix d'une torsion du texte que le fondateur de l'École biblique de Jérusalem, M.-J. Lagrange, critiquait dans *Le Judaïsme avant Jésus-Christ* : « Le judaïsme n'a pas songé un seul instant à attribuer la souffrance et la mort expiatoire au Sauveur attendu. »

Yohânan

En 1968, sur un chantier près de Jérusalem, à Giv'at Ha Mitvar, fut mis au jour un ossuaire. Il contenait plusieurs urnes de pierre où, selon la coutume, les juifs déposaient les os des défunts, un an après leur mort. Sur l'une d'elles, un nom parfaitement lisible était gravé, celui de « Yohânan ». A l'intérieur de l'urne se trouvaient les restes d'un homme dont on put reconstituer la taille (environ 1,65 mètre) et l'âge (une trentaine d'années). Mais surtout l'os de son talon, le calcaneum, était transpercé d'un long clou. C'est, à ce jour, la seule preuve matérielle d'une crucifixion jamais découverte dans le monde.

La position du clou, perpendiculaire par rapport au talon, permet d'estimer que l'homme a eu les pieds fixés séparément de part et d'autre du bois. Yohânan, vraisemblablement, a été crucifié contre un arbre, un acacia, dont des parcelles subsistent sur le fer du clou. Un fragment de bois d'olivier le long du talon laisse supposer l'usage d'une petite plaquette de bois pour faciliter l'enclouage. Les os des membres supérieurs ne portent pas de blessures spécifiques. Selon toute probabilité, le condamné a donc eu les bras liés et les pieds cloués. Les restes du squelette n'ont pas permis de constater de traces de violence, hormis sur le calcaneum, sur le tibia et le péroné gauche, brisé, et sur le radius droit, éraflé.

Dans les années 1890, exemple rarissime, le peintre russe Nicolas Nicolaïevitch Gay a représenté la crucifixion de Jésus d'un point de vue entièrement réaliste, comme un épisode profane. Avec près d'un siècle d'avance, il anticipait la découverte archéologique de Giv'at Ha Mitvar et les hypothèses qu'elle permettra d'exprimer. Dans la toile de Gay, les mains du crucifié sont à la fois liées et clouées à une croix en T, très basse. Les pieds sont fixés séparément, les clous enfoncés perpendiculairement dans les talons et les jambes placées de part et d'autre des stipes. Le motif de l'accusation hâtivement inscrit sur une pancarte gît au sol. Sous le regard effaré de ses compagnons qui le surplombent de part et d'autre, le crucifié du milieu pend, recroquevillé, presque accroupi contre le bois. Les yeux révulsés, horripilé, il semble hurler de douleur et n'être qu'un cri, une torche vivante, semblable au Chinois photographié au début du siècle « coupé en cent morceaux », écorché vif sur un poteau. La crucifixion n'était ni un mode d'exécution rapide ni une mise à mort « propre ». C'était une longue et humiliante agonie, pleine de bruits et de fureur, au milieu du sang et des râles. Réellement « le pire des supplices ».

Le signe de la croix

Même si notre vision de la crucifixion ne repose sur rien d'autre que sur l'immense iconographie chrétienne, l'image de l'homme en croix est si prégnante qu'elle a conquis depuis longtemps le statut d'évidence, comme si ce que montrent les peintres était l'équivalent d'un cliché photographique, d'une « preuve par l'image ». Pourtant, les premiers chrétiens ont répugné à représenter le supplice de Jésus et à reconnaître son gibet comme signe de ralliement. Ils préféraient s'assembler sous l'image de l'Agneau du sacrifice, sous celle d'un poisson ou d'une ancre.

Pour une raison qui tient à l'étymologie du nom de Jésus lui-même, le poisson est sans doute le plus archaïque des symboles chrétiens. « Jésus » se dit en hébreu *Yéhoshua*, nom qui est aussi celui du Josué biblique, le successeur de Moïse. Jésus et Josué ne sont qu'artificiellement distingués dans les traductions chrétiennes ; en réalité, ils portent le même nom. Or, dans la Bible, Josué est fils de Nun. *Nun*, en hébreu, signifie aussi « poisson » ou « serpent ». En grec, « poisson » se dit *ichtus*, qu'Eusèbe de Césarée interprétera dans le sens de l'acrostiche : I (Iesous) CH (Christos) T (Théou) U (uios) S (soter) (Jésus-Christ, Fils de Dieu, Sauveur...). Ainsi Tertullien pouvait parler de Jésus comme du « grand poisson ». Quant à l'ancre (ou l'hameçon pour pêcher les poissons), elle se redressera pour devenir une croix, comme le préfigure la pierre gravée au IIIe siècle, à Rome, dans les catacombes de Pricille.

Au IVe siècle, la tradition attribue à l'impératrice Hélène, mère de Constantin, l'exhumation de la « vraie croix » de Jésus à Jérusalem. Dans le même temps, la légende veut que l'empereur, son fils, avant de livrer bataille au pont Milvius, ait vu le soleil décliner tandis qu'apparaissait « le signe de la croix éclatant de lumière au milieu du ciel ». Cette vision s'accompagne d'un message : « Tu vaincras par ce signe. » A dater de ce jour, Constantin fit placer en croix sur ses étendards les initiales du Christ. Il fit également ériger une croix dorée au sommet du Golgotha afin que ce symbole domine tous les autres.

A cette époque, la figuration du corps du Christ est impensable. L'interdit de l'image, venu du judaïsme, est réitéré avec force lors du concile d'Elvire (305-312) : « On ne doit pas faire d'images dans les églises de peur que l'on honore et qu'on adore ce qui est peint sur la paroi. » Cette doctrine sera partagée aussi bien par Basile que par Grégoire de Nysse, Jean Chrysostome, Cyprien ou Tertullien, pour qui toute image entraîne l'idolâtrie. Au XVIe siècle, cette défiance sera encore celle de Thomas Münzer, l'adversaire de Luther qui, au nom d'Ézéchiel, vouait aux gémonies ceux qui « ont fait de Dieu une idole peinte ». Mais, de même qu'ils réinvestiront le polythéisme à travers le culte des saints, les chrétiens vont réussir à faire de l'adoration morbide et idolâtre d'un homme pendu au bois un spectacle que l'on peut regarder en face.

Les deux plus anciennes représentations du Christ en croix sont l'ivoire de Londres (420) et la porte de la basilique Sainte-Sabine à Rome (430). Sur l'ivoire de Londres, Jésus, crucifié à côté de Judas pendu à un arbre, ne semble pas souffrir. Sur la porte de la basilique Sainte-Sabine la croix est absente, c'est un crucifié dans l'espace qu'entourent les deux larrons. En 692, le concile réuni à Constantinople définit les critères de figuration du Christ en croix : « Il faut que le peintre nous mène, comme par la main, au souvenir de Jésus vivant en chair, souffrant, mourant pour notre salut et acquérant ainsi la rédemption du monde. » A partir de la fin du IXe siècle l'image du crucifié va se développer prioritairement à l'intérieur des missels et des psautiers pour soutenir la réflexion liturgique et théologique des croyants. Mais des croyants lettrés, c'est-à-dire d'une minorité de chrétiens à qui cette image est soumise avec prudence, presque sous le sceau du secret. Il faudra attendre le IXe siècle pour que les représentations réalistes de la crucifixion, peintes ou sculptées, s'imposent massivement dans la chrétienté.

Le réalisme chrétien

Saint Bonaventure, au XIIIe siècle, jugera l'Incarnation supérieure à la Création du monde. Pour lui, elle était « submerveilleuse ». Et c'est précisément en raison de la double nature divine et humaine du Christ que la figuration de Jésus en croix va devoir affronter de redoutables difficultés.

Première difficulté : le réalisme supposait de prendre en compte la nudité des suppliciés depuis la flagellation jusqu'à la mort en croix. Selon le pape Léon le Grand, vers l'an 450, Jésus était « un vrai Dieu né selon la nature parfaite et entière d'un vrai homme, complet dans ses propriétés ». Mais n'était-il pas indécent de montrer le Seigneur dans le plus simple appareil ? Même si la nudité véhiculait le signe indiscutable de l'Incarnation, il n'en demeurait pas moins très choquant d'exhiber ses parties génitales (en latin *pudenta*, en italien *le vergogne*, en allemand *schamteile*, en français « les parties honteuses »). Dans son *Homélie sur la Passion*, grand poème liturgique composé vers les années 160-170, Méliton de Sardes exprime magnifiquement ce sentiment de gêne, de pudeur : « Le corps étant mis à nu il n'a pas été jugé digne d'un vêtement pour qu'il ne soit pas vu. C'est pourquoi les luminaires se détournèrent et avec eux le jour s'obscurcit pour cacher celui qui était dénudé sur le bois, pour obscurcir non le corps du Seigneur, mais les yeux des hommes. »

Deuxième difficulté : Jésus était juif et donc circoncis (comme il est dit chez Luc : « Et quand furent accomplis les huit jours pour le circoncire… » [Lc 2,21]), la représentation de son corps nu devait-elle en tenir compte ou, à l'instigation de saint Jérôme, l'ignorer puisque « ce qui est amoindri ne saurait être appelé parfait » ? Les artistes savaient à quoi ressemblait un pénis circoncis. Beaucoup avaient eu l'occasion de pratiquer des études anatomiques sur des cadavres de juifs ou de maures. Même si les Pères de l'Église professaient que c'était de sa propre volonté que Jésus (nourrisson) avait été circoncis, la représentation de la circoncision demeurait un sujet tabou. Ainsi le célèbre *David* de Michel-Ange n'est pas circoncis, comme s'il n'était pas juif !

Pour dérober les obstacles que constituaient la nudité de Jésus et sa circoncision, on en vint à représenter le crucifié les hanches ceintes d'un pagne, le *perizonium*, terme qui ne s'emploie que pour les représentations du Christ adulte. Cette solution fit naître un nouveau problème au moins aussi inquiétant. Ne pas pouvoir observer le corps de Jésus dans son intégralité portait en germe le risque de faire renaître l'hérésie docète selon laquelle le divin Jésus n'était humain qu'en apparence. Entre le IIe et le IVe siècle, Valentin avait enseigné que le Christ avait un « corps divin », Mani parlait d'un « corps céleste » et Apollinarius d'un « corps imaginaire ». Ce qui indignait saint Jérôme : « Alors que les Apôtres etaient encore vivants et que le sang du Christ était encore frais en Judée, on affirmait que le corps du Seigneur n'était qu'un phantasme. »

Pour contrer cette tendance, l'Église encouragea les artistes à peindre Jésus vêtu d'un voile plus ou moins transparent, quitte à le draper de telle sorte que sa virilité soit indiscutable sous le tissu, comme dans l'admirable *Christ mort* peint par Mantegna vers 1500, ou de telle sorte qu'elle soit magnifiée dans une envolée de draperie comme chez Cranach, jusqu'aux excès de Maerten Van Heemskerck, au début du XVIe siècle, peignant le Christ crucifié en érection, dans la série l'*Homme de douleurs*.

Le nouveau-né et le crucifié partageant la même nudité, l'autre manière d'attester de l'humanité du Christ sera de reporter sur les représentations de l'enfant Jésus l'exhibition de ses parties génitales. Il est impossible de dénombrer les toiles et les sculptures où, à l'intention des rois Mages, de sainte Anne, d'un prélat, d'un dignitaire ou tout simplement des spectateurs, la Sainte Vierge soulève les langes, désigne, dévoile, révèle, caresse, expose le sexe de son enfant, preuve irréfutable, palpable, de l'Incarnation. L'art des peintres, notamment de la Renaissance, est si grand que la puissance de leur trait nous fait oublier à quelles nécessités ils obéissent. Ainsi toutes les scènes d'allaitement sont peintes non pour témoigner de la beauté de la Vierge ni des soins qu'elle apporte à son fils, mais pour affirmer, une fois encore contre les docètes ou ceux tentés par le docétisme, que Jésus n'était pas un pur esprit, qu'il se nourrissait tel qu'un petit humain se nourrit. Lorsque l'enfant Jésus joue avec le menton de sa mère, nous admirons la grâce de l'artiste à saisir les gestes charmants et familiers d'une maman et de son bébé. Nous ne devinons plus que, des Égyptiens à la Renaissance, en passant par Origène et saint Bernard, tous les anciens comprenaient l'attouchement du menton comme le symbole de l'union charnelle, du coït (dans le cas de Jésus de l'union mystique du Christ et de la Vierge, de l'Époux et de l'Épouse). Dans son essai magistral *La Sexualité du Christ dans l'art de la Renaissance et son refoulement moderne*, Léo Steinberg conclut : « Plongés dans l'émerveillement d'une nature humaine assumée par Dieu, les artistes de la Renaissance auront produit des œuvres dont le naturalisme séduisant a été rétrospectivement interprété au détriment de ce qu'il signifiait. Là où c'est en humanisant leur Christ qu'ils se montraient les plus audacieux, nous ne voyons plus aujourd'hui rien que de banal, comme si le Christ enfant ou le cadavre de l'adulte étaient de simples prétextes à présenter l'humanité ordinaire. »

Troisième difficulté : fallait-il représenter Jésus sur la croix agonisant, déjà mort ou encore vivant ? Toutes les premières images de Jésus en croix le montrent non seulement habillé, mais vivant. Il faut attendre le IXe siècle, dans le psautier d'Utrecht (vers 830), pour voir figuré un cadavre aux yeux fermés, pendu au bois. Avant cette date – dans ses rarissimes représentations –, l'image « byzantine » de Jésus domine. Un Jésus hiératique, posé sur la croix plus que crucifié, en gloire. La grande *Crucifixion* peinte par Cimabue, en 1287, pour l'église Santa Croce de Rome, marque un tournant décisif dans la mesure où, se dégageant de l'influence byzantine, peut-être pour la première fois de façon si manifeste, l'humanité du Christ prime l'expression de sa divinité. Le corps n'est plus figé sur la croix, ses yeux sont clos, son teint verdâtre, son sang se répand, sa souffrance évidente. S'il n'est pas encore mort, son agonie s'achève.

L'expression des terribles réalités du supplice et de ses conséquences physiques sera, à travers la peinture, l'une des grandes conquêtes de l'humanisme. Paradoxalement, la Grande Peste qui au XIVe siècle ravage l'Europe, avec ses 25 millions de morts (un tiers de la population), va exacerber cette tendance de l'art occidental. La peinture et la sculpture s'accordant aux malheurs du temps, on voit apparaître sur les tombeaux, à côté des gisants, des transis, corps taillés dans la pierre comme s'ils se décomposaient devant nous jusqu'à rendre visibles les os du squelette. Dès lors, les souffrances de Jésus, le décharnement de son corps, les boursouflures de ses plaies, la noirceur de ses ecchymoses, ses larmes, sa sueur sont exposés sans craindre la morbidité la plus extrême pour culminer au XVe siècle dans une figure limite : le retable d'Issenheim.

L'œuvre de Grünewald demeurera pourtant une exception. Même si, à partir de la Renaissance, il est théologiquement correct de proclamer l'humanité de Jésus, de s'appliquer à souligner le réalisme de chaque détail de sa Passion, de façon générale Jésus sera épargné par les peintres, s'il ne l'a été par ses bourreaux.

Le livre comme la peinture sont par nature « silencieux » et « paisibles ». Jésus n'y pend, pour ainsi dire jamais, « déjà infirme, déjà déformé, les épaules et la poitrine déjà remontées en deux bosses affreuses », ainsi que Sénèque évoquait la torture des crucifiés. Son dos n'est pas une plaie saignante « gonflée comme un oreiller », son visage n'est pas violacé, tuméfié par les coups. Il n'étouffe pas, souffrant mille morts, « dans l'impossibilité de chasser les moustiques et les mouches qui venaient sur son corps nu et ses blessures, et de se retenir de céder en public aux besoins naturels », comme l'imaginait avec effroi l'historien juif Joseph Klausner. Il suffit de voir comment sont traités les larrons pour comprendre que les artistes n'ignoraient rien des torsions horribles des suppliciés, de la déformation inhumaine de leurs visages. Ficelés, ligotés comme des paquets de viande, ils sont plastiquement torturés alors que, même dans ses représentations les plus naturalistes, Jésus accepte toujours sa souffrance. Il ne se débat pas, il n'injurie pas ceux qui le tuent, il ne maudit pas son sort, au contraire, il attend et sait ce qui l'attend. Jésus prend son mal en patience. Ses bras sont offerts dans un geste d'abandon ou d'accueil. Jésus meurt ou est déjà mort, mais l'horreur n'est que celle de la situation, promesse paradoxale du Paradis annoncé.

L'évangile total

Les crucifixions peintes se réfèrent exceptionnellement à un évangile précis. Elles harmonisent les données présentes chez les synoptiques et chez Jean, passant indifféremment des uns aux autres. Tirant parti des contradictions entre les textes, en chaque circonstance, l'art vérifie le dogme de l'unité des « témoignages » sur Jésus. La distinction entre le bon et le mauvais larron provient de l'évangile de Luc, l'obscurité qui tombe sur le monde de ceux de Marc et de Matthieu. Mais c'est, sans conteste, l'évangile selon Jean qui est la véritable matrice de la majorité des représentations. Celui qui fournit la matière la plus abondante : l'inscription au-dessus du condamné, INRI (*Iesus Nazarenus Rex Iudeorum*, « Jésus le Nazôréen, roi des juifs »), les clous. le brisement des jambes des deux larrons, l'assistance de Marie et du disciple que Jésus aimait au pied de la croix, la plaie au côté, qu'il est le seul à mentionner et qui deviendra emblématique de toutes les crucifixions.

Dans l'immense réservoir de sentiments, de sensations, d'effrois, de jouissances, de postures, d'expériences que recèlent les Évangiles, la crucifixion est, par excellence, la figure imposée en même temps qu'un motif d'inspiration. Plus qu'ailleurs, les artistes ont pour modèles et pour références les œuvres antérieures, et pour cadre les contraintes que leur fixent leurs commanditaires ecclésiastiques. La plupart des toiles, des fresques, des retables sont de ce fait des variations, des variations sur des variations. Pour Memling, le Greco, le Tintoret ou le Titien, représenter Jésus en croix n'est jamais peindre un supplicié, c'est peindre un objet de culte, une image sacrée en même temps qu'une figure de série, une image d'image. Crucifié sur des milliers de toiles, Jésus abandonne sa vie humaine et atteint la dimension céleste du Christ.

Un détail permet peut-être de mieux comprendre la qualité unique de ce corps peint. Dans l'immense majorité des images qui le représentent, Jésus porte la barbe. Cela mis à part – et la rarissime présence de poils pubiens –, il n'a aucun système pileux : ni sur les jambes, ni sur les bras, ni sous les aisselles, ni sur la poitrine. C'est un corps lisse, presque androgyne. C'est un corps grec à l'image des héros de la statuaire hellénistique où les muscles luisent dans la nudité parfaite du marbre blanc.

Jésus offre un corps impubère, un corps intact comme celui d'un ange, comme celui d'Adam avant la Chute. Jésus est d'une nudité première : il meurt comme il est né. Seule est exaltée la valeur spirituelle de sa nudité, symbole vivant d'une chair sans péché, d'une chair souffrant pour les péchés des autres. C'est le corps d'un homme peint dans l'apparence d'un corps d'adolescent, presque d'un corps d'enfant. Dans les *Pietà* – les scènes où Marie tient dans ses bras le cadavre de Jésus (épisode qui n'apparaît dans aucun des quatre évangiles) –, cette singularité dévoile sa nécessité : Marie n'étreint pas un homme mort, elle berce son fils endormi. Une chair alanguie, une chair extatique. C'est un corps que les croyants, hommes et femmes, peuvent contempler sans honte, un corps qu'ils peuvent aimer et adorer sans avoir peur de leur désir.

Le Saint-Suaire

A Turin, dans la crypte en marbre noir de l'une des chapelles baroques de la cathédrale San Giovanni, un linge très précieux est conservé à l'intérieur d'une chasse de plomb, désormais protégée par un triple vitrage anti-balles. Sous le nom de Saint-Suaire, il a acquis à travers le monde entier la réputation d'être le linceul dans lequel le corps de Jésus aurait été mis au tombeau. A l'occasion de l'exposition d'art sacré qui devait coïncider avec le cinquantième anniversaire de la constitution du royaume d'Italie, le suaire fut présenté au public durant toute la dernière semaine du mois de mai 1898, ce qui ne s'était plus produit depuis une trentaine d'années.

Lors de cette ostension, le roi Umberto Ier, propriétaire du suaire au titre de la Maison de Savoie, autorisa un avocat, amateur de photographie, Secundo Pia, à prendre des clichés de la relique. Ses essais furent d'abord infructueux. Mais le 28 mai 1898, installé sur un échafaudage pour être à la hauteur du cadre immense au-dessus du maître-autel, il put à nouveau photographier la grande pièce de lin de 4,36 mètres de long et 1,11 mètre de large. L'étoffe jaunie était en assez bon état de conservation, hormis des marques de pliage, des roussissures et quelques traces de brûlure du tissu qui avait failli disparaître au cours de l'incendie de la Sainte-Chapelle de Chambéry en décembre 1532. Entre onze heures et minuit, Secondo Pia prit deux clichés à la lueur de 950 chandelles. Le temps de pose du premier cliché dura 14 minutes et le second, 20 minutes. En développant les plaques de verre, Pia fut rassuré de constater que l'opération n'avait pas échoué. Le négatif se formait.

Puis une image apparut…

L'image d'un corps « en négatif », c'est-à-dire avec les valeurs inversées : les blancs étaient noirs et les noirs étaient blancs. Cette « apparition » était en soi déjà extraordinaire, mais l'examen du négatif du cliché lui-même s'avéra plus extraordinaire encore. En l'observant, c'est-à-dire en observant les noirs passés au blanc et les blancs devenus noirs de l'image négative, Secundo Pia découvrit l'image d'un homme allongé, nu, les mains croisées sur le ventre, le visage barbu cerné de cheveux longs. Cet homme n'était plus qu'un corps outragé et supplicié, une forme humaine qui portait les stigmates de la Passion. L'image avait photographié l'invisible, décelant ce que personne ne pouvait voir à l'œil nu sur le tissu.

Secundo Pia a consigné lui-même dans son *Mémoire sur la reproduction photographique du Saint-Suaire* le choc qu'il ressentit : « Enfermé dans ma chambre noire, j'éprouvai une émotion si intense quand je vis pour la première fois la Sainte Face apparaître sur la plaque que je restai pétrifié. » C'était comme si le crucifié de Jérusalem revenait d'un voyage dans l'au-delà après plus de dix-huit siècles de silence. C'était, doublement, une « révélation », comme si l'on assistait à la résurrection, seule explication scientifique valable du mystère photographique. Jules Verne n'aurait pas rêvé mieux. L'émotion fut considérable à Turin, puis à travers l'Europe.

Pour la photographie du Christ

Dans un opuscule titré *Photographie du Christ*, Paul Claudel s'exclamera : « Ce n'est pas seulement une pièce officielle comme serait un procès-verbal, une grosse de jugement dûment signée et paraphée : c'est un décalque, une image portant avec elle sa propre caution. Plus qu'une image, c'est une présence. C'est Lui matériellement qui a imprégné cette plaque, et c'est cette plaque à son tour qui vient de prendre possession de notre esprit. Quel visage ! On comprend ses bourreaux qui ne pouvaient le supporter et qui, pour en venir à bout, essayent encore aujourd'hui de le cacher. »

Le visage de Jésus est, par excellence, l'image manquante de l'histoire chrétienne. Rien dans les Évangiles ni dans la littérature néotestamentaire ne permet, ne serait-ce que de soupçonner, à quoi l'homme pouvait bien ressembler, quelles étaient sa taille, son allure.

Selon Justin ou Irénée, s'appuyant sur la description du « Serviteur souffrant » dans Isaïe, Jésus était « sans beauté ni éclat pour attirer nos regards et sans apparence qui nous eût séduits » (Is 53,2). Selon Origène, il était petit, disgracié et semblable à un homme de rien (*Contre Celse*). Tertullien, saint Cyprien, Commodien, Hippolyte assurent qu'il avait l'apparence d'un esclave et certains iront même jusqu'à affirmer qu'il était lépreux !

Une autre tendance apologétique, s'appuyant, elle, sur le Psaume 45,3, affirmera tout le contraire : « Tu es le plus beau des enfants des hommes, la grâce est répandue sur tes lèvres. » Elle trouvera le soutien de Grégoire de Nysse, de Jean Chrysostome, d'Ambroise, de saint Augustin, de saint Jérôme, de Théodoret, et toute la tradition iconographique verra en Jésus un modèle de beauté. Comme le soulignait malicieusement Charles Guignebert, le Psaume 45 l'emportera sur Isaïe sans que « notre connaissance de la physionomie de Jésus n'y gagne rien ».

Depuis le XVe siècle jusqu'à la fin du XIXe, on répandit amplement le compte rendu censé avoir été adressé au Sénat par un nommé Lentulus, gouverneur de Judée, pour montrer Jésus sous son plus beau profil : « Un homme de taille moyenne ou petite, et très distingué, d'apparence impressionnante. [...] Ses cheveux sont couleur mûre et descendent droit jusqu'à la hauteur des oreilles pour tomber ensuite en boucles épaisses et luxuriantes jusqu'aux épaules. Par-devant, les cheveux sont partagés en deux par une raie médiane, selon l'usage des Nazaréens. Son front est vaste, poli et serein ; son visage est dépourvu de rides ou de marques, et s'embellit d'un teint légèrement rosé, à peine perceptible. Son nez et sa bouche sont sans défaut. Sa barbe est épaisse et ressemble à la première barbe d'un jeune homme, elle est de la même couleur que les cheveux [...]. L'aspect de l'homme est simple et réfléchi. Ses yeux sont mobiles, clairs, resplendissants. Il est terrible quand il blâme, doux et terrible quand il exhorte. Il est rapide dans ses mouvements mais garde toujours sa dignité. Personne ne l'a jamais vu rire mais on l'a vu pleurer. Il est large de poitrine et droit ; ses mains et ses bras sont délicats. En parole il est sérieux, sobre et modeste ; il est le plus beau d'entre les fils des hommes. » Après le « voile de Véronique » conservé à Rome, le suaire de Turin apportait au débat son autorité décisive d'image *acheiropoiète*, c'est-à-dire « non faite de main d'homme »...

Tandis que le pape Léon XIII s'interdit de prendre une position catégorique, la publication des photos de Secundo Pia provoqua une furieuse dispute sur l'authenticité du suaire. Jamais une question, apparemment de nature scientifique, n'avait autant suscité de débats. La dispute reprit de plus belle dans les années 30 au moment de la publication des photographies prises en couleurs par Giuseppe Enrié. Elle dure toujours aujourd'hui. Le paradoxe est que les deux camps qui se sont opposés à l'origine ne recrutent pas leurs troupes comme on pourrait s'y attendre.

Les partisans, principalement laïcs, défendent le suaire au nom de la Science et son étude prétendit même devenir une discipline scientifique à part entière, sous le nom de « sindologie ». Les savants catholiques veulent avant tout que l'image soit authentique, ils veulent un miracle scientifiquement prouvé et se relaient pour justifier empiriquement la production de l'image. Pour cela, ils convoquent la photographie, mais aussi la médecine, la physique, la chimie, la biologie, la criminologie et même l'histoire de l'art.

Le professeur de sciences naturelles Paul Vignon se mit à identifier à travers toutes les représentations du visage du Christ, peintures et sculptures, un modèle dont se seraient inspirés les artistes de siècle en siècle. Le visage qui apparaissait sur le tissu du linceul devenait une sorte de portrait-robot. Et pour expliquer par quel phénomène l'image avait pu s'imprimer sur le linge, sans intervention humaine, il développa la théorie de la « vaporographie ». Le dégagement anormal d'urée par l'homme supplicié, mélangé à la préparation d'aloès et de myrrhe dont il fut recouvert après sa mort, aurait provoqué la formation de l'empreinte. Cette thèse fut complétée dans les années 1930 par les expériences du docteur Barbet. Crucifiant des cadavres et des membres amputés, le médecin s'employa à prouver, sur le terrain de l'anatomie, la véracité du suaire. Il montra notamment que les clous n'avaient pas pu être plantés dans le creux de la paume, comme on l'avait presque toujours représenté – les chairs se seraient déchirées, et le condamné aurait pu tomber –, mais que l'enclouage devait être pratiqué à hauteur de chaque poignet. Détail, pensait-il, qu'aucun artiste « n'aurait pu imaginer » et qui apparaissait sur le suaire.

Avec le temps, la vaporographie fut détrônée par diverses théories électriques et même, plus récemment, atomiques. C'est une radiation émanant du corps extraterrestre, une déflagration nucléaire, qui serait la cause de tout, et qui expliquerait qu'aucune analyse chimique n'a jamais détecté la moindre présence de sang dans les taches du linceul. C'est qu'il en allait non seulement de la vérité de l'image de Turin mais surtout de son caractère sans équivalent : le suaire, par définition, ne pouvait être réduit à aucun processus chimique ou physique connu, passé, présent ou à venir. Le suaire était non seulement, avec quelques dizaines de siècles d'avance, l'invention de la photographie, mais aussi un « instantané de la résurrection ».

L'Évangile contre le suaire

Les détracteurs de l'authenticité du suaire furent d'emblée des religieux. A la science ils opposèrent l'exégèse pour combattre la superstition et prouver l'imposture. Prenant l'image au sérieux, ils admirent que l'on pouvait y déchiffrer un à un les coups de fouet, le terrible *flagrum* romain, chacune des pointes de la couronne d'épines, l'emplacement des clous dans les os des pieds et des mains, jusqu'au coup de lance qui avait fendu le côté droit.

Tout ce scénario coïncidait parfaitement avec chaque mot, chaque détail de la Passion telle que la relate l'évangile selon Jean. Mais lui seul, puisque, on le sait, le coup de lance au côté n'est jamais indiqué par les évangiles synoptiques. En bonne méthode, il était donc nécessaire d'examiner les indications fournies par le suaire au regard du seul évangile de Jean.

Spécialiste avisé de l'onomastique religieuse, le chanoine Ulysse Chevalier, professeur à l'Université catholique de Lyon puis à l'Institut catholique de Paris, se pencha sur le problème. Il décela immédiatement une anomalie majeure : il n'y a aucun suaire dans l'évangile selon Jean, mais uniquement des bandelettes ! Les manuscrits grecs n'emploient en effet jamais le terme « linceul » ou « suaire » comme le font les synoptiques. Le texte utilise uniquement, à côté du mot *soudarion*, la pièce de tissu qui couvre le visage du mort, le terme grec *othonia* dont la seule traduction possible est « bandelettes », y compris en hébreu, en araméen, en copte ou en nabatéen. En outre le verbe grec *deô* que l'on peut traduire en français par « envelopper » a, en grec, un sens plus énergique qui correspond aux verbes « lier » ou « attacher », comme on le pratique avec des bandelettes. Ce qui exclut l'hypothèse d'un linceul.

Ulysse Chevalier releva ensuite une deuxième anomalie. Jean prend la peine de préciser, à l'intention des lecteurs non juifs auxquels manifestement il s'adresse, que Jésus est enseveli « selon le mode de sépulture en usage chez les juifs » (Jn 19,40). Il faut donc supposer qu'avant d'être mis au tombeau le cadavre a été soigneusement lavé de tout ce qui pouvait être impur, et que les linges de la toilette mortuaire ont été détruits. Pour que les excrétions, les traces de sang et la marque des plaies aient si profondément imprimé le linceul, comme en fait foi, apparemment, l'image de Turin, il faudrait admettre que, contrairement à ce qu'implique Jean, l'ensevelissement n'a pas respecté les rites juifs, alors que l'évangéliste affirme expressément le contraire. Les partisans de l'authenticité du suaire récusent cet argument sous prétexte que l'ensevelissement de Jésus aurait été accompli dans la hâte, presque à la sauvette. Encore une fois, l'évangile de Jean contredit cette thèse quand il décrit Nicodème apportant cent livres d'aromates destinés à l'embaumement du corps. L'argument de l'urgence lié à l'arrivée du sabbat ne tient pas plus devant les textes rabbiniques qui autorisent formellement de rendre les derniers devoirs dus à un mort, même à cette occasion.

Erreurs

De plus, comment imaginer qu'un juif soit enseveli les mains croisées sur le bas-ventre en contact avec les parties génitales ? Et comment penser que des juifs n'aient pas détruit un linge souillé du fait même de son contact avec un cadavre ? Comment imaginer qu'ils aient pu même avoir l'idée de conserver un objet aussi impur ?

L'existence même du suaire de Turin manifesterait une violation flagrante et répétée de toutes les règles de pureté rituelle du judaïsme. Ulysse Chevalier ironisait que si jamais, malgré tous ces empêchements, une telle empreinte s'était formée sur le tissu, il eût été extravagant que l'évangile de Jean, ou au moins à défaut l'un des synoptiques, n'ait jamais fait état d'une impression aussi extraordinaire. Pour le chanoine, suivi ultérieurement par d'autres exégètes catholiques, le texte du Nouveau Testament infirmait donc radicalement les pseudo-découvertes de la Science moderne : le suaire de Turin n'avait jamais contenu le corps de Jésus.

Le moins que l'on puisse dire, c'est que cette image, en effet saisissante, a stimulé les imaginations. Pourtant, la description la plus élémentaire de l'image imprimée sur le tissu contenait sans doute la plupart des réponses aux questions qu'elle soulevait. Mais des réponses par trop décevantes.

L'ingéniosité de toutes les spéculations, les expériences les plus audacieuses se heurtent en effet aux simples mesures anthropométriques du corps figuré sur le linge.

Quel corps voit-on ?

Celui d'un homme inhabituellement grand pour un habitant de la Palestine au Ier siècle : 1,78 mètre.

Mais il y a encore plus difficile à justifier :

– la longueur anormale des doigts, allant jusqu'à 16 centimètres ;

– l'envergure disproportionnée des deux bras (dépliés, ils atteignent les genoux) ;

– le décalage de plusieurs centimètres entre la longueur du corps figuré de face et celle de la figure de dos, plus courte de plusieurs centimètres ;

– la discontinuité de l'image de face et celle de dos, d'où un intervalle inexplicable entre les deux parties qui auraient dû être jointes ;

– l'absence d'élargissement du visage et d'aplatissement des traits, l'effet de « tête de lune » qui se produit normalement dès que l'on applique n'importe quelle étoffe sur un buste enduit d'encre ou de colorant.

Lirey

En 1350, à Rome, à l'occasion du jubilé de Clément VI, des milliers de pèlerins vinrent du monde entier admirer un voile de Véronique, le *Sancto Sudario*. En 1356, le futur « suaire de Turin » apparaît dans la collégiale de Lirey, en Champagne près de Troyes, et suscite aussitôt une grande dévotion populaire. Loin d'accepter l'authenticité du linge, les deux évêques du lieu, Henri de Poitiers puis Pierre d'Arcis, cherchent, successivement, à dénoncer ce qu'ils considèrent comme une grave supercherie inspirée par la cupidité des moines de Lirey.

Dans les archives qu'il exhuma dès le début de l'affaire du suaire de Turin, Ulysse Chevalier découvrit le mémoire détaillé que Pierre d'Arcis adressa à la fin de l'année 1389 au pape d'Avignon Clément VII. Rappelant l'historique de la question, Pierre d'Arcis stigmatisait comme son prédécesseur les ostensions « d'un certain linge habilement peint sur lequel, par une adroite prestidigitation, était représentée la double image d'un homme, c'est-à-dire le dos et le devant ». Et d'ajouter plus loin : « Il est à présent qualifié dans ladite église non de *sudarium*, mais de *sanctuarium* qui, pour les oreilles du commun peu aptes à saisir des distinctions, a une assonance à peu près identique, et des foules accourent chaque fois qu'il est exposé dans la conviction ou plutôt l'illusion qu'il est le vrai suaire. »

Pendant cinquante ans encore, la querelle portera sur la possibilité d'exposer ou non cette image, jamais sur la question de son authenticité, le pape ne se résignant pas à interdire les ostensions mais demandant qu'elles soient accompagnées d'une mise en garde, « à haute et intelligible voix ». L'avertissement qu'il s'agissait non d'une relique mais d'une icône, d'une image peinte, finit pourtant par devenir de plus en plus faible.

Resurrexit alleluia !

L'absence d'indications plus nettes, le « silence perpétuel » auquel fut astreint l'évêque par une bulle du pape Clément VII furent autant de brèches où s'engouffrèrent jusqu'à maintenant les zélateurs du suaire. Clément VII, qui manifesta beaucoup d'indulgence pour l'origine du linge n'était-il pas un très proche parent du second mari de Jeanne de Vergy, la grande organisatrice des exhibitions du suaire... ?

Le suaire n'est pas considéré comme une « peinture » parce que, en fait, il n'appartient pas à l'art officiel des peintres. Il n'est pas l'œuvre d'un maître mais le travail d'un simple artisan. C'est à l'évidence une pièce d'art populaire aussi fruste qu'efficace, semblable aux toiles peintes qui ornaient jadis les façades des cinémas et qui ornent encore aujourd'hui celles des cirques. Une pièce d'art forain, en somme. Mais une pièce réputée mystérieuse justement parce qu'elle échappe aux circuits balisés de la représentation de Jésus. Son exhibition est une performance.

Le suaire n'est pas une toile que l'on contemple en silence. Au contraire, c'est en procession que l'on vient au spectacle de son ostension. Il y a tout lieu de penser que le suaire était hissé, telle une bannière, dans la nef de la collégiale. Ce qui, d'ailleurs, expliquerait l'intervalle inexplicable entre le devant du corps et l'arrière. Très exactement l'espace d'une tringle en bois soutenant un linge à suspendre, comme on suspend un rideau.

Il faut imaginer l'effet produit par l'apparition d'une telle bannière à la flamme des cierges, dans l'obscurité propice de l'église : c'était le Ressuscité qui sortait de la nuit du tombeau aux cris de : *Resurrexit alleluia !* Les fidèles en avaient – si l'on peut dire – pour leur argent ! Car, hier comme aujourd'hui, l'exhibition du suaire est une activité commerciale lucrative. Dans ce registre, le suaire de Turin est le plus grand succès jamais enregistré, la ferveur qu'il a suscitée et suscite toujours dépasse de très loin celle des autres suaires, linceuls et véroniques dont la Grande Peste favorisa l'éclosion.

C'est à cette époque que se propage la folie des reliques que l'Église accompagnera faute de pouvoir l'endiguer. Les 32 clous « authentiques » prolifèrent comme les 147 épines de la couronne, les milliers d'échardes de la Vraie Croix, jusqu'au saint prépuce, aux ongles et aux dents de Notre Seigneur… Tout est bon pour tenir la mort à distance. C'est le temps des flagellants qui parcourent les routes en se mortifiant pour expier leurs péchés et faire expier les péchés des autres, et c'est aussi le retour des pogroms contre les juifs accusés d'être les propagateurs de la peste.

Carbone 14

Dans le souci de mettre un terme à la polémique, le Vatican sélectionna trois laboratoires en 1987 pour réaliser en parallèle des tests de datation au carbone 14 du tissu du suaire sur de minuscules échantillons. L'université de Tucson, l'université d'Oxford et l'Institut fédéral de Zurich furent choisis, le British Museum étant invité à certifier le protocole des analyses. Le 13 octobre 1988, l'archevêque de Milan annonça publiquement les résultats des mesures par le spectromètre de masse. Après correction des variations historiquement attestées de la production naturelle de carbone 14, et avec un degré de précision de l'ordre de 95 %, les trois laboratoires dataient tous le suaire dans la période médiévale comprise entre les années 1260 et 1390. Le lin avec lequel le suaire de Turin a été tissé avait donc été cultivé non au plus tard vers l'an 30 de notre ère, mais entre le XIIIe et le XIVe siècle.

Les performances d'une technologie de pointe confirmaient les conclusions de la recherche historique, la concordance des sources paléographiques très diverses aboutissant à dater le suaire du milieu du XIVe siècle, l'étoffe elle-même pouvant très bien être antérieure de quelques décennies. Mais les partisans actuels de l'authenticité du suaire, loin de renoncer, en ont tiré les principes d'un extraordinaire raisonnement :

1. Ce n'est pas le suaire qui est faux, mais la science qui est forcément dépassée par le phénomène divin.

2. La convergence entre l'analyse scientifique et la critique textuelle est la preuve d'un plan de Dieu, inintelligible aux hommes.

3. Un « miracle » d'ailleurs se produisit dans la nuit du 11 au 12 avril 1997, lorsque le suaire, à nouveau, échappa à l'incendie qui dévasta la chapelle Guarini d'où il avait été heureusement déplacé, ce qui prouve que Dieu veille sur lui.

On peut s'interroger sur les raisons d'un tel acharnement : pourquoi jusqu'à présent, jusqu'au XXIe siècle, entretenir le doute, nier l'histoire, nier l'évidence comme s'il y avait, malgré tout, une irréductible part de mystère, un dernier espoir de prouver scientifiquement, matériellement, ce que seule la foi permet de croire ?

Secrets de fabrication

Dans son mémoire, l'évêque de Troyes avait même précisé noir sur blanc qu'il savait « comment le linge avait été astucieusement peint, la vérité attestée par l'artiste qui l'a peint, autrement dit que c'était une œuvre due au talent d'un homme et non point miraculeusement forgée ou octroyée par la grâce divine ». Il n'en a pas confié davantage. Mais quoi qu'on prétende souvent, il n'est guère difficile de reconstituer le procédé de fabrication.

Premier point : l'empreinte ne peut être prise sur un corps humain. Le modèle doit nécessairement être plus étroit afin qu'une fois déployée, l'image retrouve des proportions morphologiques acceptables. Selon toutes probabilités, le travail s'effectue à partir d'un bas-relief en bois.

Deuxième point : ce bas-relief est recouvert d'un linge humide afin qu'il épouse au plus près les formes du corps sculpté.

Troisième point : par frottis ou au tampon, on applique des pigments colorés sur le tissu encore mouillé.

Quatrième point : après le séchage, l'image peut être peaufinée et rehaussée de jets de couleurs plus vives, par exemple pour les taches de sang – voire par du véritable sang.

Cette technique est très exactement celle que les enfants utilisent lorsqu'ils cachent une pièce de monnaie sous une feuille et font apparaître son image en frottant doucement la surface du papier avec une mine de crayon. L'image ainsi obtenue a très exactement toutes les caractéristiques plastiques et physiques présentes sur le suaire.

Le fait que sur le linge de Turin plus rien ne soit visible à l'œil nu mais décelable seulement par la photographie n'a rien à voir avec un quelconque mystère mais témoigne de l'usure de la toile et de la décoloration des pigments qui ont servi à sa réalisation. Il n'est pas non plus indifférent de rappeler que la statuaire en bois était au XIVe siècle une spécialité de la région de Troyes, tout comme le tissage et le commerce du drap dans les grandes foires de Champagne…

L'image-momie

Il y a à peine plus d'un siècle, au moment même de la naissance du cinématographe, la photographie a découvert Jésus de Nazareth, elle l'a réinventé. Elle a projeté son empreinte sur un drap. Elle a rendu visible son corps historique, celui-là même que les exégètes quêtaient désespérément dans les textes. Elle a enfin retrouvé ce corps volatilisé par les Évangiles, ce corps que les peintres se sont employés pendant des siècles à figurer. L'image photographique est la momie de ce corps exemplaire. C'est la trace du « premier d'entre les morts », sa relique proprement fantastique. La dépouille authentique d'un être surnaturel, une preuve comme la carapace d'un insecte après sa mue.

Aux yeux du monde, la photographie du suaire apportait – et pour toujours ! – un démenti cinglant aux mythologues, aux rationalistes, aux libres penseurs, aux modernistes qui, à la charnière du XIXe et du XXe siècle, avaient nié purement et simplement l'existence de l'homme nommé Jésus. Elle imposait le silence aux lecteurs critiques de toutes sortes, ces contemporains de plus en plus remuants qui contestaient la valeur de la description historique des textes chrétiens. Filant la métaphore photographique, Paul Claudel incriminait ceux qui avaient voulu obscurcir la divinité du Christ, voiler son visage, occulter sa face, effacer ses contours « après Strauss, après Renan, au temps même de Loisy, et comme un couronnement de ce travail prodigieux de fouille et d'exégèse réalisé par le siècle qui va finir, nous sommes en possession de la photographie du Christ ! Comme cela ! » s'extasiait-il.

Le suaire apportait la preuve de la réalité du Christ historique. Il ranimait le corps du texte, le corps disloqué, démembré, morcelé, momifié « sous les bandelettes entrecroisées de l'érudition et du doute ». Il était la pièce manquante du puzzle. « Qui nierait qu'entre le ressuscité de 1898 et le personnage dont les quatre évangiles relatent les faits, gestes et discours, il y a la même convenance incontestable ? Le Christ de Vinci, celui de Dürer et de Rembrandt *va* avec certaines parties de l'Évangile, mais celui-ci *va* avec *toutes*. Bien plus, il les domine. »

Plus que le *testimonium flavianum*, plus que les paysages de Palestine où Renan, l'agnostique, l'y décelait, en 1863, « lacéré, mais visible encore », le suaire est le véritable « cinquième évangile », le fantasme réalisé du cinquième évangile. Et c'est pour cela que Paul Claudel et tant d'autres veulent y croire à tout prix. Les évangiles synoptiques et celui de Jean peuvent bien, dès lors, être tissés de contradictions et d'erreurs, les évangélistes apparaître comme des faux témoins, l'iconographie comme un catéchisme, le suaire répare les blessures du texte. Le suaire couvre le doute, il console. Le suaire transforme le texte à son image. Il en fait ce qu'il prétend être lui-même, une relique, un objet qui n'a pas été fabriqué de main d'homme, une parcelle du corps sacré.

Sous le texte apparent se cache toujours un texte enfoui, un être invisible. Il retourne le négatif en positif, la mort en vie. Il fait d'un cadavre le Vivant proclamé par les textes. Il manifeste la « présence réelle ». Le suaire s'adresse aux analphabètes – à ceux qui ne veulent pas lire – à ceux qui ne demandent qu'à voir pour croire.

Une demi-ligne dans l'évangile selon Marc a donné naissance à des milliers de toiles et de fresques. La Descente de croix est devenue jusqu'au XVIIe siècle l'une des figures récurrentes du récit pictural de la Passion. Que constate-t-on invariablement ? Que les hommes, agrippés à la croix, détachent et descendent le corps de Jésus, s'aidant toujours d'un immense drap qui coulisse entre ses jambes ou contre son dos. Que Joseph d'Arimathie et Nicodème, que les évangélistes eux-mêmes ou que les femmes autour de Marie qui recueillent le corps dans les *Pietà* ne cessent de maintenir Jésus enveloppé dans l'écrin de ce grand linge.

Le drap dissimule certainement la divinité de Jésus, en même temps qu'il protège sa nudité. Mais il est aussi, à sa manière, l'équivalent du papier, du papyrus ou du parchemin sur lequel le corps a été couché dans les Évangiles. La dernière étape avant que, d'une trace d'encre, il ne ressorte méconnaissable du tombeau, comme d'une chambre noire.

3

Enseveli

L'évangile selon Marc indique que, dès l'arrestation de leur maître, les disciples de Jésus « l'abandonnant, s'enfuirent » (Mc 14,50). Ce que Celse ne manque pas de brocarder : « Alors les compagnons de sa vie, quand ils le virent torturé, mourant, ne voulurent ni mourir avec lui ni mourir pour lui… » L'évangile de Matthieu reprend cette fuite des disciples alors que Luc l'omet et que Jean tente de la justifier par l'invocation du livre de Zacharie : « Je frapperai le pasteur et les brebis seront dispersées. » Reste à savoir jusqu'où cette dispersion les entraîne. Demeurent-ils à Jérusalem ? Se cachent-ils en dehors de la ville ? S'échappent-ils en Galilée ? Quant à la famille de Jésus, elle est absente elle aussi.

Jésus meurt sur la croix abandonné de tous, et nul ne semble s'inquiéter du sort de son cadavre.

Sans sépulture

Pour les juifs, comme pour la plupart des peuples de l'Antiquité, la pire offense qui puisse être faite à un mort est de le laisser sans sépulture. Dans la Bible, le deuxième livre des Rois l'exprime avec violence : « Dans le champ de Yizréel les chiens dévoreront la chair de Jézabel, le cadavre de Jézabel sera comme du fumier répandu dans la campagne, dans le champ de

Yizréel, en sorte qu'on ne pourra pas dire : c'est Jézabel » (2 R,9-36), tout comme Jérémie : « Pour lui point de lamentation. Il sera enterré comme on enterre un âne ! Il sera traîné et jeté loin des portes de Jérusalem ! » (Jr 22-18).

De son côté, Flavius Josèphe rappelle les derniers outrages que les Iduméens firent subir, lors du siège de Jérusalem, à deux grands prêtres exécutés sur leur ordre : « Ils en vinrent à un tel degré d'impiété qu'ils jetèrent ces cadavres sans sépulture alors que les juifs attachent une telle importance à l'enterrement. » Cette malédiction s'entend jusque dans le Nouveau Testament : « Là où leur Seigneur fut aussi crucifié, lit-on dans l'Apocalypse, leurs cadavres demeurent exposés aux regards des peuples, des races, des langues et des nations, durant trois jours et demi, sans qu'il soit permis de les mettre au tombeau » (Ap 11,9).

Quant au Talmud, jugeant sans doute que l'exécution de Jésus n'était pas une peine suffisante, il promet à son cadavre le châtiment supplémentaire des « excréments brûlants ». La malédiction sera colportée jusqu'au Moyen Age par les *Toledot Yeshuh*, ces textes violemment antichrétiens dont les origines sont très anciennes. Selon la version rapportée par J. J. Huldreich dans son *Historia Jeshuae Nazareni* (1705), le cadavre de Jésus est même « déposé dans les lieux d'aisances » de Jérusalem.

« Cadavre foulé aux pieds », « chien crevé », selon les mots de la prophétie d'Isaïe, le corps de Jésus, comme celui des larrons crucifiés avec lui, aurait-il pu demeurer sans sépulture ? La réponse est variable selon que l'on se place du point de vue des Évangiles, du point de vue des autorités juives ou du point de vue des Romains.

Selon les usages romains, le cadavre était voué à pourrir sur la croix, livré aux chiens et aux rapaces. Selon la coutume juive, la dépouille des condamnés devait au contraire être descendue du gibet avant le coucher du soleil pour ne pas souiller la terre d'Israël. Quand l'homme était exécuté par les troupes d'occupation, il était de règle « qu'on ne le prive de rien » d'après le traité Abel Rabbat – ce qui signifie notamment qu'une toilette mortuaire était normalement effectuée et des aromates disposés autour du corps. La découverte de Yohânan dans l'ossuaire de Giv'at Ha Mitvar confirme aussi que les restes d'un condamné exécuté par les Romains pouvaient être, passé un certain délai, remis à la famille pour qu'on les dépose dans une sépulture.

En revanche, si une autorité juive avait procédé à l'exécution, les corps n'auraient pu être déposés que dans un endroit approprié : « On ne met pas les suppliciés dans les tombeaux privés mais dans les tombeaux réservés à cet effet par le tribunal », recommandera la Mishna, cette partie la plus ancienne du Talmud, c'est-à-dire de la loi orale mise par écrit par les rabbins. Il n'est d'ailleurs pas impossible que la mention du « champ du sang », où l'évangile de Matthieu comme les Actes des Apôtres situent la disparition de Judas, désigne en fait le cimetière réservé à ceux qui sont morts dans le sang de mort violente ou infamante, comme les suicidés et les victimes d'exécutions capitales. Un charnier.

En ce qui concerne le cas particulier de Jésus, la difficulté tient à ce que le récit évangélique mêle de façon inextricable l'action des Romains et celle des juifs. Dans ces conditions, comment savoir quel a pu être le sort réservé à son cadavre ?

Joseph d'Arimathie

La famille de Jésus est galiléenne et ne réside pas à Jérusalem. Absente du récit de la Passion chez les synoptiques, elle ne paraît pas informée de la mort de Jésus et encore moins de son inhumation.

Le contraste est flagrant entre le comportement des disciples de Jésus et celui des disciples des deux autres martyrs du Nouveau Testament. Après la décapitation de Jean le Baptiste, l'évangile de Marc et l'évangile de Matthieu prennent soin de préciser que « les disciples de Jean, l'ayant appris, vinrent prendre son cadavre et le mirent dans un tombeau » (Mc 6,29).

Quant à Étienne, après sa lapidation, « des hommes dévots l'ensevelirent et firent sur lui de grandes lamentations » (Ac 8,2). Dans le cas de Jésus, il semble que seul Joseph d'Arimathie accepte la charge du mort. A l'instar d'un certain nombre de localités évangéliques, la situation d'Arimathie et son existence même ne sont pas des plus solides. Traditionnellement, on l'identifie avec Ramathaïm, situé au nord-ouest de Jérusalem, mais il s'agit là d'un usage qu'aucun document ni aucune découverte archéologique ne viennent soutenir. Dès lors, peut-on être certain que « Arimathie » recouvre une réalité géographique ?

« Arimathie », ou *Arimathée*, peut s'analyser en grec comme un néologisme poétique pour signifier que le personnage en question a beaucoup appris, que c'est un homme très savant. Si l'on se tourne vers une origine hébraïque, comme Bernard Dubourg, il semblerait plutôt qu'Arimathie calque l'expression « après la mort ». Avant lui, Daniel Massé, dans *Jésus, ce juif sans nom*, y déchiffrait toujours en hébreu *har'm-mathais*, « l'enclos des morts ». *Arimathie* ne serait donc pas un patronyme mais une raison sociale : Joseph d'Arimathie serait celui qui apparaît dans l'histoire, précisément, « après la mort ». « Celui-ci, ayant acheté un linceul, descendit Jésus de la croix, l'enveloppa dans le linceul et le mit dans une tombe qui avait été taillée dans le roc ; puis il roula une pierre à l'entrée du tombeau » (Mc 15,46).

Marc présente le personnage comme « un notable conseiller » (Mc 15,42), Matthieu comme « un homme riche » (Mt 28,57), Luc comme « un homme bon et juste » (Lc 28,50), tandis que Jean en fait « un disciple de Jésus, mais caché par peur des juifs » (Jn 19,38). Quant à l'évangile apocryphe de Pierre, il le grandit encore, voyant en lui « un ami de Pilate et du Seigneur ».

Les points de vue apparemment complémentaires des évangélistes donnent au rôle de Joseph d'Arimathie plus d'épaisseur, plus de complexité. Son historicité devient plus crédible, même si l'on sent bien que les enjeux ne sont pas identiques pour les synoptiques et pour Jean.

Pour les évangiles synoptiques, Joseph d'Arimathie est clairement une figure individuelle : il intervient et agit seul. En réclamant le corps de Jésus à Pilate, il se distingue parmi les juifs. Son acte l'élève, et le texte le magnifie. Aux yeux des synoptiques, Joseph d'Arimathie est le juif exemplaire. L'évangile de Jean est moins d'une pièce. Dès que Pilate accède à sa requête, l'évangéliste substitue à Joseph un surprenant pluriel : « Ils vinrent donc et enlevèrent le corps » (Jn 19,38).

Les Évangiles se rejoignent en tout cas pour mettre en scène Joseph d'Arimathie comme un homme d'influence. Il a ses entrées auprès du préfet romain auquel il réclame directement le corps de Jésus. Mais au nom de qui effectue-t-il cette démarche ?

L'évangile selon Marc indique que Joseph d'Arimathie « attendait le Royaume de Dieu » (Mc 15,43), Matthieu et Jean, à des degrés divers, le qualifient de « disciple » de Jésus. Joseph serait donc un proche de la première communauté, voire un intime des Apôtres. Dans ce cas, on pourrait conjecturer qu'il agit au nom des autres disciples, empêchés ou incapables de le faire. Cette hypothèse se heurte cependant à un obstacle sérieux : selon Marc, le Sanhédrin, le tribunal juif, a condamné Jésus à l'unanimité : « Eux tous décrétèrent qu'il était passible de mort » (Mc 14,64). Joseph d'Arimathie, « notable conseiller », ne faisait-il donc pas partie de cette assemblée ? L'évangile selon Luc semble devancer la question, acceptant implicitement que Joseph d'Arimathie soit membre du Sanhédrin, mais glissant aussitôt qu'il « ne s'était associé ni à leur dessein, ni à leur acte » (Lc 23,51). L'unanimité n'aurait-elle pas été si unanime ?

Au contraire, si l'on prend au sérieux l'appartenance de Joseph d'Arimathie au Sanhédrin, les paroles que les Actes des Apôtres prêtent à Paul concernant les chefs des juifs prennent tout leur sens : « Ils l'ont condamné et ont demandé à Pilate de le faire périr, dit-il d'eux. Et lorsqu'ils eurent accompli tout ce qui était écrit de lui, ils le descendirent du gibet et le mirent au tombeau » (Ac 13,28-29). La démarche de Joseph d'Arimathie est celle d'un porte-parole du tribunal. Il ne s'en dissocie nullement.

Dans cette conjecture, Joseph aurait été délégué par les grands prêtres auprès de Pilate pour réclamer le cadavre de Jésus. Si une telle démarche effectuée en plein sabbat ne va pas de soi, nous savons par Flavius Josèphe combien les juifs étaient soucieux que la Loi et les privilèges juifs soient scrupuleusement respectés par l'Empire et combien le moindre accroc à ces privilèges était susceptible de soulever le peuple. Joseph d'Arimathie pourrait même être celui qui aurait proposé que le cadavre soit placé, au lieu de la fosse commune dans un tombeau particulier – et pourquoi pas le sien ?

On peut aussi considérer que Joseph d'Arimathie a agi de son propre chef. Qu'il n'a été l'émissaire ni des disciples ni des autorités juives. Joseph d'Arimathie s'est conduit simplement comme un juif religieux, un « homme bon et juste », précise Luc (Lc 23,50). Dans l'évangile de Pierre, Hérode justifie ainsi le rôle de Joseph d'Arimathie : « Frère Pilate, même si personne ne l'avait réclamé, nous l'aurions enseveli puisque le sabbat va luire. Il est écrit en effet dans la Loi que le soleil ne se couche pas sur [un homme] mis à mort. »

Que Joseph d'Arimathie ait été ou non membre du Sanhédrin, sa démarche, de toute façon, est pleinement vraisemblable. Elle ne suppose pas nécessairement une connivence particulière avec les disciples de Jésus. C'est donc *a posteriori* que ceux-ci l'auraient associé à leur groupe, peut-être en reconnaissance de son action auprès de Pilate, peut-être aussi pour fustiger par contraste l'indifférence des membres du Sanhédrin, voire des habitants de Jérusalem. Les évangélistes auraient en quelque sorte opéré un rapt. Ils auraient « christianisé » Joseph d'Arimathie, le proclamant disciple de Jésus. En un mot, ils l'auraient « retourné ».

En inversant maintenant l'ensemble des termes du récit et en adoptant le point de vue des Romains, on peut encore faire l'hypothèse d'un tout autre retournement :

– Ce n'est pas Joseph d'Arimathie qui réclame le corps à Pilate, ce sont les militaires romains qui le chargent de les débarrasser du cadavre.

– Joseph n'est ni un disciple ni même un disciple secret ; Jésus lui est parfaitement inconnu.

– Ce n'est pas dans un tombeau neuf qu'a été mis le cadavre, mais dans le déposoir du cimetière ou bien à la fosse commune.

– Ce n'est pas un homme seul, mais plusieurs qui sont réunis sous ce nom.

– Ce n'est pas un « notable conseiller », mais un homme de corvée, un fossoyeur.

L'évangile selon Jean semble si conscient de cette fonction qu'il adjoint Nicodème à Joseph, convaincu que, tels les paysans d'*Hamlet* se chargeant des restes de Yorick, le bouffon du roi, deux hommes au moins sont nécessaires à l'inhumation d'un corps.

Les intermittents de l'Évangile

Une fois la tombe fermée, la pierre roulée, Joseph d'Arimathie disparaît du récit. Comme avant lui Simon de Cyrène, Joseph d'Arimathie est un intermittent de l'Évangile.

Le parallélisme entre ces deux destins est tout à fait caractéristique du traitement des personnages secondaires dans les Évangiles. Joseph comme Simon sont désignés par leur origine géographique, fictive ou non : Arimathie et la Cyrénaïque, dans le delta du Nil. Tous deux portent des noms qui sont également ceux de certains des frères de Jésus (Jacques, Jude ou Judas, Simon, Joseph, selon l'évangile de Matthieu), mais il s'agit sans doute d'une pure coïncidence. Plus encore, c'est leur intervention dans le récit évangélique qui les rapproche : Simon porte la croix de Jésus, Joseph se charge de son cadavre. L'un et l'autre – à un moment essentiel – sont en contact direct avec Jésus. Or le récit se montre particulièrement ingrat vis-à-vis d'eux. Sitôt leur tâche accomplie, ils sont remerciés.

Comment expliquer que l'attitude de Simon de Cyrène et de Joseph d'Arimathie n'ait aucune conséquence ultérieure ? Comment expliquer que les disciples, après leur fuite, ne se tournent pas vers eux pour tout apprendre des derniers moments de leur maître, pour connaître l'endroit où il repose ? Pourtant, quels témoins plus probants du supplice de Jésus et de sa mise au tombeau les évangélistes pouvaient-ils produire ? Ne constituent-ils pas des narrateurs en sommeil, des indicateurs potentiels disséminés à travers le récit, seuls aptes à éclairer, le moment venu, ces zones d'ombre durant lesquelles aucun disciple n'était présent ? Pourquoi les Actes des Apôtres ne les comptent-ils pas dans le cercle – même élargi – de la première communauté ? Et pourquoi ne figurent-ils jamais non plus parmi les bénéficiaires des premières apparitions ?

Ces questions demeurent sans réponses. Plus exactement, les réponses ne seront formulées que par les textes apocryphes. Ils assureront à Simon de Cyrène et à Joseph d'Arimathie la postérité que les évangiles canoniques leur refusent. Toute une tradition ira même jusqu'à faire de Simon de Cyrène celui qui a été crucifié à la place de Jésus, Jésus ne l'ayant été qu'en apparence. Quant à Joseph d'Arimathie, l'évangile de Pierre, l'évangile arabe de l'enfance ou Vie de Jésus en arabe, le Livre de la résurrection de Barthélemy, les Actes de Pilate ou Évangile de Nicodème donneront à son rôle une place et un lustre qui lui vaudront même d'être à l'origine de la quête du Graal dans la littérature médiévale et qui, à ce titre, mériteraient qu'il soit le saint patron des exégètes en quête du « Jésus historique ».

Mais, qu'il ait agi au nom des Douze, au nom des juifs ou sur ordre des Romains, qu'il soit disciple, notable ou croque-mort, qu'il soit l'un des bourreaux ou leur homme de main, qu'il soit d'Arimathie ou d'ailleurs, qu'il soit juif ou non, qu'il soit une pure fiction ou qu'il s'appuie sur un fond d'histoire, Joseph demeure, en tout état de cause, un singulier passeur. Un passeur entre Pilate et les grands prêtres, entre la vie et la mort, entre les faits et leur récit.

Le corps précieux

Dans le récit évangélique, Joseph d'Arimathie est une figure positive, il incarne l'*alter ego* bénéfique de ceux qui, pour des motifs différents, vouent Jésus à la mort. C'est surtout un héros providentiel. A défaut de lui sauver la vie, Joseph va sauver ce qui reste de Jésus, sa dépouille, proclamant ainsi son caractère éminemment précieux. Dans l'évangile de Pierre, avant même que Jésus ne soit mis à mort, Joseph d'Arimathie réclame déjà son corps. Cet empressement tout bonnement extraordinaire montre bien que Joseph ne revendique pas le cadavre torturé mais qu'il veut s'assurer du corps, du corps intact – c'est-à-dire tel qu'il apparaîtra après la résurrection. On ne saurait mieux suggérer sa double réalité terrestre et mystique.

Si ce sont les soldats romains qui se sont débarrassés du cadavre de Jésus, on conçoit facilement qu'aucune toilette mortuaire ne soit spécifiée par les évangiles synoptiques Si, au contraire, comme l'affirme le Paul des Actes des Apôtres, les juifs se sont chargés de l'ensevelir, cette abstention paraît plus problématique. En marque de profond déshonneur, les condamnés pouvaient, semble-t-il, être inhumés sans parfums ni aromates, mais, dans le cas de Jésus, les indices ne paraissent pas suffisants pour soupçonner une telle animosité de la part des chefs juifs.

Chez Jean, à l'inverse, tout est mis en œuvre pour préparer le cadavre de Jésus, pour assurer sa conservation. Nicodème se charge d'apporter environ cent livres de myrrhe et d'aloès – c'est-à-dire une trentaine de kilos –, quantité bien supérieure à celle qui serait nécessaire s'il avait simplement fallu oindre et parfumer le gisant. Le mort, incisé par le coup de lance, est vidé de son sang et de son eau, expurgé de tous ses liquides, puis lié par des bandelettes comme s'il s'agissait de momifier une dépouille pharaonique, constatait Pierre Geoltrain. Le corps de Jésus n'est pas condamné à pourrir. Il est destiné à traverser le temps, incorruptible. C'est un corps donné à la science, à la science de la résurrection ; un corps donné à la théologie – même si l'on peut deviner à travers cette rarissime influence de l'Égypte dans le texte du Nouveau Testament la main d'un rédacteur chrétien d'Alexandrie exaltant une pratique mortuaire qui sera, d'ailleurs, vivement condamnée par les Pères de l'Église.

Généalogie

Selon Christian-Bernard Amphoux, il faudrait rapprocher le mot grec *euangélion* (« évangile », « bonne nouvelle ») de l'expression hébraïque *even gilaion* (« rouler la pierre ») telle qu'on la trouve par exemple dans le livre de Josué. L'évangile serait la pierre à rouler devant le tombeau de Jésus. De fait, les textes de Marc, Matthieu, Luc et Jean sont traditionnellement placés en tête du Nouveau Testament. Ils en protègent l'accès, commandent l'obscurité ou la lumière qu'après eux on trouve dans les Actes des Apôtres, les épîtres de Paul, les épîtres catholiques et enfin l'Apocalypse.

Contrairement au préjugé courant, cette présentation ne reflète pas la chronologie de la rédaction des textes, mais leur hiérarchie aux yeux de l'Église. Quelle appréhension de l'histoire de Jésus aurions-nous si nous lisions les épîtres de Paul, rédigées vraisemblablement dans les années 50-60, avant de découvrir les Évangiles, réputés être écrits – au mieux – une dizaine d'années plus tard ? Et que faire de l'Apocalypse qui, en tant que forme littéraire, est antérieure aussi bien au genre épistolaire qu'aux narrations évangéliques ? Quelle perspective du discours néotestamentaire aurions-nous en commençant notre lecture par la fin, par l'Apocalypse pour terminer par les Évangiles ?

Mais pour bouleverser la présentation traditionnelle des textes, encore faudrait-il pouvoir déterminer à coup sûr où, quand et par qui ils furent écrits. Comme pour la date de la crucifixion, il faut répéter avec force que toutes les datations actuelles des livres du Nouveau Testament ne sont que des hypothèses.

Il n'existe en effet aucun élément interne ou externe qui permette de leur assigner indiscutablement une date. Il y a des hypothèses hautes (comme celles développées par John A. T. Robinson), plaçant toute la littérature néotestamentaire avant 70 – c'est-à-dire avant la chute du Temple de Jérusalem, puisque l'événement semble n'être jamais évoqué par les Évangiles, sinon très indirectement. Il y a des hypothèses basses, comme celles des rationalistes qui considéraient les Évangiles comme des supercheries chrétiennes élaborées tardivement au tournant du Ier et du IIe siècle (hypothèse aujourd'hui disqualifiée). Et il y a l'hypothèse consensuelle et dominante qui place la rédaction de l'évangile selon Marc aux alentours des années 65-70, celle de Matthieu et de Luc vers les années 80-90, enfin celle de Jean à la fin du Ier siècle… Mais le fait que cette proposition soit aujourd'hui majoritaire n'assure en rien qu'elle soit certaine puisque, pas plus pour Marc que pour les autres évangiles, nous ne disposons d'aucun des manuscrits originaux. Hormis le fragment du papyrus Ryland conservé à Manchester qui remonte aux années 130 de notre ère, quelques mots du récit du procès de Jésus dans l'évangile selon Jean, aucune des plus anciennes copies des évangiles connues à ce jour n'est antérieure à la fin du IIe siècle et au début du IIIe siècle. Comparativement à la plupart des manuscrits des œuvres de l'Antiquité séparés souvent de plusieurs siècles de leur mise par écrit, ce délai est pourtant exceptionnellement proche de la source.

Petite théorie des sources

« L'Évangile est une scène truquée », écrivait à juste titre, vers 270, Porphyre qui exagérait de supposer que « les évangélistes sont les inventeurs, non les historiens, des choses qu'ils racontent sur Jésus ». Les trois premiers évangiles, Marc, Matthieu et Luc, dont la structure et la lettre sont très proches, forment une tradition autonome. Quant à l'évangile selon Jean, les chercheurs débattent toujours de la place à lui attribuer : est-il dépendant ou indépendant des synoptiques ? Exprime-t-il ou non une tradition originale ?

Jean n'aurait-il pas perdu la trace du corps de Jésus après la crucifixion ? Ou emprunte-t-il le sentier des synoptiques ? Marc, Matthieu et Luc connaîtraient-ils chacun des détails que les autres ignorent ? Autrement dit, les Évangiles sont-ils des témoignages indépendants que l'on peut additionner, ou ne sont-ils que le développement d'un seul et même récit ? La réponse à cette question représente un enjeu immense tant sur le plan littéraire que pour l'apologétique chrétienne.

En tout état de cause, l'Église très vite a mesuré le problème et a défendu l'idée qu'il n'y avait qu'un seul évangile, celui de Jésus-Christ, mais interprété différemment : d'où l'expression *selon* Marc, *selon* Matthieu, *selon* Luc et *selon* Jean. Intitulés qui n'existaient pas initialement, mais qui se sont imposés à partir de la moitié du IIe siècle, quand il a fallu distinguer les textes les uns des autres et leur assigner des signataires, des auteurs de référence qui relèvent plus de la légende que de l'histoire littéraire.

Parmi la pléthore d'hypothèses qui emplissent des bibliothèques entières, trois peuvent être considérées comme les matrices de toutes les autres théories pour expliquer la formation des Évangiles et leurs rapports réciproques. C'est ce que l'on nomme « la théorie des sources » :

1. La plus ancienne, la plus traditionnelle, la théorie de Griesbach au XVIIIe siècle, place l'évangile selon Matthieu en premier. De lui dépendraient Luc, ainsi que Marc qui aurait résumé les deux précédents. Quant à Jean, il serait en dépendance des trois autres. Qu'elles soient savantes, religieuses ou populaires, toutes les éditions du Nouveau Testament à travers le monde sont fondées sur cette hypothèse qui a pour elle, bien qu'elle soit pratiquement tombée en déshérence, la force de l'habitude. La primauté de Matthieu est d'ordre idéologique : elle tient en fait à une conviction très ancienne. Contrairement à Marc et à Luc qui ne sont eux que des témoins indirects, son « témoignage » serait celui d'un disciple, Matthieu, le péager, appelé aussi Lévi.

2. La théorie dite « des deux sources » accorde, elle, la priorité à Marc dont dépendraient Matthieu et Luc. Ainsi peut-on constater que sur les 661 versets qui composent actuellement l'évangile de Marc, 600 se retrouvent chez Matthieu qui en tire à l'identique ou sous une forme voisine plus de la moitié de son texte. La rédaction la plus archaïque de Marc, ce que l'on appelle le « proto-Marc », serait la source première de tous les évangiles. Du moins le premier document mis par écrit dont les autres ont pu s'inspirer. Mais il existe aussi entre Matthieu et Luc des points d'accord que l'on ne retrouve pas chez Marc. Pour les expliquer, un savant allemand, Schleiermacher, a supposé au XIXe siècle que Matthieu et Luc se référaient à une seconde source inconnue de Marc, une source conservant une liste de paroles de Jésus, la source des *logia* (« paroles », en grec). Cette source (en allemand *Quelle*) a pris le nom de source « Q ».

La théorie des deux sources suppose donc que tous les évangiles sont le produit de ce premier état de Marc et de cette source Q. Jean peut demeurer en dépendance des synoptiques dans cette hypothèse. Tout en prenant en compte plusieurs strates de rédaction qui permettent de justifier de nombreuses anomalies, la théorie des deux sources est, aujourd'hui, majoritairement utilisée par les chercheurs.

3. La théorie des sources multiples suppose, elle, une source particulière pour chacun des évangiles, les influences s'exerçant alors de façon croisée à différents niveaux de rédaction. De ce point de vue, l'évangile selon Jean pourrait procéder d'une source aussi archaïque que l'état le plus archaïque de Marc. Il appartiendrait donc à une tradition originale qui n'aurait subi l'influence des synoptiques qu'au deuxième ou au troisième niveau de rédaction. Cette hypothèse minoritaire, dont Marie-Émile Boismard est en France le plus brillant défenseur, permet, de façon ingénieuse, d'harmoniser la théorie de Griesbach et la théorie des deux sources. Elle permet également de trouver la cause d'un certain nombre de problèmes rédactionnels auxquels se heurtent les deux autres théories. La théorie des sources multiples a contre elle sa profonde complexité. Elle présuppose aussi que chaque évangile exprime, à un degré ou à un autre, des informations indépendantes, des sources spécifiques qui ne sont pas seulement littéraires mais qui peuvent être historiques. L'enjeu apologétique de cette conception, en dehors de son aspect strictement technique, n'est donc pas négligeable.

Donc, donc, donc

Paul qui n'a pas connu Jésus, et qui n'est pas davantage censé avoir assisté à ses obsèques, affirme dans l'épître aux Corinthiens : « Christ est mort pour nos péchés selon les Écritures, il a été mis au tombeau… » (1 Co 15,3-4). Son autorité le dispense de toute précision. L'ensevelissement va de soi. Pour lui, d'ailleurs, qu'importe par qui Jésus a été mis au tombeau, quand et à quel endroit. Ce n'est pas l'homme de Nazareth qui a été enseveli « selon les Écritures », mais le Christ déjà glorieux. L'attribution du titre, à elle seule, suffit à honorer le mort, à l'oindre, à lui élever un mémorial.

La tradition conservera le souvenir que Jésus « a été enseveli ». Mais rien n'assure qu'il s'agisse là d'un témoignage de nature historique plutôt que d'une pétition de principe. Pour Paul comme pour la première communauté, le contraire eût été impensable. Le seul fait de proclamer l'inhumation de Jésus (plus encore du Christ) devait suffire à satisfaire les croyants.

Or, une trentaine d'années après la mort de Jésus, la nécessité de décrire la mise au tombeau se fait sentir de façon si aiguë que les évangélistes vont devoir bâtir le récit de l'ensevelissement. Leur force va être de ne pas nier leur ignorance mais, avec une ardente patience, de la mettre en scène, d'en faire le moteur de leur narration. Les évangélistes vont réussir l'exploit de faire de l'histoire avec rien. A partir de leur postulat – Jésus a été enseveli –, ils vont s'appliquer à résoudre une équation à deux inconnues : nul ne sait à quel endroit, nul ne sait ce qu'est devenu son cadavre.

Si le corps de Jésus a disparu :

1) donc son tombeau est vide,
2) donc, il a contenu le corps de Jésus,
3) donc, il y a eu mise au tombeau,
4) donc, il y a eu toilette mortuaire,
5) donc, il y a eu marche jusqu'au tombeau,
6) donc, il y a eu descente de la croix,
7) donc, il y a eu quelqu'un pour descendre Jésus de la croix.

Donc, donc, donc…

Parvenus à la croix, les évangélistes peuvent désormais restituer une chronologie à l'inverse du raisonnement qui les y a conduits. Les uns après les autres, ils peuvent gravir l'escalier des « donc » en compagnie de Joseph d'Arimathie et consolider chaque marche avec leurs souvenirs personnels, leurs lectures de la Bible, leur imagination.

Ci-gît

Comment situer d'abord l'emplacement ? Selon Marc, certaines des femmes qui avaient observé au loin la crucifixion auraient suivi Joseph d'Arimathie lorsqu'il avait déposé Jésus au tombeau : « Or Marie de Magdala et Marie, mère de Joset, regardaient où on l'avait mis » (Mc 15,47). Matthieu et Luc reprennent à peu près la même configuration. A l'intérieur du récit, ces témoins savent ce que personne ne sait plus dans la réalité. Tous veulent évidemment inscrire au cadastre des Évangiles la tombe de Jésus. Mais ni les réparations ni les embellissements auxquels procède chaque évangéliste ne nous donnent le sentiment que Marc, Matthieu ou Luc se réfèrent à un lieu connu.

Chez Marc, la tombe de Jésus a été « taillée dans le roc », avant qu'une pierre ne ferme le tombeau. C'est la proposition minimale, le socle du récit que les autres évangélistes vont reprendre et tailler, si l'on peut dire, chacun à leur manière. Matthieu surenchérit en faisant de la tombe de Jésus la propriété personnelle de Joseph, en s'appuyant implicitement sur une citation d'Isaïe : « On l'a enterré comme un scélérat dans une tombe de riche » (Is 53,9). Il ajoute que le tombeau est « tout neuf » et, mieux encore, que Joseph d'Arimathie « l'avait creusé lui-même » (Lc 27,60) – il y a dans cette incise un magnifique argument textuel pour soutenir la thèse d'un Joseph fossoyeur de Jésus, d'un Joseph creusant lui-même la tombe. A l'expression « taillée dans le roc », Luc substitue « coupée dans la pierre » qui renvoie l'image d'une tombe plus que d'un tombeau. Il ne retient pas l'idée qu'elle puisse appartenir à Joseph et choisit une périphrase – « personne n'y a jamais été placé » – pour indiquer qu'elle était neuve (Lc 23,53). Il y a d'ailleurs, d'évangile en évangile, une insistance sur la pureté de tout ce qui touche Jésus : de sa naissance virginale au linceul neuf dans lequel Joseph d'Arimathie roule son cadavre (Mt 27,59) en passant par l'ânon « que personne au monde n'a jamais monté » (Lc 19,30) lors de son entrée à Jérusalem.

Jésus pour toute mémoire

Quelles que soient les hypothèses auxquelles nous mène la critique textuelle, quelles que soient par exemple la nature des différents détails, la fonction des différents épisodes, il est certain que les Évangiles n'ont pas été écrits d'une traite, par un seul auteur, du début à la fin. Plusieurs rédacteurs se sont succédé mais selon un ordre et une logique qui, parfois, nous échappent, avançant dans leur construction tantôt en marche avant, tantôt en marche arrière, et changeant vraisemblablement d'objectifs et de destinataires en cours de route.

Chacun des textes sédimente non seulement plusieurs strates, mais s'inspire des autres autant qu'il les influence. De surcroît, on peut être à peu près sûr que chaque nouvelle rédaction entraînait la disparition de ses sources, soit parce qu'elles se fondaient dans le corps même du texte, soit parce qu'elles ne pouvaient demeurer, témoins trop gênants des modifications apportées. Tels que nous les lisons aujourd'hui, les Évangiles sont le fruit d'une longue évolution. Mais si leurs sources ont été enfouies ou si elles ont été perdues, la mémoire de leur élaboration n'a curieusement pas été effacée. Les Évangiles gardent l'empreinte de leurs rédactions progressives, des additions, des rectifications, des majorations dont ils se sont, sans cesse, nourris.

Contrairement à une idée bien ancrée, les textes des Évangiles n'étaient pas sacralisés. Ils étaient encore moins des textes sacrés dont il aurait fallu respecter chaque virgule, comme c'est le cas pour le Coran. Jusqu'à leur canonisation qui les figera, ils s'adaptent aux circonstances, s'ajustent aux nécessités, à la propagande, à la liturgie, à l'enseignement, à la doctrine. Les hypothèses de datation renvoient à la présentation des Évangiles en tant que récits constitués, mais non pas à leur état ultime : des variantes vont intervenir au moins jusqu'au cours du IVe siècle et parfois au-delà. Des lettres, des mots, des expressions, la syntaxe de certains versets, des discours, voire des épisodes, vont apparaître, disparaître, se dédoubler, se répéter, modifiant de la sorte la physionomie initiale du texte. L'épisode de Jésus et de la femme adultère est l'exemple le plus remarquable de ces retouches : primitivement dans l'évangile selon Luc, il a été tardivement introduit dans l'évangile selon Jean qui est seul, désormais, à le relater.

Ainsi plus de trois cent mille variantes ont été recensées pour l'ensemble des manuscrits du Nouveau Testament. Beaucoup sont dues aux erreurs des copistes, différences relativement mineures, mais d'autres, plus sérieuses, montrent que, pour diverses raisons essentiellement théologiques, le texte a mis du temps à se stabiliser. Celse assurait, non sans raison, que les chrétiens « modifiaient le texte original des Évangiles trois ou quatre fois, voire davantage, afin de pouvoir ruiner l'argumentation de ceux qui le critiquaient ». Origène ne pouvait que lui en donner acte : « C'est un fait évident aujourd'hui, déplorait-il, qu'il existe parmi les manuscrits une grande diversité, que ce soit dû à la négligence des scribes ou à l'audace perverse des gens qui corrigent le texte, ou encore au fait qu'il y en a pour en ajouter ou en enlever à leur gré, s'instituant eux-mêmes correcteurs. » Si surprenant que cela paraisse, ni lors de sa rédaction ultime ni même lors de canonisation, le texte n'a pas été coordonné, calibré, équarri. Il est demeuré jusqu'à nous dans son désordre fondamental, dans sa déraison, avec ses excès, ses inconséquences, ses apories, semblable à un champ de bataille hérissé d'obstacles, creusé de fossés, planté de chausse-trapes.

Son apparente linéarité n'est que le produit de l'illusion typographique de ses éditions. Seule l'imprimerie – mais avant elle toute la tradition manuscrite – en normalisant les caractères utilisés pour le copier normalise le texte, le justifie ligne à ligne, offre par sa présentation même une image d'ordre, de mesure et de paix. La réalité est tout autre. Sans parler des polémiques qui le traversent, des disputes qui le déchirent, la source des éléments qui composent le texte évangélique est si diverse que pour en avoir une vision juste il faudrait se tourner vers une forme littéraire moderne, celle du *cut-up*. Cette technique d'écriture consiste à découper des fragments de pages de journaux, des morceaux de romans, de bouts de poèmes ou de prospectus, et à les coller les uns aux autres pour en composer la matière d'un même texte. Sous leur nappe biographique, les Évangiles sont ainsi cousus de mille phrases, de mille mots arrachés à d'autres livres, empruntés, déplacés, retournés, déguisés, morceaux qui nous renvoient l'écho de leur origine à jamais perdue et que le papier bible ou les éditions sur papier glacé empêchent de deviner.

Les Évangiles sont donc très précisément faits de matériaux composites. Ces matériaux composites, comme les plastiques et les fibres de verre ou les céramiques et les fibres de carbone, à l'inverse des alliages, s'agglomèrent entre eux sans se mélanger. Ils s'avèrent aussi, comme les Évangiles, d'une résistance exceptionnelle comparée à leur apparente légèreté... L'outil de la critique textuelle permet d'identifier peu à peu certains des matériaux, de dégager à travers le texte canonique lui-même les différentes phases de sa constitution. Mais les analyses de la stratification des textes demeurent des spéculations, et le débat est loin d'être clos quant à la composition du noyau archaïque. Jusqu'à quel point correspondait-il à la structure du texte que nous lisons aujourd'hui ?

La pierre roulée

Le dernier chapitre de l'évangile selon Marc s'ouvre sur cette phrase : « Quand le sabbat fut passé, Maria de Magdala, Marie, mère de Jacques, et Salomé achetèrent des aromates pour aller oindre le corps » (Mc 16,1). Après la fuite des disciples, l'évangéliste n'a plus que ces trois femmes pour rendre les derniers devoirs – même s'il est très curieux de vouloir embaumer un cadavre qui attend depuis deux jours au tombeau… Par rapport au respect du sabbat, il faut distinguer deux gestes différents dans le soin du défunt : la toilette mortuaire et la parure du cadavre. Selon la Mishna, « on peut faire [le jour du sabbat] tout ce qui est nécessaire pour un mort : on l'oint et on le lave, sans cependant déplacer aucun membre ». En revanche, la disposition des aromates, la mise en place du suaire ou des linges, la déposition définitive du corps, tout ce qui suppose une activité, un travail, ne justifie pas que l'on viole le sabbat. Reste que, selon le récit évangélique, les femmes se dirigent vers la tombe le dimanche matin, le sabbat étant donc achevé depuis la veille au soir. Ce délai suffirait à douter de la véracité de l'épisode, si l'on ne s'était déjà demandé à quel moment l'achat des aromates avait bien pu avoir lieu.

Les femmes ont déjà été requises comme témoins de la dernière heure au moment de la crucifixion. Les évangélistes les appellent à nouveau, mais avec une sorte d'embarras. Chez Marc, il y a Marie de Magdala, autrement dit Marie-Madeleine, mais ses accompagnatrices ont changé : elle est flanquée cette fois de deux inconnues, Marie, mère de Jacques, et Salomé. Matthieu, sans entrer dans les détails, ajoute à Marie-Madeleine « l'autre Marie ». Luc cite simplement « les femmes qui étaient venues de Galilée » (Lc 23,53) et se garde de les identifier. Quant à Jean, il les écarte du récit pour se satisfaire d'une seule, Marie-Madeleine.

Les femmes approchent donc du tombeau. Le soleil se lève, c'est l'aube chez les synoptiques, tandis que pour Jean « c'était encore les ténèbres » (Jn 20,1). L'évangéliste ne manque jamais de dramatiser la lumière de ses scènes principales.

A entendre l'évangile de Marc et celui de Matthieu, Joseph d'Arimathie avait pris la précaution de rouler une pierre pour obturer l'entrée, garantir l'inviolabilité de la tombe. Cette pierre va se révéler très vite pesante pour les rédacteurs.

Chez Marc, les femmes sont obligées de s'interroger : « Qui nous roulera la pierre ? » (Mc 16,3). Sont-elles si étourdies qu'elles s'avisent seulement en chemin qu'il leur faudra de l'aide ? La pierre est-elle si grande que trois femmes ne pourraient la manœuvrer ? Matthieu appelle à leur secours l'ange du Seigneur, à l'habit blanc comme neige, à l'aspect de l'éclair. Avant de s'y asseoir, l'ange roule la pierre avec fracas, provoquant même un tremblement de terre. Luc indique que la pierre a déjà été roulée, mais ne s'attarde pas à déterminer comment. Quant à Jean, il contourne la difficulté. Il fait arriver Marie de Magdala de bonne heure au tombeau et là, bien qu'il fasse encore sombre, « elle aperçoit la pierre enlevée du tombeau » (Jn 20-1), ce qui permet sans détour l'accès au sépulcre.

Le vol du cadavre

L'évangile selon Jean et les synoptiques s'accordent sur ce point : lorsque les femmes se penchent à l'intérieur de la tombe, le corps de Jésus n'y est plus, il a disparu. Aurait-il été volé ? Dans l'évangile selon Jean, Marie-Madeleine revient dire précipitamment à Pierre et à l'autre disciple : « Ils ont enlevé mon Seigneur », formule qu'elle répète une deuxième fois quelques versets plus loin, s'écriant : « On a enlevé mon Seigneur ! » (Jn 20,2 et 13).

Quel est ce *on* mystérieux ? L'évangile de Matthieu avance une réponse : « Ses disciples sont venus de nuit et l'ont dérobé » (Mt 28,13). Désigne-t-il certains des Douze qui auraient caché le cadavre pour accréditer la rumeur de la résurrection de leur maître ? Mais, excepté Pierre, les disciples ne sont-ils pas déjà loin de Jérusalem ?

Pour couper court à cette accusation, Matthieu construit une petite fiction qu'il est le seul à raconter. Il imagine que Pilate prend ses précautions et satisfait à la demande des grands prêtres et des pharisiens. Il fait poster des gardes devant le tombeau pour éviter tout vol. Le vol de cadavres semble avoir été une pratique suffisamment courante pour qu'aux alentours des années 50 l'empereur Claude fasse proclamer : « Il me plaît que les sépultures et les tombeaux qu'on a faits par religion pour les aïeux ou les enfants ou les proches demeurent immuables à perpétuité. Si néanmoins un accusateur vient convaincre quelqu'un, soit de les avoir détruits, soit d'avoir exhumé de quelque autre manière les corps ensevelis, soit de les avoir transférés en d'autres lieux par manœuvre frauduleuse et à des fins injurieuses [...], j'ordonne que le coupable soit condamné pour lèse-religion envers les hommes, avec la même rigueur que pour lèse-piété envers les dieux... » L'âne d'or du roman d'Apulée disait ainsi redouter les pratiques magiques « car on assure que même les tombeaux des morts n'y sont pas en sûreté, mais que l'on va chercher aux lieux d'incinération et sur les bûchers certains fragments, des morceaux de cadavres pour le plus grand malheur des vivants ; les vieilles sorcières, dit-on, au moment même de la cérémonie funèbre, se précipitent et devancent par leur rapidité l'instant de la sépulture ».

Les dispositions prises par Pilate dans l'évangile selon Matthieu se révèlent inefficaces. La présence de gardes au tombeau n'empêche pas la résurrection, et par conséquent la disparition du corps. Aussi les grands prêtres, comme ils avaient soudoyé Judas, vont-ils être obligés de soudoyer les soldats romains. Au lieu d'attester de la résurrection, les sentinelles prétendront que les disciples ont profité de leur sommeil pour dérober le cadavre – mais comment pourraient-ils le savoir, s'ils dormaient ? « Et ce propos s'est colporté parmi les juifs jusqu'à aujourd'hui », conclut Matthieu (Mt 28,15). Signe que l'accusation fomentée contre les disciples a bien dû persister plusieurs dizaines d'années, jusqu'à l'époque de la rédaction de l'évangile.

Et même bien après. A la fin du IIe siècle, Tertullien en témoigne. Il relève que les juifs enseignaient en cachette le larcin commis par les disciples afin de proclamer la résurrection de Jésus. Ou, pourquoi pas, « qu'un jardinier l'enlevât pour éviter les dégâts causés à ses laitues par le nombre des visiteurs » ? La légende voulut même que le responsable du vol, le jardinier du cimetière, ne soit autre que Judas. Un Judas qui ne serait pas mort et qui, pour les juifs, au lieu d'être un traître, serait un héros.

Qui d'autre que les disciples aurait eu intérêt à faire disparaître le corps de Jésus, en aurait pris le risque ?

– Les Romains ? On ne voit pas en quoi la dépouille d'un juif crucifié leur importerait. Même d'un soi-disant « roi des juifs » mis à mort dans l'indifférence générale, sans que son exécution ait suscité le moindre mouvement de révolte chez ses partisans, ni la moindre liesse chez ses détracteurs.

– Certains habitants de Jérusalem ? Auraient-ils voulu empêcher que le tombeau de Jésus, comme celui des justes, ne devienne un lieu de culte ?

– Des parents de Jésus qui, *a posteriori*, auraient voulu effectuer l'inhumation de l'un des leurs ?

– Les femmes elles-mêmes ? Seules elles connaissent l'emplacement du tombeau, seules elles peuvent attester que c'est bien ce même lieu qu'elles ont découvert vide. Auraient-elles menti sur la localisation de la tombe ? Auraient-elles inventé de toutes pièces un tombeau ? Ce tombeau serait-il d'autant plus vide qu'il n'aurait jamais contenu la dépouille de Jésus ?…

– Joseph d'Arimathie ? Il est vrai qu'avec lui, objectivement, la trace du cadavre de Jésus se perd. Mais quelle obscure raison aurait pu le pousser à commettre un tel geste ?

A vrai dire, est-ce le corps de Jésus qui a disparu ? Ou est-ce que personne s'en est jamais préoccupé ?

Le messager

A la place du cadavre de Jésus, les femmes trouvent dans le tombeau un jeune homme, « assis à droite, vêtu d'une robe blanche » (Mc 16,5). Serait-ce lui qui a dérobé le corps ? Serait-ce un pilleur de tombes ? Ou un fantôme ? Serait-ce Jésus lui-même, méconnaissable, comme dans tous les récits d'apparition ? Un mort pris pour un vivant ?

Si c'est un mort qui parle, ce qu'il a à dire aux femmes n'est pas moins étonnant : « Ne vous effrayez pas ! C'est Jésus le Nazarénien que vous cherchez, le Crucifié, il est ressuscité, il n'est pas ici… » (Mc 16,5-9).

Les femmes ignoraient-elles que Jésus avait été crucifié ? Risquaient-elles de le confondre avec un autre, au point qu'il faille mentionner son surnom ? Le messager répond par avance à toutes les questions que les femmes ne posent pas. Il sait ce qu'elles ne voient pas, il sait qui elles cherchent, il sait que le tombeau est bien là, il sait quelle est l'identité du défunt, il sait qu'il s'est réveillé des morts, il sait qu'il n'est plus ici, il sait qu'elles doivent prévenir les disciples, qu'elles doivent partir en Galilée, qu'il y est déjà, et qu'il l'avait annoncé. Il le sait puisque les anges savent tout.

Le récit de la découverte est très parallèle chez les trois synoptiques. Mais Matthieu corrige le désordre narratif du texte de Marc, et Luc en écarte les incongruités trop manifestes. Quant à l'évangile de Jean, il est en dépendance étroite de celui de Marc et des synoptiques. Pourtant, il ne met en scène que l'une des amies de Jésus pour découvrir le tombeau, Marie-Madeleine. La trace des femmes au pluriel affleure pourtant dans ses paroles, toujours sous l'influence du texte des synoptiques : « Ils ont enlevé le Seigneur du tombeau et *nous* ne savons pas où il est », dit-elle (Jn 20,2). Plutôt que de tenter d'améliorer ou d'approfondir le récit des évangiles synoptiques, Jean le magnifie. Ce n'est plus Jésus que l'on cherche, mais le Seigneur. Au lieu d'un unique messager, deux anges sont là.

« Il n'est plus ici »

Cette incapacité à situer le tombeau de Jésus détonne dans l'évangile de Marc où, soudain, tout semble flotter, aller d'imprécision en approximation… Il est évident que la question initiale du jeune homme en blanc ne s'adresse pas aux femmes présentes dans la scène mais aux auditeurs, aux lecteurs de l'évangile, à ceux qui, bien plus tard, sont en quête de Jésus.

Si l'on reprend le texte phrase par phrase, presque pas à pas, plutôt que d'entendre le récit des découvreurs du tombeau, n'a-t-on pas le sentiment de suivre une récitation sous la direction d'un officiant ? L'auditoire ne devait-il pas répondre en chœur, chanter les repons ?

« Vous cherchez Jésus le Nazaréen, le Crucifié ?

– *Il est ressuscité !*

– Voici l'endroit où il avait été déposé.

– *Il est ressuscité !*

– Il n'est plus ici.

– *Il est ressuscité !* », etc.

Chez Marc, les paroles s'adressent à des néophytes encore hésitants. Chez Luc, ce sont des croyants convaincus à la recherche d'une spiritualité plus élaborée : « Pourquoi cherchez-vous le Vivant parmi les morts ? » (Lc 24,6). Dans tous les cas, l'ange guide un pèlerinage, une visite symbolique. Aux premiers « chrétiens » qui se réunissent hors de Jérusalem, en Judée, ou très loin peut-être, à Antioche, à Corinthe, à Éphèse, le récit du tombeau vide peut désigner, en dehors de tout enracinement, un espace où commémorer la mort de Jésus, où célébrer la foi en la résurrection, comme un « mystère ». C'est avec le temps que le récit a perdu sa fonction liturgique, au point d'apparaître comme une relation topographique de la découverte de la sépulture de Jésus.

Paradoxalement, l'Antiquité chrétienne va ignorer jusqu'au IVe siècle l'existence du Saint-Sépulcre, tandis que les tombeaux des Patriarches sont, dans le judaïsme, l'objet d'une grande vénération. Pierre, dans les Actes des Apôtres, compare même de ce point de vue Jésus à David « qui est mort et a été enseveli », et il ajoute : « Son tombeau est encore aujourd'hui parmi nous » (Ac 2,29). Alors que David n'est pas monté aux cieux, Jésus, du fait de sa résurrection, a volatilisé jusqu'à la trace de sa tombe. Est-il comme Moïse, dont le Deutéronome écrit : « Jusqu'à ce jour nul n'a connu son tombeau » (Dt 34,6) ?

Mais l'épisode du tombeau vide a-t-il jamais eu pour dessein d'évoquer ce qui s'était réellement passé ? Alors à quoi profite-t-il ? Il sert à affirmer que le corps de Jésus n'a pas été perdu, il atteste que le cadavre de Jésus a bien été enseveli. Quand bien même le tombeau serait un lieu imaginaire, quand bien même serait-il vide parce que personne ne sait où il est, quand bien même le tombeau ne serait qu'un mot tracé à l'encre, le sépulcre, comme dans tous les rites funéraires, assigne au mort une place. Il permet le deuil, il sépare les morts des vivants.

C'est ce travail, précisément, que les femmes viennent accomplir quand elles se rendent à la tombe de Jésus avec leurs parfums et leurs aromates. Paradoxalement, c'est parce que le deuil est possible que la résurrection n'apparaîtra pas comme une illusion des sens, le produit de l'imagination et du désespoir de ceux qui savent que leur maître est mort, sans savoir ce qu'il est devenu.

Car elles avaient peur

L'ange du tombeau vide donne aux femmes un ordre de mission. Il les envoie porter la bonne nouvelle aux disciples et les invite tous à partir en Galilée où Jésus ressuscité les attend. Et là, coup de théâtre. « Elles s'enfuirent du tombeau, parce qu'elles étaient toutes tremblantes et hors d'elles-mêmes. Et elles ne dirent rien à personne car elles avaient peur » (Mc 16,8). Chez Marc, le récit du tombeau vide ne conduit à aucun dénouement, seulement à l'échec. Les femmes ne sont pas gagnées par la foi, comme on pourrait s'y attendre, mais par la peur. Elles fuient comme les disciples ont fui avant elles.

La peur ne fait pas que conclure l'épisode, elle est le point d'orgue. C'est la même racine verbale qu'emploie le texte grec pour nommer l'effroi des femmes au tombeau et les autres peurs qui scandent l'évangile. Peur de la foule qu'éprouvent les grands prêtres et les scribes (Mc 12,12), peur de Jean le Baptiste qu'éprouve Hérode (Mc 6,20), peur conjointe de la foule et de Jean le Baptiste qu'éprouvent les grands prêtres et les scribes (Mc 11,32), peur d'une guérison de Jésus qu'éprouvent les disciples (Mc 5,15), peur d'interroger Jésus qu'éprouvent encore les disciples (Mc 9,32), peur de Jésus qu'éprouvent les grands prêtres et les scribes (Mc 11,8). Les femmes sont muettes, les destinataires de l'évangile sont aveugles. Mais qu'y a-t-il de si aveuglant, de si terrible ?

Dans la série des exorcismes pratiqués par Jésus en Galilée au début de son activité, Marc raconte le cas de Légion, un démoniaque gérasénien. Possédé d'un esprit impur qui le rend forcené, l'homme, précise étrangement le texte, « avait sa demeure dans les tombes » (Mc 5,3). En le guérissant, Jésus fait sortir le possédé de son tombeau. Mais la guérison qu'opère Jésus produit un effet déconcertant. Les habitants des environs, au lieu de célébrer le miracle, s'épouvantent. C'est à Jésus qu'ils demandent de partir, tandis que le démoniaque, en revanche, le supplie de rester auprès de lui. Jésus refuse mais l'envoie proclamer la bonne nouvelle : « Et tout le monde était dans l'étonnement » (Mc 5,20).

Au terme du récit de la Passion, comme le démoniaque de Gérasa, les femmes s'échappent de la tombe. Mais la peine dont elles devraient être guéries (puisque le mort n'est plus mort) devient frayeur. Et cette frayeur les possède, elles en deviennent « toutes tremblantes » et, littéralement, « hors elles-mêmes ». Qu'exprime cette peur si tenace que Matthieu préfère la transférer aux gardes postés devant le tombeau, qui tressaillent d'effroi et deviennent comme morts, et conclure que les femmes « tout émues et pleines de joie » courent avertir les disciples ? Tandis que Luc nomme la peur mais la fait disparaître au plus vite, Jean l'élude, préférant observer Marie-Madeleine en pleurs.

Chez Marc, de quoi les femmes pourraient-elles bien être effrayées à ce point ? De l'ange ? Mais les anges n'ont pas la réputation d'être terrifiants. Peur de s'être trompées d'endroit, de ne plus savoir où Jésus a été enseveli ? Peur de pénétrer dans le tombeau ? Peur de ce qui s'y trouve tout autant que de ce qui ne s'y trouve pas ? Peur de découvrir le viol de la sépulture ? Peur d'être accusées d'en être les auteurs ? Accusées d'avoir déplacé le corps de Jésus ? Peur de l'obscurité, de voir la pierre se refermer sur elles ? Peur de passer pour folles ? Cette peur des femmes demeure inexplicable. Le dialogue avec l'ange ne les apaise pas, la proclamation de Jésus ressuscité ne les réjouit pas. Pas plus que la promesse de sa réapparition en Galilée. Depuis la phrase inaugurale : « Ne soyez pas effrayées » jusqu'à la conclusion « car elles avaient peur », la peur borde entièrement le récit. Serait-ce que le vide est effrayant ? Effrayant pour les femmes, ou effrayant pour le premier évangéliste ?

L'épisode de la découverte du tombeau vide est le théâtre d'une révélation. Mais cette révélation qui devrait marquer un nouveau départ, une nouvelle origine, produit l'effet inverse. L'ange envoie les femmes annoncer la bonne nouvelle en lieu et place de Jésus, mais elles ne disent rien. Au lieu que le monde soit « dans l'étonnement », règne le silence, la stupeur.

La fausse fin de Marc

La surprise est de taille. Ce n'est pas la dernière.

Au sommet de la pyramide des peurs bâtie par l'évangéliste, c'est en effet sur ce silence, cette frayeur des femmes, qu'à l'origine s'achevait l'évangile selon Marc, au verset 8 du chapitre 16…

Le *Vaticanus* et le *Sinaïticus* qui sont les grands manuscrits de référence du Nouveau Testament en sont la preuve. Au IVe siècle, ils ne connaissent pas la suite du texte. Eusèbe de Césarée le signale de son côté, notant toutefois que quelques exemplaires se terminent différemment. Au Ve siècle, le texte se normalise enfin, mais c'est vers le début du IIe siècle que des rédacteurs ont dû, pour résorber la peur abrupte qui fermait l'évangile, écrire les versets 9 à 22, ajouter au récit la finale d'une cinquantaine de lignes telle que nous la lisons désormais. Figurent ainsi quelques apparitions du ressuscité à Marie-Madeleine et aux disciples, ainsi qu'une conclusion qui offre surtout une synthèse du message de l'évangile, un « récit de Pâques » très notoirement inspiré des trois autres récits évangéliques.

Une fin plus courte a également été en circulation, mais elle se présente seulement dans quelques rares manuscrits. « [Les femmes] racontèrent brièvement aux compagnons de Pierre ce qui leur avait été annoncé. Ensuite Jésus lui-même fit porter par eux, de l'orient jusqu'au couchant le message sacré et incorruptible du salut éternel » : cet épilogue lapidaire paraît tout aussi tardif que la finale actuelle de l'évangile qu'il résume à son tour.

La fin primitive de l'évangile aurait-elle disparu ? Certains se sont plu à imaginer une mutilation due à toutes sortes d'accidents, ou à la censure. Mais aucune preuve n'a été apportée pour appuyer l'une ou l'autre de ces thèses. De ce fait, contrairement aux trois autres évangiles, celui de Marc ne comportait aucun récit d'apparition du ressuscité. Cette absence, il est vrai remarquable, n'est pas nécessairement un argument décisif. Pour quelle raison ce type d'épisode aurait-il été impérativement constitutif du genre littéraire de l'évangile, d'autant plus qu'il n'existe sur le sujet aucun récit type dont Marc aurait pu être accusé d'avoir voulu s'écarter ? Telle quelle, cette fin n'était peut-être pas conçue comme le dernier mot mais comme une fin ouverte, comme une part intégrante d'un texte conçu pour être lu à voix haute, comme la dernière phase d'une lecture liturgique qui devait ouvrir au commentaire, à l'exégèse, au *midrash*, tout à la fois explication et développement d'un verset ou d'un épisode de la Bible hébraïque.

Reste tout de même que la façon avec laquelle l'évangile s'achève ne cesse d'être énigmatique. Aucune autre séquence de l'évangile ne se termine aussi sèchement : le texte se conclut non seulement par la panique des femmes, « car elles avaient peur », mais qui plus est, du fait de la syntaxe de la phrase grecque, par une conjonction de coordination, par le « car ». Pour autant la dernière phrase n'est pas avortée, le sens n'est pas suspendu – comme dans l'évangile de Pierre dont on ne possède qu'un seul fragment manifestement privé de son début et de sa fin.

Cette fin de l'évangile de Marc n'entretient-elle pas l'idée d'un au-delà du texte, l'espoir d'un texte manquant, corps perdu ou corps volé dont on se doute bien qu'il ne pourra jamais être retrouvé ? Mais peut-on supposer le contraire : plutôt que la disparition, la surcharge ? De même que la finale actuelle procède d'un ajout, de même les rédacteurs successifs ont-ils pu les uns après les autres additionner les fins, sans jamais rien supprimer.

On peut très bien imaginer qu'une forme antérieure du texte s'achevait beaucoup plus tôt. Il pouvait se terminer avant que ne commence le récit de la Passion sur l'exhortation de Jésus à l'intention de ses disciples présents et à venir : « Ce que je vous dis à vous, je le dis à tous : veillez ! » (Mc 13,37). Il pouvait aussi coïncider avec la proclamation du centurion devant la croix, la dernière phrase du récit de la Passion : « Vraiment cet homme était Fils de Dieu » (Mc 15,39).

De façon moins radicale, l'évangile aurait pu s'achever sur le discours de l'ange qui est également une proclamation : « Jésus le Nazarénien est ressuscité, il n'est pas ici. Voici le lieu où on l'avait mis. Mais allez dire à ses disciples et à Pierre qu'il vous précède en Galilée : c'est là que vous le verrez comme il vous l'a dit » (Mc 16,6-7). C'est alors, avec le verset 8, la fuite des femmes qui aurait été ajoutée. Mais pourquoi ?

Le jeune homme nu

Au moment de l'arrestation de Jésus, à Gethsémani, un jeune homme « n'ayant pour tout vêtement qu'un drap » faillit être arrêté, mais « lui, lâchant le drap, s'enfuit tout nu » (Mc 14,51-52). Le plus troublant n'est pas dans l'arbitraire de l'anecdote qu'aucun des autres évangélistes ne reprend, c'est qu'elle se joue, chez Marc, sur le terrain de la langue. Le drap est en grec un *sindôn*, comme le suaire de Jésus enseveli. La même expression identifie ce jeune homme et celui qui apparaîtra dans la tombe, sa fuite est lexicalement identique à celle des femmes. Il est sur le point d'être arrêté, et le verbe qui signifie son arrestation et celle de Jésus est identique. Ces coïncidences sont frappantes, sans qu'il soit jamais possible d'identifier le jeune homme nu qui s'enfuit avec tel ou tel des autres protagonistes de l'action. Il n'est pas arrêté comme Jésus, il s'échappe. Mais ce n'est pas la peur qui l'anime comme les disciples ou comme les femmes. Il ne fuit pas, il s'escamote.

Une fois de plus, nous sommes fugitivement confrontés à ce qui semble aujourd'hui une sorte de rébus. Ce personnage énigmatique n'appartient manifestement pas au même espace que les acteurs de l'épisode. On peut y lire l'un des avatars, ici microscopique, du grand thème qui parcourt les Évangiles : la division entre le Jésus qui a vécu – celui qui est arrêté et qui va devenir cadavre – et le Christ ressuscité – celui qui d'entre les morts (d'où le suaire) va être le premier-né (d'où la nudité du jeune homme). Ces gestes, ces traces, cette évanescence qui emporte la scène sont l'ombre portée de Jésus sous l'effet de la littérature, l'évidence de sa métamorphose, de son dédoublement. Les assaillants ne parviennent à se saisir que d'une chose dérisoire à défaut de l'essentiel. Il ne leur reste dans les mains qu'un lambeau de tissu, un drap ou un linceul, une peau morte. Voire une feuille d'évangile encore vierge, puisque, à la manière des peintres qui se représenteront plus tard dans un angle de leur toile, on a voulu reconnaître à travers le jeune homme nu un autoportrait de l'évangéliste lui-même.

Inconséquences

Après la mort de Jésus, le récit de Marc est traversé d'étranges courants qui, sans cesse, viennent affoler le texte. D'abord la sensation d'une fuite générale, d'une débandade : le jeune homme nu, les disciples, les femmes à l'annonce de la résurrection, tous fuient. Ensuite, la sensation d'une profonde ignorance, d'une ignorance angoissante : nul ne semble savoir ce qu'il est advenu du corps de Jésus, nul ne semble s'attendre à sa résurrection… Tous sont sans espoir, sans imagination, sans projet, sans forces. Irraisonnée, inexplicable, la peur est un mur où chacun se heurte, où chacun se blesse sans parvenir à trouver d'autre issue que la fuite.

Une peur si fortement exprimée par Marc qu'elle se propagera chez les autres évangélistes malgré les contre-feux qu'ils allument, malgré leurs efforts pour la transcender, pour l'étouffer. La fuite, l'ignorance, la peur panique structurent l'évangile avec une stupéfiante inconséquence.

N'aurait-il pas été plus conséquent, sur le plan strictement dramatique, que les disciples fassent corps avec leur maître lors de son arrestation ? Or ils s'enfuient. Qu'ils réclament de monter au supplice avec lui et qu'ils l'accompagnent dans la mort comme Jésus le leur avait annoncé : « Vous tous, vous allez succomber à cause de moi, cette nuit même » (Mt 26,31) ? Or ce sont deux larrons anonymes et plutôt hostiles auxquels le rôle échoit. N'aurait-il pas été plus conséquent – s'ils avaient réussi à échapper à l'arrestation et au supplice – que ce soit les disciples ou la famille qui veillent à l'inhumation de Jésus ? Qu'ils prodiguent à son cadavre les préparatifs, le cosmétique qu'exige sa résurrection prochaine ? Or c'est l'éphémère Joseph d'Arimathie qui accomplit ces gestes sans paraître soupçonner un instant que Jésus puisse se relever d'entre les morts. Ne serait-il pas plus conséquent que les femmes se réjouissent de l'annonce de la résurrection ? Qu'elles courent aussitôt la proclamer aux disciples ? Que les disciples et ceux qui croient se précipitent en Galilée où le ressuscité les attend ? Or les femmes effrayées s'enfuient et se taisent.

Cette extraordinaire inconséquence du texte plaiderait-elle, paradoxalement, en faveur de sa sincérité ? L'évangile décrirait-il, malgré lui, les faits tels qu'ils se sont déroulés, les tourments, les tensions, les frayeurs de la première communauté ? Mais, au moment de la rédaction des Évangiles, ce traumatisme devait être dépassé. Alors pourquoi subsiste-t-il ?

Rien à personne

Le tombeau vide creuse un trou béant au terme de l'évangile. Qu'après la nouvelle du sort de leur maître, les femmes désertent la scène, on veut bien le comprendre. Mais la question n'est pas de nature psychologique. Comment expliquer que l'évangile selon Marc ait pu, même dans un stade archaïque, s'achever sur ces mots lourds comme des pierres : « Et elles ne dirent rien à personne car elles avaient peur. »

Terminer ainsi, c'est terminer sur un constat de faillite. C'est affirmer que la chaîne de la transmission a été rompue. A quels mobiles peuvent obéir les rédacteurs d'un tel aveu ? Quelle nécessité les conduit à fixer par écrit cette peur, au point d'en faire le dénouement du récit ?

La situation n'a pas que des inconvénients. Les avantages, à y regarder de près, sont multiples. Bien que d'ordre différent, ils impliquent tous la question du processus de transmission de l'évangile.

C'est nous prendre à témoin, nous, destinataires de l'évangile, d'un procès qui oppose l'évangéliste à tous les héritiers naturels de Jésus – les femmes (terrifiées), les disciples (lâches), la famille (absente) –, c'est disqualifier ceux qui se targuent d'avoir connu Jésus pour imposer leur interprétation, leur autorité.

C'est prendre les devants et déjouer l'accusation de crédulité : la croyance en la résurrection ne saurait être assimilée à des racontars de femmes exaltées puisqu'elles ne sont pour rien dans la divulgation de la nouvelle.

C'est sans conteste expliquer l'insuccès de l'évangile par le retard pris initialement pour l'annoncer, et donc justifier le caractère minoritaire du mouvement de Jésus.

C'est peut-être suggérer que la preuve du « tombeau vide » a mis du temps à apparaître parmi l'argumentaire de la résurrection.

C'est justifier que ce tombeau soit à jamais resté inconnu. C'est même en faire un lieu à rayer de la carte, un lieu de mort, un lieu tabou… (« Où que soit le cadavre, dira l'évangile de Matthieu repris par Luc, là se rassembleront les vautours » [Mt 24,28]).

Transgression

La peur et le silence de la première fin de l'évangile de Marc sont, à l'évidence, fortement constitutifs d'un interdit. Sur le plan théologique, cet interdit porte sur l'intervention divine : l'acte de Dieu est incompréhensible, sauf par révélation, et la révélation va de pair avec le silence de ceux qui en bénéficient.

De même que les premiers « chrétiens » seront obligés à la clandestinité, Marc fait de nous des initiés. Le caractère initiatique du récit sera même poussé à l'extrême. Avec l'évangile secret de Marc, un texte apocryphe datant vraisemblablement du IIe siècle en circulation dans certains milieux de l'Église d'Alexandrie, il entrera dans la logique de la gnose : c'est un jeune homme que Jésus ressuscite (comme Lazare selon Jean) et qui, après l'avoir supplié de rester avec lui, le suit « le corps nu enveloppé d'un drap » (comme le jeune homme de l'évangile selon Marc) et, en une nuit, se fait initier au « mystère du Royaume de Dieu ».

Pourtant nous n'ignorons pas, nous, lecteurs, ce que les disciples n'ont pas appris, et nous savons ce que les femmes n'ont pas voulu dire. C'est ce privilège exorbitant que le texte accorde finalement à ses destinataires, et à eux seuls. Au lecteur ou à l'auditeur de croire et de transmettre ce que les personnages du récit n'ont voulu ni voir ni entendre. A la fin, les femmes se taisent, mais entre-temps l'évangile a été annoncé, bouclant la boucle inaugurée par la première ligne, le premier verset du texte : « Commencement de l'évangile de Jésus-Christ, le Fils de Dieu » (Mc,1,1).

En s'achevant sur un ultime paradoxe, le récit transgresse la peur et le silence qu'il a lui-même disposés au terme de son récit. C'est un retournement. Comme Jésus est censé briser la mort, l'évangéliste veut marquer qu'il brise un interdit.

A travers l'évangile de Marc, c'est une prise de pouvoir qui se joue sous nos yeux. Le silence des femmes est un acte de naissance. Grâce à lui, l'écrit vient se substituer à la parole. L'évangile écrit prend le pas sur l'évangile oral, le corps et la voix de ceux qui devaient porter la bonne nouvelle s'effacent pour laisser place à l'écriture, à la puissance du texte. Le porteur de l'évangile accomplit les paroles d'Isaïe placées en exergue du livre de Marc : « Voici que j'envoie mon messager en avant de toi pour préparer ta route. Voix de celui qui crie dans le désert : "Préparez le chemin du Seigneur, rendez droits ses sentiers" » (Mc 1,2-3). Au début du texte, c'est Jean le Baptiste qui arrive ; à la fin, c'est le jeune homme vêtu de blanc qui vient : l'évangile est, comme l'ange, le messager de la bonne nouvelle.

L'ange, l'évangile… Le terme qui repose sur la même racine est typiquement présent chez Marc : chaque fois il l'associe étroitement au danger qu'il fait courir comme à la nécessité de sa proclamation, de sa propagation. « Soyez sur vos gardes. On vous livrera aux sanhédrins, vous serez battus de verges dans les synagogues et vous comparaîtrez devant des gouverneurs et des rois, à cause de moi, pour rendre témoignage en face d'eux. Il faut d'abord que l'évangile soit proclamé à toutes les nations » (Mc 13,9-13), tel est le dernier discours que Marc fait tenir à Jésus avant le commencement du récit de la Passion. Cette révolution ne va pas de soi. Avec Marc, l'évangile est une transgression, et une transgression violente. C'est dire qu'en accomplissant ce geste le scribe signifie avant toutes choses que lui résiste à la peur, qu'il la domine.

La peur du rédacteur

Le vide, l'obscurité du tombeau, la proximité de la mort effarouchent les femmes comme ils ont de quoi effrayer l'évangéliste, prêt à fuir devant la tâche qui lui incombe : dire ce que les femmes ont tu, dire ce que lui seul sait. Ne pas garder le silence quels que soient les risques encourus. Et, peut-être, le premier rédacteur des Évangiles jouait-il sa vie en confessant son maître à l'égal de Moïse, risquait-il son âme en voyant en Jésus le messie, bientôt le fils même de Dieu ?

Mais peut-être a-t-il été saisi d'une peur d'une autre nature, d'une peur qu'il est difficile de concevoir aujourd'hui : la peur d'écrire.

Pour un juif du Ier siècle en Palestine ou dans la diaspora de l'Empire romain, il n'existe qu'un seul Livre de référence : la Torah, les cinq premiers livres de la Bible hébraïque ou de sa traduction grecque, la Septante. La Torah orale qui interprète, commente, donne sens à la Torah écrite, ne sera fixée par écrit qu'à la fin du IIe siècle, car la Mishna, qui en constitue un élément fondamental, n'a commencé à être rédigée qu'après la destruction du Temple de Jérusalem, après 70.

Même si la tradition juive fait appel à d'autres textes bibliques (les Prophètes notamment), même si elle n'interdit pas toute mise par écrit des interprétations (comme en témoignent les manuscrits de Qumrân), l'écriture apparaît comme théologiquement dangereuse, elle arrête le mouvement, elle préfère la certitude au questionnement. Comme le rapportera le Talmud de Jérusalem, on ne doit pas poser de pierre tombale sur la tombe des justes, parce que leurs paroles forment elles-mêmes un mémorial. L'évangile que Paul annonce sans cesse est un évangile oral. C'est la parole de Dieu qu'il veut transmettre, une parole qu'il veut faire entendre.

Il est impensable que le projet délibéré du rédacteur de l'évangile selon Marc ait pu être d'entrer en rivalité avec la Torah. Il est même impensable que la forme écrite ait pu être conçue à l'origine comme une fin en soi, c'est-à-dire indépendamment de sa fonction d'usage, indépendamment de son association avec la parole, avec le rôle liturgique ou exégétique de la parole si consubstantielle au judaïsme. Mais l'évangile une fois écrit, une fois mis en circulation, une fois dissociable de ses interprètes et de ses messagers attitrés, c'est le pouvoir de la tradition orale qui allait être menacé en même temps que ses dépositaires, c'est l'écrit qui allait ruiner la suprématie de la Parole. Une nouvelle forme littéraire apparaissait, mais aussi un nouveau langage, un nouveau mode de communication dont les conséquences seront incalculables.

Peur d'écrire, donc, mais aussi peur de faire de l'histoire, peur de voir en Jésus le crucifié un personnage du passé, un personnage historique comme tellement d'autres avant et après lui, peur de vénérer un mort, peur de ne pas reconnaître en lui le ressuscité, « Jésus le Vivant », dira Luc, le Christ Jésus, toujours éternellement présent.

De par son projet lui-même, l'évangile de Marc est probablement le premier à se retrouver au cœur d'une si vive contradiction. « Jésus n'est pas ici », annonce l'ange dans la tombe. C'est qu'il est déjà ailleurs. Il est passé dans le livre, dans les feuilles de papyrus… Marc puis les autres évangélistes érigent un monument de lettres. Mot après mot, verset après verset, épisode après épisode, ils comblent le trou obscur de la mémoire. Ils construisent, au sens littéraire du terme, un tombeau. L'évangile, pourtant, est comme le tombeau vide : Jésus n'y est plus, mais un autre.

4

Ressuscité

Jésus a été enseveli. Malgré la pierre qui ferme le caveau une rumeur court parmi ses disciples : il est vivant, il est ressuscité. Comment un tel prodige serait-il possible ? Nul ne le sait. Nul n'a vu Jésus revenir de la mort à la vie. Le rabbin Tryphon peut défier Justin : « Il reste à prouver que celui-là ait consenti à naître homme d'une vierge, démontre-le, et qu'il a été crucifié et qu'il est mort ; et prouve aussi qu'après tout cela il est ressuscité et monté au ciel. »

Loin de s'achever, l'histoire commence.

Une croix le suivait

A l'imitation de l'évangile de Matthieu, l'évangile de Pierre a pris la précaution de placer des gardes en faction devant la tombe de Jésus. Soudain, ils entendent une voix et aperçoivent deux hommes arriver du ciel : « Or, dans la nuit où commençait le dimanche, tandis que les soldats montaient à touı de rôle la garde par équipe de deux, il y eut un grand bruit dans le ciel. Et ils virent les cieux s'ouvrir et deux hommes, brillant d'un éclat intense, en descendre et s'approcher du tombeau. La pierre, celle qui avait été poussée contre la porte, roula d'elle-même et se retira de côté. Et le tombeau s'ouvrit et les deux jeunes gens entrèrent. Alors, à cette vue, les soldats réveillèrent le centurion et les anciens, car eux aussi étaient là à monter la garde. Et tandis qu'ils racontaient ce qu'ils avaient vu, à nouveau ils virent : du tombeau sortirent trois hommes, et les deux soutenaient l'autre, et une croix les suivait. Et la tête des deux atteignait jusqu'au ciel, alors que celle de celui qu'ils conduisaient par la main dépassait les cieux. Et ils entendirent une voix venue des cieux qui dit : "As-tu prêché à ceux qui dorment ?" Et on entendit une réponse venant de la croix : "Oui." Alors ils se mirent à débattre entre eux s'il fallait s'en aller et exposer les faits à Pilate. Et tandis qu'ils réfléchissaient encore, on vit les cieux s'ouvrir à nouveau, et un homme descendre et entrer dans le tombeau. Après avoir vu cela, le centurion et son entourage se rendirent en hâte chez Pilate pendant la nuit, abandonnant le tombeau qu'ils gardaient; et ils racontèrent tout ce qu'ils avaient vu en proie à une grande inquiétude et disant : "Vraiment, il était le Fils de Dieu." »

Le mystère du tombeau vide

La littérature apocryphe, seule, va se risquer à dissiper le mystère du tombeau vide. Nulle part en effet – et c'est l'un des faits les plus inattendus du Nouveau Testament – la résurrection de Jésus n'est décrite. Aucun des quatre récits canoniques ne s'y aventure jamais, à aucun moment.

Mais pourquoi? Pourquoi les évangélistes laissent-ils vacante cette partie du récit? Pourquoi s'interdisent-ils de décrire le moment magique où Jésus mort retrouve la vie? Par scrupule, puisqu'ils n'ont aucun témoin à qui se référer? Mais d'ordinaire les évangélistes sont moins embarrassés dès qu'ils ont à répondre aux nécessités de la propagande ou de la polémique. Parce que la figuration de la résurrection porte en elle des germes d'hérésie? Ne risquerait-elle pas d'assimiler Jésus à un esprit, à un être désincarné, à un dieu qui ne serait pas vraiment homme? Parce qu'un interdit frapperait la représentation d'un tel phénomène ? Parce que la manifestation de la gloire divine est au-delà de tout langage ? Mais la Bible regorge de visions et de spectacles divins tout aussi surnaturels...

Le fait est que ce trou du récit demeure aussi incompréhensible qu'inexplicable. N'osant passer outre le silence absolu qu'ils s'imposent, les évangélistes tentent pourtant de contourner leur propre interdit.

Si Marc et Luc demeurent cois lors du récit de la Passion, Matthieu ruse, projetant une vision de la Fin des Temps, comme une hallucination du Crucifié lui-même à l'instant de sa mort : « Le voile du sanctuaire se déchira en deux, de haut en bas ; la terre trembla, les rochers se fendirent, les tombeaux s'ouvrirent et de nombreux corps de saints trépassés ressuscitèrent » (Mt 27,51-54). Les ressuscités entrent alors à Jérusalem et se montrent à tous, mais personne ne les remarque et seul un centurion s'en émeut. La secousse tellurique n'a servi qu'à faciliter leur sortie. Les saints s'évanouissent aussi promptement qu'ils étaient apparus. Le récit tourne court.

Pourtant, Matthieu aurait pu, pour le prolonger, s'inspirer du splendide passage d'Ézéchiel où le prophète, abandonné, se retrouve au milieu d'une vallée couverte d'ossements. Il la parcourt en tous sens, sous le regard de Yahvé qui l'interpelle : « "Fils d'homme, ces ossements vivront-ils ?" Je dis : "Seigneur Yahvé, c'est toi qui le sais." Il me dit : "Prophétise sur ces ossements. Tu leur diras : Ossements desséchés, écoutez la parole de Yahvé. Ainsi parle le Seigneur Yahvé à ces ossements. Voici que je vais faire entrer en vous l'esprit et vous vivrez. Je mettrai sur vous des nerfs, je ferai pousser sur vous de la chair, je tendrai sur vous de la peau, je vous donnerai un esprit et vous vivrez, et vous saurez que je suis Yahvé" » (Ez 37,3-6). Les os se ramifient en squelette, le squelette se métamorphose en écorché, l'écorché s'habille de chair et de peau, la poussière est fécondée par l'esprit, et le mort, enfin, remonte à la vie.

« Lazare, viens dehors ! »

S'il ne décrit jamais celle de Jésus, le Nouveau Testament présente plusieurs cas de « résurrection ». A un degré moindre, c'est le sort du fils de la veuve de Naïn que raconte l'évangile selon Luc (Lc 7,11-17) : Jésus rencontre le cortège qui conduit un jeune homme au tombeau, il console la mère du défunt, touche le cercueil et ramène le mort à la vie. Le cas de la fille de Jaïre est un peu plus délicat dans la mesure où, chez Marc et chez Luc (Lc 8,49-56), l'enfant se meurt, alors qu'elle a déjà succombé chez Matthieu. Dans les Actes des Apôtres, les deux héros, Pierre et Paul, sont chacun gratifiés d'une « résurrection ». A Joppé, Pierre guérit une femme qui appartient au groupe des premiers chrétiens. Sa toilette mortuaire a déjà eu lieu, mais l'apôtre, par la force de ses prières, la fait revivre. « Tout Joppé sut la chose, et beaucoup crurent au Seigneur » (Ac 9,42). Quant à Paul, symétriquement, il « ressuscite » un jeune homme à Troas. L'adolescent, gagné par le sommeil en écoutant la parole de Dieu, était tombé du haut d'une fenêtre. Donné pour mort, « on le ramena vivant, et ce ne fut pas une petite consolation » (Ac 20,12).

Pour affronter l'obstacle, l'évangile selon Jean procède d'une manière plus grandiose. Peu avant le récit de la Passion, il compose l'épisode fameux de la résurrection de Lazare : « Alors Jésus, frémissant à nouveau en lui-même, se rend au tombeau. C'était une grotte avec une pierre placée par-dessus. Jésus dit : "Enlevez la pierre !" Marthe, la sœur du mort, lui dit : "Seigneur, il sent déjà : c'est le quatrième jour." Jésus lui dit : "Ne t'ai-je pas dit que si tu crois, tu verras la gloire de Dieu ?" On enleva donc la pierre. Jésus leva les yeux [...]. Il s'écria d'une voix forte : "Lazare, viens dehors !" Le mort sortit, les pieds et les mains liés de bandelettes, et son visage était enveloppé d'un suaire. Jésus leur dit : "Déliez-le et laissez-le aller" » (Jn 11,38-45).

L'Église – et, derrière elle la plupart des exégètes – a toujours contesté que Lazare soit à proprement parler « ressuscité », réservant à Jésus pour des raisons théologiques évidentes l'exclusivité du terme « résurrection ». Les commentateurs prennent d'ailleurs toujours soin d'établir une gradation entre la « résurrection », le « retour à la vie », la « réanimation ». Gradation que l'on peut lire aussi comme sur une échelle mesurant les degrés de la foi… De fait, même si Lazare sort du tombeau après y avoir séjourné quatre jours, il n'accède pas pour autant à la vie éternelle que seule confère la véritable résurrection. Le destin de Lazare est de mourir à nouveau, lui qui a déjà connu la mort.

Roman d'anticipation

Miracle ou guérison extraordinaire, si ce retour de Lazare à la vie avait le moindre fondement historique, on aurait peine à admettre que les évangiles synoptiques n'en sachent rien. Or ils n'en font jamais état, pas même au stade de leur rédaction finale, lorsqu'ils pourraient connaître l'épisode propre à Jean.

Pure création du quatrième évangéliste, la résurrection de Lazare est un véritable récit d'anticipation. L'épisode préfigure la visite que les femmes feront au tombeau de Jésus. Le mouvement est le même (la visite à la tombe), la question est la même (« où ils l'ont mis ? »), les réactions sont les mêmes (les pleurs, la frayeur), le décor est le même (la grotte, la pierre), les accessoires sont les mêmes – et sont spécifiques au récit de Jean (les bandelettes pour nouer le corps, le suaire pour couvrir le visage).

La figure de Lazare (de l'hébreu *èl'âzâr*, « Dieu aide ») n'est qu'en apparence le centre des scènes dont il est l'objet. En réalité, ce n'est qu'une silhouette (bien moins charnelle que ses deux sœurs, Marie et Marthe). Plutôt qu'un cobaye, Lazare est un faire-valoir, un complice qui prouve la puissance divine du thaumaturge. Comme un objet de démonstration, l'évangéliste donne Lazare en spectacle. Il le fait sortir du tombeau et revenir à la vie devant témoins. C'est un baron qui attire le chaland : « La grande foule des juifs apprit qu'il était là, et ils vinrent pas seulement à cause de Jésus, mais aussi pour voir Lazare qu'il avait réveillé d'entre les morts » (Jn 12,9). Lazare est un prototype. Il comble le blanc du récit. Il permet de préfigurer la résurrection de Jésus : si l'un meurt, l'autre doit disparaître ; si l'un ressuscite, l'autre doit le suivre, et si les grands prêtres décident de tuer Jésus, ils doivent décider de « tuer aussi Lazare » (Jn 12,10). Il donne l'illusion d'avoir vu l'invisible. « Heureux ceux qui n'ont pas vu et qui ont cru », dira Jésus (Jn 20,29). Mais c'est un piège optique. Grâce à Lazare, les croyants peuvent regarder la lumière aveuglante, la lumière qui empêche de voir. Avec Lazare, l'évangéliste projette, dans le corps du récit, l'image subliminale de la résurrection de Jésus.

Une idée juive

Implicitement, l'épisode de Lazare veut accréditer l'idée que la résurrection est un acte physique, un événement empirique. Mais en dépit des apparences, c'est avant tout d'un acte philosophique et conceptuel qu'il s'agit.

Du temps de Jésus, l'idée de résurrection est loin d'être partagée par l'ensemble des groupes religieux. La conception que s'en forment les sectaires de Qumrân, par exemple, est loin d'être homogène et n'a rien de commun avec celle des pharisiens. Quant aux pharisiens, il existe entre eux et les sadducéens une profonde fracture qu'éclaire bien, dans les Actes des Apôtres, le récit de la comparution de Paul à Jérusalem : « Paul savait qu'il y avait là d'un côté le parti des sadducéens, de l'autre celui des pharisiens. Il s'écria donc dans le Sanhédrin : "Frères, je suis, moi, pharisien, fils de pharisiens. C'est pour notre espérance, la résurrection des morts, que je suis mis en jugement." A peine eut-il dit cela qu'un conflit se produisit entre pharisiens et sadducéens, et l'assemblée se divisa. Les sadducéens disent en effet qu'il n'y a ni résurrection ni ange ni esprit, tandis que les pharisiens professent l'un et l'autre. Il se produisit donc une grande clameur » (Ac 23,6-8).

Flavius Josèphe confirme l'opposition résolue des sadducéens. « Ils excluent, note l'historien, la persistance de l'âme ainsi que les châtiments et les récompenses dans l'Hadès. » Puis il précise : « La doctrine des sadducéens fait mourir les âmes en même temps que les corps. » Les sadducéens ne sont pas moins croyants que les autres juifs, pas moins religieux, mais, pour eux, si Dieu doit juger les hommes, c'est de leur vivant qu'il les juge. S'il les juge en bien, honneurs, privilèges, propriétés seront la rétribution de leur foi ; s'il les juge en mal ils connaîtront la ruine, le déshonneur, l'abandon, signes manifestes d'une punition divine. En cela les sadducéens sont fidèles à la tradition juive la plus antique : « C'est moi qui fais mourir et qui fais vivre, qui blesse et qui guéris », est-il écrit dans le Deutéronome. Les sadducéens ne professent pas simplement un défaut d'espérance ou une incroyance. Leur opinion s'appuie sur leur exégèse de la Torah : ils n'y lisent nulle part la possibilité de la résurrection. Le Targum Neofiti sur la Genèse assimilera ainsi la position des sadducéens à celle de Caïn : « Caïn dit à Abel : "Il n'y a ni jugement, ni juge, ni un autre monde." »

Traditionnellement, les juifs pensaient que les défunts rejoignaient le royaume des morts, le Shéol, et qu'ils y demeuraient ensuite comme des ombres. Job profère ce chant funèbre : « Souviens-toi que la vie n'est qu'un souffle, que mes yeux ne reverront plus le bonheur ! Désormais je serai invisible à tout regard, tes yeux seront sur moi et j'aurai disparu. Comme la nuée se dissipe et passe, qui descend au Shéol n'en remonte pas » (Jb 7,6-9). Adam, qui porte le nom générique de « l'homme » en hébreu (*ha'adam*), est né de la terre (*minha'adama*) : son destin est donc de retourner à la terre d'où Yahvé l'a tiré. La mort est la fin de toutes choses, l'anéantissement, la séparation non seulement avec les hommes mais avec Dieu. Ainsi les Psaumes font-ils entendre les lamentations du peuple élu : « Est-ce que les ombres se redressent jamais pour te louer ? » (Ps 88), ou ailleurs : « Les morts ne louent point Yahvé ni aucun de ceux qui descendent dans ce lieu de silence » (Ps 115). Ne demeurait, en fait, sous des formes confuses, que l'espoir de voir, au dernier jour, tous les morts se relever pour le Jugement.

La crise maccabéenne

La fiction de la résurrection de Lazare expérimente une exceptionnelle révolution théologique. Révolution, mais non pas découverte : quoi qu'on en pense, le christianisme n'est pas l'inventeur du concept de résurrection. Le judaïsme l'avait déjà forgé depuis le IIe siècle avant notre ère. Il y a d'ailleurs de quoi s'étonner qu'un peuple, censé avoir connu l'exil en Égypte, n'ait pas plus tôt imaginé la question du retour à la vie après la mort au contact de cette civilisation tellement inquiète et sourcilleuse de l'au-delà.

L'émergence de la notion de résurrection est très précisément liée, dans l'histoire du judaïsme, à la politique du roi Antiochus Épiphane (env. – 215 à – 164), alors qu'Israël est, depuis trente ans, sous la coupe des Séleucides, les rois de Syrie et d'Égypte. « Faisons alliance avec les nations, est-il rapporté dans le récit du premier livre des Maccabées, car, depuis que nous sommes séparés d'elles, bien des malheurs nous ont atteints » (1 Mac 1,11). Soutenu par une partie de l'aristocratie sacerdotale, Antiochus IV est convaincu que seule une ouverture au monde sur le modèle grec permettra à la Palestine de connaître paix et prospérité. La réforme engagée va être aussi profonde que violente. Pour faire sortir la Judée de son autarcie et le judaïsme de son obscurantisme, elle vise à éradiquer tout ce qui fait obstacle au devenir du pays : les interdits alimentaires qui s'opposent aux usages de convivialité et de la commensalité, le rite de la circoncision qui est une pratique « barbare » à laquelle même les Phéniciens ont renoncé, le repos sabbatique qui entrave l'activité des personnes et la libre circulation des biens… Du point de vue d'Antiochus Épiphane, c'est la « modernité » qu'il s'agit de faire prévaloir contre les archaïsmes de la tradition.

Ce point de vue n'est évidemment pas celui des juifs observants, lecteurs sourcilleux de chaque lettre des commandements de Moïse. Ils vont s'opposer au travail de sape de cette entreprise d'acculturation avec la dernière énergie : c'est « la crise maccabéenne » (– 167 à – 142).

Le meilleur témoignage en est apporté par le deuxième livre des Maccabées. Il y est rapporté qu'Antiochus Épiphane dépêcha un émissaire athénien au cœur de Jérusalem pour contraindre les juifs à abandonner les lois de leurs pères et à adorer Yahvé sous le nom de Zeus olympien. L'auteur, un certain Jason de Cyrène, exploite avec horreur les conséquences de cette entreprise d'hellénisation forcée : « Le Temple fut rempli de souillures et d'orgies par les païens qui s'amusaient avec des prostituées et avaient commerce avec des femmes dans les parvis sacrés, et qui encore y apportaient des choses défendues. L'autel était couvert de victimes illicites, réprouvées par les lois. Il n'était même pas permis de célébrer le sabbat, ni de garder les fêtes de nos frères, ni simplement de confesser que l'on était juif » (2 M 6,4-6).

Contre ceux qui protestent, qui résistent ou qui se révoltent, la persécution se déchaîne : « Deux femmes qui avaient circoncis leur enfant furent amenées : on suspendit leurs nourrissons à leurs mamelles, on les promena publiquement à travers la ville et on les précipita des remparts. » D'autres victimes périrent après avoir été brûlées vives pour avoir célébré le sabbat ou sont rouées à mort pour avoir refusé de manger du porc. Quant au martyre « des sept frères et de leur mère », c'est une boucherie féroce où les malheureux, un par un, sont écorchés vifs, mutilés, démembrés, endurant leur supplice avec un courage exemplaire plutôt que de renier la Torah et ses prescriptions. Face à la mort, le deuxième frère prédit alors à son bourreau :

« Scélérat, tu me fais mourir, mais le roi de l'Univers nous ressuscitera, nous qui mourons pour ses lois. » Le dernier des sept, appelant la vengeance de Dieu sur Antiochus Épiphane, trouve la force de louer ses frères martyrisés : ils ont supporté une douleur passagère, proclame-t-il, « en vue d'une vie intarissable » (2 M 7,36).

Les visions de Daniel

Un texte biblique contemporain des Maccabées, le livre de Daniel écrit vers – 165, vise en termes voilés le même Antiochus Épiphane. Dans une série de visions, le prophète annonce l'atrocité des persécutions auxquelles sont promis les justes avant qu'Israël ne soit restauré. Simultanément Daniel précise le concept de résurrection, au point d'en apparaître proprement comme le théoricien.

Au début du chapitre 12, il en définit ainsi les préalables. « En ce temps, prophétise-t-il, se lèvera Michel, le grand Prince qui se tient auprès des fils de ton peuple ». L'acte premier serait donc l'apparition d'un personnage céleste qui se rangera aux côtés d'Israël en péril. Ultérieurement son rôle sera interprété comme celui du Messie. Daniel poursuit : « Ce sera un temps d'angoisse tel qu'il n'y en aura pas eu jusqu'alors depuis que la nation existe ». Dans la suite de l'histoire, ce temps deviendra celui de toutes les persécutions. Le concept pourrait être formalisé par le triangle : persécutions - Messie (être céleste) - Fin des Temps. Ces trois points sont indispensables et doivent nécessairement être mis en phase pour que la résurrection se produise.

Quand les Actes des Apôtres font le récit de la conversion de Paul sur le chemin de Damas, l'apôtre qui « ne respirait que menaces et carnages à l'égard des disciples du Seigneur » est enveloppé par une lumière venant du ciel. « Je suis Jésus, que tu persécutes », lui précise la voix divine (Ac 9,3-5). Ce contexte de persécutions encadre pareillement la mise à mort de Jean le Baptiste par Hérode Antipas. Quand Jésus lui succède, « Hérode, en ayant entendu parler, disait : “C’est Jean que j’ai fait décapiter qui est ressuscité !” » (Mc 6,16), « Certains disaient : “C’est Jean qui est ressuscité d’entre les morts” » (Lc 9,7). Dans l’évangile selon Jean, l’enfermement des disciples « par crainte des juifs » (Jn 20,19) est associé au fait que Jésus se montre aux siens, ressuscité.

L’arme de la résurrection

La conviction que Dieu réclame des martyrs pour sa cause entraîne avec elle la certitude que les justes qui mourront dans le combat seront récompensés pour leur héroïsme et leur abnégation. La résurrection n’a de sens que pour galvaniser les combattants qui n’ont que leur vie à offrir. Ceux qui doivent partir au combat sans glaive ni lance sont armés de l’unique conviction que Dieu ne peut les abandonner à la mort. Sur la route de son exécution, vers 110, Igace d’Antioche écrit : « Je suis le blé de Dieu, et je dois être broyé par les mâchoires des fauves pour devenir le pain du Christ. » Et, quand Jésus annonce à ses disciples, dans l’évangile selon Matthieu, qu’ils seront persécutés à cause de lui, c’est un bouclier qu’il leur remet, un talisman : « Ne craignez rien de ceux qui tuent le corps, mais ne peuvent tuer l’âme ; craignez plutôt Celui qui peut perdre dans la géhenne à la fois l’âme et le corps » (Mt 10,28).

Si l’on rapproche les récits du Nouveau Testament des textes de Daniel ou des Maccabées, il est frappant de constater à quel point la guerre et le martyre sont clairement perçus comme les signes avant-coureurs de la résurrection, presque comme les conditions préalables à son accomplissement. Le rédacteur de l’évangile de Marc n’hésite pas à faire dire à Jésus : « Lorsque vous entendrez parler de guerres et de rumeurs de guerres ne vous alarmez pas : il faut que cela arrive » (Mc 13,7). La Fin des Temps adviendra à l’issue d’une grande bataille. Il y aura de nombreux morts qui iront rejoindre ceux qui les ont précédés au Shéol. Mais ces morts sont nécessaires car c'est par eux que la mort sera vaincue. « En ce temps-là, prophétise Daniel, ton peuple échappera : tous ceux qui se trouveront inscrits dans le Livre. » « Ce temps-là » n'est visiblement pas le même que le « temps d'angoisse ». C'est, après le « temps d'angoisse », le temps de la grande bataille qui doit s'achever par la victoire de Yahvé et l'établissement du Royaume de Dieu sur la terre, donc la résurrection générale des saints et des justes.

Cette bataille doit se dérouler sur deux plans : au niveau réel et au niveau symbolique. Au niveau symbolique, le combat sera livré contre le mal, c'est un combat contre la mort elle-même, ennemie ultime du peuple de Dieu, et la vie éternelle sera la récompense de ce combat. Au niveau réel, ce sont les ennemis d'Israël qu'il faudra affronter, mais les combattants seront matériellement rétribués en victoires, en territoires conquis, en ennemis exterminés, en récoltes abondantes, en fertilité. La spiritualité juive s'épanouit sur le terreau le plus concret. Sous les métaphores, le Dieu d'Israël n'oublie jamais les réalités sociales et terrestres. On comprend, dès lors, que les sadducéens du temps de Jésus, comme l'aristocratie juive du temps d'Antiochus Épiphane, n'adhèrent pas à cette doctrine. Ils ne se placent pas dans une perspective combattante. Qu'auraient-ils à espérer d'un au-delà de la vie alors que leur position de pouvoir au Temple, leur alliance objective avec les Romains et les hérodiens garantissent leur rang et récompensent leurs services ?

Le concept de résurrection, même s'il s'exprime à travers le vocabulaire prophétique, n'est donc pas uniquement le fruit d'une méditation religieuse : il se structure et se développe dans un cadre historique précis. C'est une arme idéologique dans l'arsenal que les juifs déploient contre ceux qui veulent leur faire abjurer leur foi, renier leurs lois, détruire leurs coutumes. En hébreu, le nom même « Israël » est rattaché au verbe *sârah*, combattre, et, non sans fanatisme, la résurrection est d'abord l'insurrection d'un peuple qui se refuse à mourir. Elle est la rétribution concrète de ceux qui ont tout sacrifié, jusqu'à leur vie, par fidélité à leur foi. Dès l'origine, elle est pensée comme l'instrument de la victoire d'Israël sur ses ennemis, comme la preuve définitive du triomphe de Yahvé, son Dieu. Quel autre Dieu serait capable d'un si grand miracle que de faire revivre les morts ?

Qui ressuscitera ?

La Fin des Temps doit consacrer la domination d'Israël sur « la terre entière » – quelle que soit l'étendue de ce territoire qui n'excède pas nécessairement « la terre entière d'Israël »... Dans le judaïsme, la résurrection se place donc exclusivement à l'intérieur de cette perspective qui pour cette raison est dite « eschatologique ». Son terme ne peut être fixé que par Dieu. Dans l'évangile de Marc, Jésus lui-même ne semble informé ni de la date ni de l'heure : « Quant à la date de ce jour et à l'heure, personne ne les connaît, ni les anges des cieux, ni le Fils, personne que le Père, seul » (Mc 24,36). Elle se comprend comme un événement collectif, situé au jour du Jugement, lorsque Yahvé jugera chacun selon ses œuvres.

A l'intérieur du Nouveau Testament, Marthe, la sœur de Marie et Lazare, se fait l'écho direct de cette doctrine née du livre de Daniel. « "Si tu avais été ici, reproche-t-elle à Jésus dans l'évangile selon Jean, mon frère ne serait pas mort." Jésus lui dit : "Ton frère ressuscitera." "Je sais, dit Marthe, qu'il ressuscitera à la résurrection, au dernier jour" » (Jn 11,21-24).

Reste encore à déterminer qui, précisément, ressuscitera. Selon Daniel, « un grand nombre de ceux qui dorment au pays de la poussière s'éveilleront, les uns pour la vie éternelle, les autres pour l'opprobre, pour l'horreur éternelle. Les doctes resplendiront comme la splendeur du firmament, et ceux qui ont enseigné la justice à un grand nombre, comme les étoiles, pour toute l'éternité » (Dn 12,2-4). Puisque seul « un grand nombre » s'éveillera, on peut déduire que la résurrection ne sera pas générale, que beaucoup resteront « au pays de la poussière ». Mais sans doute, à la suite de Daniel, faut-il distinguer non pas deux mais trois catégories.

Premièrement : les « impies » dont le sort est réglé d'avance demeureront comme des ombres au Shéol.

Deuxièmement : les « apostats » et les traîtres connaîtront « l'horreur éternelle ». Ils seront « réveillés d'entre les morts » pour souffrir des tourments sans fin, d'où la possibilité d'un enfer.

Troisièmement : les « justes » et les « saints » jouiront de « la vie éternelle ». Avec les « justes », il faut identifier ceux qui sont morts au cours du grand combat final. Quant aux « saints », ce sont ceux, dignes d'être ressuscités, qui sont morts avant le jour de la Fin des Temps. Cette idée que les « saints » et les « justes » ressusciteront se retrouvera aussi bien dans l'évangile de Matthieu (on se souvient des « saints trépassés » qui sortent des tombeaux lors de la mort de Jésus) que dans les commentaires du traité Sanhédrin de Maïmonide au XIIe siècle : « La résurrection est l'un des piliers de la religion de notre maître Moïse ; il n'y a pas de religion juive et pas de lieu pour le peuple juif, pour celui qui ne croit pas en elle, mais cela ne concerne que les justes ».

Grâce à ces trois catégories, interprétées de mille manières, le livre de Daniel sera la matrice de toutes les conceptions de l'au-delà, qu'elles soient juives ou chrétiennes.

Manifestes

A l'instar des Évangiles, les deux livres des Maccabées semblent, dans l'Ancien Testament, des livres d'histoire. En réalité ce sont des manifestes. Quels qu'aient pu être les excès et l'ampleur de la répression antijuive ou quels que soient, par réaction, les excès de la littérature – l'arme intellectuelle de ceux qui résistent –, un fait est certain : l'hellénisation, même sous le prétexte d'une évolution nécessaire du judaïsme, ne pouvait être imposée par la force.

L'identité d'une nation ne se décrète pas. Face à une « modernité » perçue comme une agression, un peuple préfère toujours ses valeurs ancestrales. Il n'a d'autre choix que l'intégrisme, au risque du pire des fondamentalismes. Dans l'histoire contemporaine, la terreur qu'exerça le Shah d'Iran en voulant occidentaliser et américaniser son pays est sans doute de nature comparable à la terreur qu'Antiochus Épiphane inspirait aux juifs. De même, la révolution iranienne sous la conduite de l'imam Khomeiny s'apparente-t-elle à l'insurrection soulevée, vingt-deux siècles auparavant, par Judas, appelé Maccabée, qui mena une véritable guerre sainte contre Antiochus Épiphane. Il s'en prit aux réalisations de sa politique, détruisant les villages passés à l'hellénisme, brûlant les autels païens, circoncisant de force les nouveau-nés. Les victoires militaires de Judas Maccabée et de ses compagnons contraindront finalement le souverain à reconnaître aux juifs une autonomie religieuse et administrative. En décembre 164 avant notre ère, Judas pénètre dans le Temple de Jérusalem. Il l'inaugure triomphalement et procède à sa purification, scellant pour les juifs une de leurs très rares périodes d'indépendance, leur âge d'or. Aujourd'hui encore, non seulement en Israël mais dans tout le judaïsme, la fête de la Dédicace, Hanoukkah, commémore cette victoire des Maccabées.

Résurrection / insurrection

Sans être similaires, les causes qui ont provoqué la crise maccabéenne se retrouvent sous le préfectorat de Ponce Pilate alors qu'Hérode Antipas est tétrarque de Galilée. L'arbitraire règne, les privilèges sont menacés, même si l'aristocratie et les grands prêtres ont su se ménager le contrôle de Jérusalem, ville dont l'essentiel des activités s'organise autour du Temple et de ses cultes. A l'exemple d'Antiochus Épiphane, la dynastie des

Hérode, rois « demi-juifs », entame, au mépris des lois et des coutumes juives, une stratégie systématique d'hellénisation qui ne craint pas d'être provocatrice. Pour détrôner l'ancienne capitale de la Galilée, Hérode Antipas bâtit la ville de Tibériade (dédiée à l'empereur Tibère). Il l'édifie sur l'emplacement même d'un cimetière, lieu impur par excellence. Il orne son palais d'images d'animaux malgré l'interdit des représentations dans le judaïsme. Il épouse la femme de son frère en violation des préceptes moraux les plus élémentaires. Le pays n'est pas en situation de crise ouverte comme à l'époque des Maccabées, mais de crise larvée. Du point de vue romain, ce sont les particularismes juifs, plus incompréhensibles les uns que les autres, qui créent des tensions et font obstacle à la politique d'intégration des provinces dans l'immense Empire. Du point de vue juif, la responsabilité des troubles incombe à la politique sociale et économique de Rome qui écrase le peuple sous les taxes et les impôts, qui réduit ses libertés. Une trentaine d'années plus tard, cette crise aboutira au déclenchement des hostilités et à la flambée de la guerre juive de 66.

Sous les rois séleucides comme sous l'autorité romaine et hérodienne, Israël est au Shéol, les enfants d'Abraham ne sont que des ombres ou des squelettes. Comme elles l'avaient été à l'époque des Maccabées, au Ier siècle de notre ère les conditions semblent à nouveau réunies pour que Dieu intervienne et qu'il purifie la terre sacrée de la présence des impies. A travers des révoltes sporadiques, des émeutes, des coups de main contre l'occupant, à travers le réveil de prophètes comme le Baptiste et d'autres, l'espoir qu'un « Sauveur » se lève se précise. Dans ce contexte, Jésus, dont le nom, en hébreu, signifie « Dieu sauve, a sauvé, sauvera » apparaît à certains de ses disciples comme le nouveau Judas Maccabée, ce « héros qui sauvait Israël ». Cette idée est très nettement perceptible dans l'évangile selon Luc, à travers le célèbre épisode des pèlerins d'Emmaüs. Pourquoi, après la mort de Jésus, ces hommes vont-ils marcher en pèlerinage jusqu'à cette bourgade, distante « de soixante stades de Jérusalem » (Lc 24,13) ?

Pourquoi, sinon parce que Emmaüs est le champ de bataille de la première victoire de Judas Maccabée, d'où, après avoir défait trois mille hommes, il entama la reconquête du pays. Dès le premier chapitre de l'évangile de Luc, Jésus, à l'imitation de son célèbre prédécesseur, est clairement destiné à régner sur Israël : « Le Seigneur Dieu lui donnera le trône de David son père ; il régnera sur la maison de Jacob pour des siècles et son règne n'aura pas de fin » (Lc 1,32). La déception des pèlerins en est d'autant plus profonde : « Nous espérions, disent-ils à propos de Jésus, que c'était lui qui allait délivrer Israël » (Lc 24,21). Au tout début des Actes des Apôtres, les disciples s'adressent encore à Jésus ressuscité pour lui redire leur espérance, leur attente : « Seigneur, est-ce maintenant le temps où tu vas restaurer la royauté en Israël ? » (Ac 1,6).

Faire face

Devant l'anéantissement de leurs espoirs, devant le démenti cinglant de la réalité, l'apôtre Paul puis les rédacteurs des Évangiles vont devoir faire face. Leur première urgence sera de transformer la malédiction du Crucifié en bénédiction du Christ. Ils vont devoir arracher Jésus à la croix. Paul, dans l'épître aux Corinthiens, l'exprime à travers sa saisissante formule : « Nous proclamons, nous, un Christ crucifié, scandale pour les juifs et folie pour les païens, mais pour ceux qui sont appelés, juifs et Grecs, c'est le Christ, puissance de Dieu et sagesse de Dieu » (1 Co 1,23-25). Dans un premier temps, cette proclamation doit réconforter et remobiliser les membres de la communauté. C'est un discours exclusivement à usage interne. Comme le dit Paul, « si le Christ n'est pas ressuscité, vide alors est notre message, vide aussi votre foi ! » (1 Co 15,17). Puis la résurrection devient un élément déterminant dans la dispute qui oppose les disciples de Jésus aux autres juifs. Proclamer Jésus ressuscité est, bien sûr, un acte de foi, et même l'acte fondateur de la foi « chrétienne ». Mais c'était aussi, en quelque sorte, l'ultime argument adressé à ceux pour qui Jésus n'était ni le Messie, ni le Fils de Dieu, ni le Fils de l'Homme, ni personne : rien qu'un juif mort crucifié parmi tant d'autres.

La résurrection va engager le procès en réhabilitation du Crucifié. Cela va se faire par le haut et par le bas. Par le bas en agençant le récit d'une mise au tombeau, signe que Jésus est mort – et bien mort – de mort d'homme. Et par le haut, en intronisant Jésus comme le Messie qu'Israël attendait, comme le Christ, en proclamant sa résurrection, signe de l'imminence du Jugement et de la venue du Royaume de Dieu. D'après les Actes des Apôtres, Paul discute avec les Thessaloniciens, trois sabbats de suite, pour les convaincre que Jésus est bien le Christ, « établissant que le Christ devait souffrir et ressusciter des morts ». Et le Christ, ajoutait-il, « c'est ce Jésus que je vous ai annoncé » (Ac 17,3-4). Le poids du mort s'allège, il s'efface devant le prestige du ressuscité, s'orne de titres, se couronne de gloire. Le Christ ressuscite, Jésus se retire au secret de l'histoire.

Retour à Béthanie

La scène se passe à nouveau à Béthanie. Un repas est organisé pour fêter le retour de Lazare parmi les vivants. Ses deux sœurs, Marthe et Marie, font les servantes. Mais la liesse des convives ou la prodigalité des mets n'intéressent en rien l'évangéliste. Jean place à l'heure du banquet un tableau apparemment incongru. Tandis que Jésus est à table, Marie le parfume exagérément. « C'est pour le jour de ma sépulture qu'elle devait garder ce parfum » (Jn 12,7), est-il contraint d'expliquer, afin que le rapprochement avec la myrrhe, l'aloès et les aromates de la mise au tombeau n'échappe à personne. Il est paré comme s'il devait déjà descendre au Shéol. Dans cette scène, pourtant,

Jésus n'occupe pas la place du mort. Elle reste irrémédiablement dévolue à Lazare, muet, absent, pétrifié comme s'il n'était plus de ce monde.

Six jours avant la Pâque, « Marie, prenant une livre d'un parfum de nard pur, de grand prix, oignit les pieds de Jésus et les essuya avec ses cheveux » (Jn 12,3). L'image crève les yeux. Par ce geste d'adoration bien plus sensuel que funèbre, par cette caresse incroyablement luxurieuse, de la tête aux pieds, de la chevelure de la femme aux pieds de l'homme, Marie immunise préventivement la chair de celui que la corruption de la mort ne devra pas atteindre : « Tu ne laisseras pas ton Saint voir la corruption », dit le Psaume 16. Jésus est un vivant plus que jamais destiné à le rester. Le rêve d'immortalité a l'odeur du corps et du désir. L'image se retourne. De la matérialité la plus extrême : « il sent déjà » (Jn 11,39), on passe à « la maison s'emplit de la senteur du parfum » (Jn 12,3). C'est-à-dire au Paradis, puisque, si l'on en croit le judaïsme rabbinique, le nard fut l'un des trésors qu'Adam avait pu sauver de sa chute.

Amour-fétiche ou noces mystiques ? Marie en tout cas célèbre son union avec Jésus. Mais la parade nuptiale à laquelle elle se livre dissimule un autre simulacre. La scène capitale doit être si névralgique qu'en dehors de toute cohérence narrative, le rédacteur de l'évangile selon Jean n'a pas hésité à la déplacer pour la rendre plus nécessaire encore.

En effet, au début du chapitre 11, soit plusieurs pages avant le récit détaillé du chapitre 12, nous lisons à propos de Marie que c'était « celle qui oignit le Seigneur de parfum et lui essuya les pieds avec ses cheveux » (Jn 11,2). Pourquoi mentionner sous forme de rappel une situation qui n'a pas encore été racontée ? Il y a toutes les raisons de supposer qu'originellement « l'onction de Béthanie » n'intervenait donc pas dans le texte à l'endroit où elle se trouve située aujourd'hui.

Première hypothèse : le duo entre Marie et Jésus était placé en tête du chapitre 11, ou même antérieurement, bien avant la mort et la résurrection de Lazare.

Seconde hypothèse : « l'onction de Béthanie » était l'épilogue du chapitre 11, la conséquence directe de la guérison de Lazare. Elle célébrait immédiatement l'action miraculeuse, tout comme le repas fêtait l'extraordinaire événement. Dès lors on comprend que la foule se soit pressée aussitôt pour voir Jésus manger en compagnie du miraculé. Dans les Évangiles, sans même compter la formule eucharistique, l'acte de se nourrir est toujours significatif d'un recommencement de la vie : Jésus invite les parents de la fille de Jaïre à la faire manger (Lc 8,55), lui-même mange du poisson lorsqu'il apparaît ressuscité à ses disciples (Lc 24,42), le père du fils prodigue fait tuer le veau gras et invite tout le monde à sa table « car mon fils que voilà, dit-il, était mort et il est revenu à la vie » (Lc 15,24).

Coïncidence troublante, une scène très similaire d'onction existe également chez Marc et aussi chez Matthieu. Mais elle apparaît seulement comme une action de grâces individuelle rendue à Jésus, avant que ne commence le récit de la Passion. Elle a lieu dans la maison d'un certain Simon le lépreux dont on ne sait strictement rien. Lazare n'existe pas mais le cadre est le même, Béthanie, l'action est identique, une onction de nard pur dont le dialogue confirme la vertu pré-funéraire. Avec le récit de Jean, le figurant inconnu qu'est Simon le lépreux cède la place à Lazare le ressuscité, et la femme anonyme qui parfume Jésus de nard prend maintenant les traits de Marie, la sœur de Lazare (à tel point que l'on doit se demander si l'évangéliste Jean ne se réfère pas ouvertement à sa lecture de l'évangile de Marc quand il spécifie : « Marie était celle qui oignit le Seigneur », comme si par ces mots il donnait corps, visage, nom à cette femme qui en était dépourvue – bien que Marc ait dit d'elle : « On redira à sa mémoire ce qu'elle vient de faire » (Mc 14,9)… Le moins que l'on puisse penser, c'est que Jean reprend les pièces d'un tableau déjà existant et qu'il le recompose entièrement. Sa touche personnelle est décisive puisqu'elle consiste à nouer intimement au motif de l'onction celui de la résurrection.

L'onction de Béthanie constitue ainsi chez Jean, à la différence des synoptiques, une apothéose : après avoir ressuscité Lazare, Jésus est oint par Marie. Par cette onction d'huile royale, aux yeux de tous, à la fois concrètement et symboliquement, Marie consacre Jésus comme messie, comme Christ. Dans l'autre hypothèse de reconstitution du texte, c'est préalablement, mais tout aussi métaphoriquement, que Jésus aurait été reconnu comme Christ, avant qu'il ne se rende au tombeau pour ressusciter Lazare. Quoi qu'il en soit, le lien est éclatant : l'ordonnateur de la résurrection est bien le Christ.

Combat pour le titre

Ce processus de transformation du personnage de l'histoire en Christ de la foi, « la christologie », va travailler tous les textes du Nouveau Testament. « Qui suis-je, aux dires des gens ? » demande Jésus à ses disciples. L'évangéliste Marc place cette question au cœur de son évangile, au centre du texte. « Ils lui dirent : "Jean le Baptiste ; pour d'autres Élie ; pour d'autres un des prophètes." "Mais pour vous, leur demandait-il, qui suis-je ?" Pierre lui répond : "Tu es le Christ" » (Mc 8,27-30). Bien entendu, il ne s'agit pas vraiment d'un interrogatoire d'identité. Ce n'est pas nommer l'individu Jésus qui importe, c'est de l'exalter.

D'une certaine manière, les premiers juifs chrétiens sont d'accord avec leurs contradicteurs : le Messie attendu ne peut pas être ce Jésus supplicié, ce crucifié. Mais ils doivent faire avec, c'est leur homme. Il va donc falloir, petit à petit, parer Jésus du nom d'Élie, de celui de nouveau Moïse, de Serviteur, de Prophète, de Fils de David, de Berger, de Fils de l'Homme, l'appeler Agneau pascal, Fils de Dieu, Unique-engendré, Logos, Sauveur, Christ… « Toute étude anthropologique qui débuterait par une anthropologie du fantastique exagérerait à peine, remarque Daniel Dubuisson dans *L'Occident et la Religion*, car tout le reste (anthropologie sociale, culturelle ou *religieuse*) n'en représente souvent que la version sécularisée et rationalisée obtenue au terme d'un travail d'analyse qui a essentiellement consisté à mettre ce fantastique entre parenthèses. [...] Contrairement aux conceptions qu'affiche assez fréquemment une opinion irréfléchie, les productions fantastiques ne sont pas quelque chose que les hommes feraient endosser, *après coup*, au monde réel afin de le rendre moins hostile ou moins angoissant ; elles sont bien plutôt constitutives du rapport que ces mêmes hommes entretiennent avec le monde. »

Malgré la métaphore, chère à beaucoup d'exégètes chrétiens, les titres de la christologie ne sont pas comparables à des instruments de musique qui se répondraient à l'intérieur d'un orchestre symphonique pour interpréter le même concert. Bien davantage que des sonorités, des accents, des nuances ou des degrés de compréhension, dans la bataille théologique que se livrent les différents groupes chrétiens ce sont des bruits de coups que l'on entend. Selon les zones territoriales et les écoles de pensée, ces groupes, plus ou moins influents, manifestent de manière si intense leurs divergences ou leurs oppositions que ces antagonismes fissurent le mouvement chrétien primitif. Au terme de ces affrontements, certains de ces courants marginaux ou minoritaires disparaîtront, ne laissant demeurer dans l'histoire que l'un des mots pour lequel ils s'étaient battus, un titre.

Les titres christologiques ne sont nullement interchangeables, du moins à l'origine, ce sont des bannières, des oriflammes. L'évangile de Marc par exemple se montre peu enclin à user du terme « christ », alors que, tout au contraire, il prolifère chez Paul, lequel ignore « le Fils de l'Homme », si essentiel chez Marc qui, pour autant, ne le confond pas avec Jésus... Quant à l'ultime majoration, formulée par Pierre dans les Actes des Apôtres lorsqu'il proclame : « Que toute la Maison d'Israël le sache donc avec certitude : Dieu l'a fait Seigneur et Christ, ce Jésus que vous, vous avez crucifié » (Ac 2,36), elle semble indépassable. En faisant Jésus « Seigneur », *kyrios* – nom qui, dans la

Septante, la traduction grecque de la Bible hébraïque, désigne Yahvé mais aussi le roi ou l'empereur –, les premiers chrétiens amorcent leur retournement de l'histoire : le Galiléen crucifié est désormais le Seigneur. Jésus est mort sur la croix, mais Dieu ne peut pas mourir ; donc, puisque Jésus est le Seigneur, il est vivant. L'incroyable sophisme produit une vérité éternelle.

Invention de la christologie

Paul est le premier auteur identifié de ce travail « christologique » : « Je vous ai donc transmis en premier lieu ce que j'avais moi-même reçu, à savoir que le Christ est mort pour nos péchés selon les Écritures, qu'il a été mis au tombeau, qu'il est ressuscité le troisième jour selon les Écritures », écrit-il dans la première épître aux Corinthiens (1 Co 15,3-4).

On date généralement l'épître aux Corinthiens de l'année 55, soit une vingtaine d'années après la mort de Jésus. Or la confession de foi qu'elle contient semble bien antérieure. C'est un enseignement que l'apôtre dit expressément avoir *reçu* et qu'il *transmet* à son tour, une formulation préexistante qu'il reprend. Comment parvenir à sa datation ? Rien ne permet de conjecturer, même à titre d'hypothèse, si elle remonte aux lendemains de la mort de Jésus, à quelques semaines plus tard ou si elle a émergé encore après.

Bien que postérieur aux épîtres de Paul, un écho plus archaïque s'entend peut-être dans l'évangile selon Marc quand l'ange dit aux femmes parvenues au tombeau : « Vous cherchez Jésus le Nazarénien, le Crucifié ? Il est ressuscité » – qu'il faudrait traduire littéralement « il est éveillé [des morts] » (Mc 16,6). Chez Marc, la résurrection n'est pas argumentée, elle n'est pas appuyée sur les faits ou sur la Bible. La nouvelle n'invite à aucun récit, serait-il moins fantasmagorique que dans l'évangile apocryphe de Pierre. C'est Dieu qui s'exprime d'un trait, par la voix de l'ange narrateur.

L'enchaînement des termes de sa proclamation – Jésus /Nazôréen/Crucifié/Ressuscité – tranche absolument avec le style du reste de l'évangile. C'est même une formulation particulièrement originale à l'intérieur de la littérature néotestamentaire. On ne la retrouve que dans les Actes lorsque l'apôtre Pierre prêche à Jérusalem (prédication qu'il reprendra plus loin à quelques nuances près) : « Hommes d'Israël, dit-il, écoutez ces paroles. Jésus le Nazôréen, cet homme que Dieu a accrédité auprès de vous par les miracles, prodiges et signes qu'il a opérés par lui au milieu de vous [...], vous l'avez pris et fait mourir en le clouant à la croix par la main des impies, mais Dieu l'a ressuscité, le délivrant des affres de l'Hadès » (Ac 2,22-24).

Ce ne sont pas les invraisemblances ou les anachronismes qui sont d'emblée les plus surprenants dans ce discours, même si Pierre qui s'adresse à ses frères semble s'en être déjà séparé au point d'être devenu étranger à Israël, au point de considérer les autres juifs comme des « impies », au point même de s'exprimer dans les catégories de la pensée grecque et non plus hébraïque, et d'avoir purement et simplement substitué au Shéol de la Torah, Hadès le dieu grec des enfers...

Comme dans l'évangile de Marc, ce qui est surprenant c'est de constater, sous le fracas de la proclamation, l'incroyable modestie de l'annonce. Ni l'ange du tombeau ni Simon-Pierre ne justifient la résurrection, ils se focalisent sur l'identité historique de celui qui en est le bénéficiaire, jusqu'à l'insistance : « Jésus le Crucifié »... Chez Marc (puis chez Matthieu), l'antinomie des deux termes est si violente que le surnom de nazaréen placé entre « Jésus » et « crucifié » semble à la fois les relier et les rendre étanches l'un à l'autre.

Nazarénien / Nazôréen

Le trait est remarquable car l'accolement au nom de Jésus du qualificatif (« nazaréen », voire « nazarénien » ou « nazôréen ») est loin d'être systématique. Absent des épîtres de Paul, le terme n'apparaît qu'une vingtaine de fois à travers l'ensemble du Nouveau Testament, uniquement dans les quatre évangiles et les Actes des Apôtres. Ne servant pas seulement à qualifier Jésus mais aussi ses disciples, il ne revêt jamais la valeur honorifique d'un titre. Son étymologie demeure d'ailleurs très incertaine. Qu'elle provienne de *nazir* (sanctifié, consacré), de *nat-zar* (garder, observer), voire de *netzer*, le « rejeton », qui le rattacherait au livre d'Isaïe où est annoncé le règne futur d'un « rejeton » de la descendance de David, le mot sous-entend toujours une forme d'intégrisme, une mission sacrée, l'idée d'une restauration.

Pline l'Ancien, au livre V des *Histoires naturelles*, signale l'existence de nazôréens installés dans la province de Syrie vers les années – 50 avant notre ère : Jésus aurait-il été surnommé le Nazôréen ou le Nazarénien parce qu'il appartenait à cette secte juive, dans la mouvance des mouvements baptistes ? « Il y eut des nazôréens avant le Christ, c'est l'évidence même », rappelle au IVe siècle Épiphane, dans son traité *Contre les hérésies*. Il ajoute surtout : « Les chrétiens étaient connus de tout le monde sous le nom de nazôréens (ou nazaréens). La preuve en est que dans le Talmud cette dénomination sert à qualifier les chrétiens. » Aujourd'hui encore, en arabe, c'est ce même terme qui est utilisé. Rien dès lors ne permet non plus d'exclure l'hypothèse que le qualificatif ait pu être appliqué à Jésus par certains judéo-chrétiens, mais *a posteriori*, pour le revendiquer ouvertement comme le fondateur de leur « parti ».

Tandis que l'étiquette *christianoï* aurait été adoptée à Antioche après la mort de Jésus, le terme « nazôréen » aurait été, lui, en usage à Jérusalem et en Palestine pour désigner d'autres groupes de « chrétiens » se réclamant du judaïsme, des éléments plus ou moins « dissidents ». Après avoir loué le gouverneur romain d'apporter à leur nation « la paix profonde et les réformes », le Sanhédrin de Jérusalem, selon le récit des Actes des Apôtres, accuse Paul en des termes très vifs : « Cet homme est une peste : il suscite des désordres chez tous les juifs du monde entier, et c'est un meneur du parti des nazôréens. Il a même tenté de profaner le Temple, et nous l'avons alors arrêté. »

La plupart du temps, le mot est suspect. Dans l'évangile selon Jean, il figure même sur la croix du condamné comme chef d'accusation : « Jésus le Nazôréen, roi des juifs » (Jn 19,19). Pierre, dans la cour du grand prêtre, est soupçonné d'appartenir à cette secte : « Toi aussi tu étais avec le Nazarénien ? » (Mc 14,67).

C'est bien ce caractère équivoque qui intéresse l'ange de l'évangile selon Marc comme l'apôtre Pierre dans les Actes. Accepter que Jésus soit appelé ainsi, de façon ambiguë, voire péjorative, permet de présenter un témoignage « extérieur », garant de l'objectivité de la proclamation. Le plus surprenant de tout, c'est que Jésus n'y est pas nommé « le Christ ». Même les anges qui sont les porte-parole de Dieu ignorent ce titre au moment où ils annoncent la résurrection.

Les détails que recèlent les textes néotestamentaires sont souvent comme des échantillons au sens géologique du terme, des « carottes ». C'est bien parce que Jésus n'est pas encore Christ, parce qu'il reste désigné par un surnom peu usité ensuite dans la tradition chrétienne, parce que l'horreur de son châtiment n'est pas occultée, que l'on peut déchiffrer l'onde de départ du processus d'élaboration théologique. Ces quelques mots, « Jésus - le Nazarénien (ou le Nazôréen) - le Crucifié - le Ressuscité », font sans doute parvenir à nos oreilles le leitmotiv de l'hymne le plus primitif de la communauté dite chrétienne.

Plusieurs langages

Si bizarre que cela paraisse, les textes du Nouveau Testament n'ont pas conçu la résurrection de Jésus de manière univoque. Ils ne l'expriment pas non plus de façon homogène : le langage qui sert à la nommer varie, comme les références qu'à chaque fois il met en jeu.

En grec, la langue des textes, comme on sait, ce sont alternativement deux verbes différents qui sont employés. Le verbe « ressusciter » ne les traduit qu'approximativement.

Les auteurs ont tantôt recours au verbe « relever », *anistanaï* (« Dieu l'a relevé d'entre les morts »), et tantôt au verbe « réveiller », *égeirein* (« Dieu l'a réveillé d'entre les morts »). « Ressusciter », c'est se relever ou se réveiller, puisque, selon la conception juive, l'homme, à sa mort, rejoint le royaume des ombres, où il s'endort « au pays de la poussière ». De ce point de vue, ce sont les morts qui reviennent à la vie, même si le processus demeure sans explication.

Ce vocabulaire n'est pourtant pas le seul à l'œuvre dans le Nouveau Testament. Deux autres formes sont employées.

L'affirmation que Jésus a été « exalté », qu'il a été « glorifié », qu'il est monté à la droite de Dieu, est l'une d'elles. C'est sans doute la forme la plus originelle dans la mesure même où elle décalque un schéma très traditionnel de la Bible hébraïque qui la réserve aux prophètes les plus considérables. On pense à la figure du Fils de l'Homme que les paroles de Jésus ne cessent d'évoquer, car sa venue en gloire inaugurera le Royaume de Dieu. Mais on doit aussi penser au livre d'Isaïe dans lequel le Serviteur souffrant s'abaisse avant d'être élevé par Dieu en récompense de ce qu'il a enduré en son nom – à tel point que les Psaumes vont nourrir la chair des récits de la Passion : « Ne fallait-il pas que le Messie souffrît tout cela pour entrer dans sa gloire ? » (Lc 24,26), « Le Dieu d'Abraham, d'Isaac et de Jacob, le Dieu de nos pères a glorifié son serviteur Jésus » (Ac 3,13), ou encore « Dieu l'a souverainement exalté et lui a conféré le nom qui est au-dessus de tout nom afin qu'au nom de Jésus tout genou fléchisse dans les cieux, sur la terre et sous la terre » (Ph 2,9-10).

L'exaltation de Jésus projette inévitablement la thématique de son « ascension » auprès de Dieu : « Et maintenant exalté à la droite de Dieu, il a reçu du Père l'Esprit-Saint [...]. David, lui, n'est pas monté aux cieux ; or il dit lui-même : "Le Seigneur a dit à mon Seigneur : Siège à ma droite jusqu'à ce que j'aie fait de tes ennemis un escabeau pour tes pieds" » (Ac 2,33-35) Ce motif ascensionnel est présent dans l'évangile selon Jean, quand Jésus apparaît à Marie-Madeleine et lui dit : « Va trouver mes frères et dis-leur : "Je monte vers mon Père et votre Père, vers mon Dieu et votre Dieu" » (Jn 20,17). A la dernière scène de l'évangile selon Luc, Jésus emmène ses disciples à Béthanie, « et il advint comme il les bénissait, qu'il se sépara d'eux et fut emporté au ciel. Pour eux s'étant prosternés devant lui, ils retournèrent à Jérusalem en grande joie » (Lc 24,51-52). Le prologue des Actes des Apôtres développe la même situation : « Sous leurs regards, il fut enlevé et une nuée le déroba à leurs yeux » (Ac 1,9), tandis que la finale tardive de Marc conclut sur ces mots : « Or le Seigneur Jésus, après leur avoir parlé, fut enlevé au ciel et il s'assit à la droite de Dieu » (Mc 16,20).

En dehors du double lexique de la « résurrection », en dehors du langage de l'exaltation, il est enfin une autre expression qui a cours dans les textes du Nouveau Testament : c'est la certitude que Jésus n'est pas mort, la conviction qu'il est vivant, au point même de devenir « le Vivant ». Dans l'épître aux Corinthiens, Paul souligne : « Il vit par la puissance de Dieu. » La proclamation que Jésus est « vivant » implique qu'il l'est pour l'éternité. C'est ce que Paul écrit dans l'épître aux Romains : « Ressuscité des morts, le Christ ne meurt plus. » A la différence de Lazare, il ne retournera plus à la corruption. Les paroles recueillies dans l'évangile apocryphe de Thomas sont annoncées comme celles que « Jésus le Vivant a dites ». Mais c'est surtout dans l'évangile selon Luc que cette forme de proclamation prend le tour le plus frappant. L'ange interroge les femmes en ces termes : « Pourquoi cherchez-vous le Vivant parmi les morts ? » (Lc 24,5). Les anges, les femmes et les disciples l'annoncent, Jésus est toujours « en vie ».

L'expression est riche de conséquences. Au lieu de s'inscrire dans les schémas classiques de la pensée juive, elle a l'avantage extraordinaire de pouvoir être comprise à la fois dans le sens sémitique et dans le sens grec. Pour les juifs, l'homme est une entité complète, corps et âme inséparables. Pour les Grecs, ces deux éléments sont hétérogènes. A sa mort, le corps disparaît tandis que l'âme, s'échappant de « sa prison », continue de vivre, capable de sentir, d'éprouver, de penser. La pérennité de la vie est assurée par l'immortalité de l'âme. Annoncer que Jésus est « le Vivant » va permettre dès lors de combiner deux anthropologies radicalement distinctes, de maintenir la coexistence de deux réalités culturelles très contradictoires. Cette ambivalence sera même l'une des principales conquêtes théoriques de l'entreprise du Nouveau Testament, avant de devenir l'un des meilleurs atouts du christianisme.

Scandale et folie

Ressuscité le premier d'entre les morts, le Christ doit annoncer, déclare Paul, « la lumière au peuple et aux nations païennes » (Ac 26,23). Et c'est effectivement cette proclamation de la résurrection de Jésus, pratiquement inaudible à l'origine, qui va s'avérer l'outil de la « modernisation » du judaïsme. Là où successivement Antiochus Épiphane et Hérode Antipas avaient échoué par des mesures autoritaires, c'est ce message qui va permettre l'ouverture aux païens et réussir à exporter cette novation juive que sera le christianisme.

Malgré son grand pouvoir d'attraction, l'idée de résurrection avait contre elle beaucoup d'obstacles à surmonter. Les réticences n'ont pas été moindres à l'intérieur même de certains cercles « chrétiens », avant que l'orthodoxie ne finisse par s'imposer. « Quiconque ne confesse pas que Jésus-Christ est venu dans la chair est un antéchrist. [...] Quiconque ne proclame ni la Résurrection ni le Jugement est le premier-né de Satan », vitupère l'évêque Polycarpe dans sa seconde Lettre aux Philippiens vers l'an 135. Il suffit de lire la première épître aux Corinthiens pour se convaincre que le débat avait dû être aussi virulent quatre-vingts ans plus tôt. « Or, si l'on prêche que le Christ est ressuscité des morts, s'élève Paul, comment certains parmi vous peuvent-ils dire qu'il n'y a pas de résurrection des morts ? S'il n'y a pas de résurrection des morts, le Christ non plus n'est pas ressuscité » (1 Co 15,12-14).

Plus que la crucifixion, ne serait-ce pas la résurrection – la conception chrétienne de la résurrection – qui devait être, pour reprendre la formule de Paul en la déplaçant, littéralement, « scandale pour les juifs et folie pour les païens » ? Son combat, celui des évangélistes et celui des premiers missionnaires chrétiens, allait devoir en effet se situer sur deux fronts : sur le front de la pensée grecque, et sur celui de la pensée juive.

Cette idée était bien une « folie » aux yeux des Grecs et des habitants d'Athènes. Non sans ironie, les Actes des Apôtres représentent les épicuriens et les stoïciens, pourtant friands de toutes « les dernières nouveautés » (Ac 17,21), forçant Paul dans ses retranchements. « Pourrions-nous savoir quelle est cette nouvelle doctrine que tu enseignes ? Car ce sont d'étranges propos que tu nous fais entendre. Nous voudrions tous savoir ce que cela veut dire. » Devant l'Aréopage, Paul doit donc être à la hauteur de sa réputation d'orateur. Après avoir réfuté le culte des idoles puis démontré la réalité du monothéisme, il offre à son auditoire une synthèse du message judéo-chrétien. Le jour du Jugement approche, dit-il en substance : « "Or voici que fermant les yeux sur les temps de l'ignorance, Dieu fait maintenant savoir aux hommes d'avoir tous et partout à se repentir, parce qu'il a fixé un jour pour juger l'univers avec justice, par un homme qu'il y a destiné, offrant à tous une garantie en le ressuscitant des morts." A ces mots de résurrection des morts, les uns se moquaient, les autres disaient : "Nous t'entendrons là-dessus une autre fois" » (Ac 17,30-32).

En matière métaphysique, les Grecs n'en tiennent que pour l'immortalité de l'âme. Seules les âmes survivent après la mort. L'« événement » rapporté par Paul ne peut-être qu'une extravagante chimère. « Les uns disaient : "Que peut bien vouloir dire ce perroquet ?" D'autres : "On dirait un prêcheur de divinités étrangères", parce qu'il annonçait Jésus et la résurrection » (Ac 17,18). Cette doctrine est une fable qui ne mérite pas plus d'être discutée que la réalité des légendes. Dans son principe même, la résurrection corporelle est une idée viciée. C'est, pour des platoniciens, une aberration philosophique – quels que soient les attraits qu'elle puisse exercer sur l'imagination, ou sur la faiblesse des esprits simples.

Folie pour les païens, la conception chrétienne de la résurrection est purement et simplement impensable dans les catégories de la pensée grecque. Elle est tout autant scandale pour les juifs, prêts par ailleurs à accepter sans difficulté que Dieu ouvre en deux la mer Rouge pour favoriser le passage des Hébreux. Contre toute attente, la proclamation n'a pas la force de l'évidence, ni pour les disciples ni pour les autres juifs. Dans les Actes des Apôtres, Paul manifeste sa surprise à ses coreligionnaires : « Pourquoi juge-t-on incroyable parmi vous que Dieu ressuscite les morts ? » (Ac 26,8). On peut mesurer à travers les Évangiles eux-mêmes combien personne ne peut ni ne veut y croire. A cause de la résurrection de Lazare, « beaucoup de juifs s'en allaient et croyaient en Jésus » (Jn 12,11), Jean l'affirme puisqu'il sait pertinemment le contraire. Dans son récit, le retour du mort parmi les vivants convertit les incrédules et provoque un enthousiasme dont ne sera évidemment pas récompensée l'annonce de la résurrection du Christ.

« Qu'est-ce qu'il nous dit là ? »

Selon les Évangiles, Jésus ne cesse de répéter à ses disciples qu'il va mourir et ressusciter, « c'est ouvertement qu'il disait ces choses », souligne l'évangéliste Marc. Mais en vain. Comment expliquer alors que les Douze demeurent sourds à ce que dit leur maître ? Pierre, même, n'hésite pas à morigéner Jésus. « Mais lui, se retournant et voyant ses disciples, admonesta Pierre et dit : "Passe derrière moi, Satan !" » (Mc 8,32-33). La rebuffade d'ailleurs n'a pas le moindre effet sur Pierre.

Dans l'évangile selon Jean, Jésus prophétise : « Encore un peu, et vous ne me verrez plus et puis un peu encore et vous me verrez », mais, une fois de plus, ni Pierre ni les autres disciples ne devinent l'annonce de la mort et de la résurrection de leur maître : « Qu'est-ce qu'il nous dit là ? » s'interrogent-ils, comme si Jésus avait perdu la raison. « Qu'est-ce que ce peu ? Nous ne savons pas ce qu'il veut dire » (Jn 16,16-18)...

L'incompréhension se perpétue dans l'évangile selon Luc : « Mais eux ne saisirent rien de tout cela, ils ne comprenaient pas ce qu'il disait » (Lc 18,34). L'incompréhension persiste après la mort de Jésus, peut-être plus vive encore, alors que des témoins de la résurrection veulent témoigner. Quand, dans l'évangile selon Luc, les femmes viennent annoncer que le tombeau est vide et Jésus ressuscité, les disciples ne les croient pas, « ces propos leur semblaient du radotage » (Lc 24,11). Marie-Madeleine n'est pas mieux reçue : « ils ne la crurent pas » (Mc 16,11). Tout comme les disciples auxquels Jésus « reprocha leur incrédulité et leur obstination à ne pas ajouter foi à ceux qui l'avaient vu ressuscité » (Mc 16,14).

Comment expliquer ces perpétuels malentendus ? Pourquoi les disciples sont-ils accablés ? « Leur esprit était bouché » (Mc 6,52) ; « vous aussi vous êtes à ce point sans intelligence » (Mc 7,18 ; Mt 15,16) « avez-vous donc l'esprit bouché, des yeux pour ne pas voir, des oreilles pour ne pas entendre ? »

(Mc 8,17-18), etc. S'ils n'étaient les acteurs d'une tragédie, ils seraient plus justement à leur place dans une farce. Leur « idiotie » est-elle fatalement un trait pittoresque, une caractéristique psychologique, un souci de réalisme, un souvenir – qui sait ? L'explication serait un peu courte, d'autant que la mémoire, en tout état de cause, aurait dû embellir l'image des premiers sectateurs du maître, et les peindre aux couleurs les plus brillantes. Ne serait-elle pas plutôt l'écho de l'incompréhension des croyants, confrontés à une annonce aussi stupéfiante ? La fonction du malentendu serait-elle de permettre au lecteur ou à l'auditeur de trouver sa place dans le récit, d'exercer sa sagacité aux dépens des disciples ? De se définir par opposition à ceux qui ont tous les moyens de comprendre ?

Querelle de lecteurs

Paul, dans sa phrase devenue le credo de l'Église, affirme : « Christ est mort pour nos péchés, selon les Écritures, il a été mis au tombeau, il est ressuscité le troisième jour selon les Écritures » (I Cor 15,3-4). Environ un siècle plus tard, les juifs (et parmi eux les juifs chrétiens) ne paraissent toujours pas être convaincus. Justin, dans son *Dialogue avec Tryphon*, se sent obligé de réitérer le discours de la méthode : « Si, par la bouche des Prophètes, il a été obscurément annoncé que le Christ souffrirait, et qu'après cela il serait Seigneur de toutes choses, personne, du moins, ne pouvait le comprendre, jusqu'à ce qu'il ait persuadé lui-même les Apôtres que ces choses se retrouvent clairement annoncées dans les Écritures. » Ce que les disciples (et d'ailleurs les juifs dans leur ensemble) ne peuvent comprendre, c'est que *c'était écrit* ! D'où l'obstination déployée à garantir la réalité de la résurrection de Jésus par le recours aux Écritures.

« Selon les Écritures » : les évangélistes ne manquent pas de confier d'abord ce travail exégétique au personnage de Jésus lui-même. Selon Marc, il en appelle à Moïse : « Quant au fait que les morts ressuscitent, dit Jésus, n'avez-vous pas lu dans le livre de Moïse au passage du Buisson, comment Dieu lui a dit : "Je suis le Dieu d'Abraham, le Dieu d'Isaac et le Dieu de Jacob" ? Il n'est pas un Dieu de morts mais de vivants » (Mc 12,27). Luc, à son tour, le répète : « Du moment qu'ils n'écoutent pas Moïse et les Prophètes, même si quelqu'un ressuscite d'entre les morts, ils ne seront pas convaincus » (Lc 16,29-31). Sans se lasser, les évangélistes engagent Jésus à expliquer comment déchiffrer la promesse de la résurrection : « "Ô cœurs sans intelligence lents à croire tout ce qu'ont annoncé les Prophètes ! Ne fallait-il pas que le Christ endurât ces souffrances pour entrer dans la gloire ?" dit-il aux pèlerins d'Emmaüs. Et, commençant par Moïse et parcourant tous les Prophètes, il leur interpréta dans toutes les Écritures ce qui le concernait » (Lc 24,25-26). Plus loin, il convainc enfin ses disciples : « Alors il leur ouvrit l'esprit à l'intelligence des Écritures » (Lc 24,45). Chez Jean, l'évangéliste semble absoudre Pierre et l'autre disciple d'avoir tant tardé, après la découverte du tombeau vide, à acquérir la conviction de la résurrection, soulignant pour les dédouaner : « En effet, ils ne savaient pas encore que, d'après les Écritures, ils devaient ressusciter d'entre les morts » (Jn 20,9).

A la manière rabbinique, il faut « scruter les lettres ». On peut en avoir un bon aperçu à travers le discours que prononce Paul dans la synagogue d'Antioche. Conformément à la coutume synagogale de la diaspora, le personnage, stipule le récit, se tient debout, et tous les autres détails du texte montrent combien l'homélie s'inscrit parfaitement dans le prolongement de la lecture de la Loi et des Prophètes à l'occasion du sabbat. Après avoir résumé l'histoire d'Israël, Paul conclut son exhortation par des références empruntées aux Psaumes et à Isaïe : « Et nous, nous vous annonçons la Bonne Nouvelle : la promesse faite à nos pères, Dieu l'a accomplie en notre faveur à nous, leurs enfants : il a ressuscité Jésus. Ainsi est-il écrit dans les Psaumes : "Tu es mon fils, moi-même je t'ai engendré." Que

Dieu l'ait ressuscité des morts et qu'il ne doive plus retourner à la corruption, c'est bien ce qu'il avait déclaré : Je vous donnerai les choses saintes de David, celles qui sont dignes de foi » (Ac 13,32-35).

Mais où est-il écrit qu'un homme ressusciterait avant les autres ? Où est-il écrit qu'un crucifié sauverait Israël et, par sa résurrection, apporterait le salut au peuple ? Pour les juifs, la résurrection d'un homme – et d'un seul – défie l'entendement. Dans le livre de Daniel comme dans le livre des Maccabées, réservée aux justes, elle est à la fois collective et située dans un futur indéterminé, au jour du Jugement. Appliquée à l'individu Jésus, elle n'est pas seulement incroyable, elle est surtout inadmissible.

Pourtant, après la mort de Jésus, une seule véritable certitude anime la minorité juive chrétienne : le tombeau est vide, mais la Torah ne l'est pas. Chacune de ses lignes prophétise la venue du Christ, chacune de ses phrases recèle la preuve de sa résurrection, à condition de l'y chercher, à condition de vouloir l'y trouver. Un autre épisode des Actes des Apôtres est particulièrement éclairant à cet égard. Apollos, l'un des premiers juifs convertis qui a dû fuir les pogroms d'Alexandrie, manifestement de tendance baptiste, prêche et enseigne à la synagogue d'Éphèse « ce qui concerne Jésus » où il était d'un grand secours aux croyants « car il réfutait vigoureusement les juifs en public, démontrant par les écritures que Jésus est le Christ » (Ac 18,27-28). La question même de la résurrection déclenche une profonde querelle de lecteurs.

Les Évangiles donnent l'impression d'une révélation immédiate, du moins pour le premier groupe de croyants : la résurrection est toujours supposée s'être produite le dimanche suivant la crucifixion. Mais qui sait si, contrairement à l'idée reçue, les apparitions elles-mêmes de Jésus ressuscité qui ont matérialisé pour ainsi dire cette conviction, n'ont pas été scrutées dans la Bible, avant d'être vues par Pierre, Paul ou Marie-Madeleine ? Qui sait si la croyance n'a pas été le fruit d'une maturation relativement longue et non linéaire, à partir de différents schémas de représentation, d'une mise en œuvre par des groupes indépendants et concurrents, l'exaltant ici à la droite de Dieu, le gardant là vivant, malgré sa mort, malgré la croix.

Coup de force

Pour essayer de convaincre Israël que cette résurrection, non seulement ne trahit pas leurs pères mais, au contraire, marque l'aboutissement des promesses que Dieu a faites par la voix des prophètes, les évangélistes vont procéder à un autre coup de force conceptuel. Ayant dissocié Jésus du collectif des justes et posé la résurrection comme l'accréditation divine du Christ, ils vont maintenant transférer l'attente de la Fin des Temps, l'attente de la venue du Fils de l'Homme, sur l'imminence du retour du Christ, faire de la résurrection individuelle de Jésus le signe avant-coureur, un acte d'avant-garde.

Dans le livre de Daniel, il est écrit : « Je regardais dans les visions de la nuit, et voici que sur les nuées du ciel vint comme un Fils de l'Homme » (Dn 7,13), et dans Hénoch : « Il renversera les rois et de leur trône et de leur pouvoir, parce qu'ils ne l'ont pas exalté, parce qu'ils ne l'ont pas glorifié et qu'ils n'ont pas confessé humblement d'où leur venait leur royauté » (Hén 46,3). Nous ne savons pas si Jésus a conçu son propre rôle par référence à ce modèle, mais les évangélistes le font parler comme tel : « Voici que nous montons à Jérusalem, dit-il, et le Fils de l'Homme sera livré aux grands prêtres et aux scribes ; ils le condamneront à mort, et le livreront aux païens, ils le bafoueront, cracheront sur lui, le flagelleront et le tueront, et après trois jours il ressuscitera » (Mc 10,32-34 ; 8,31 et 9,30-32 ; Mt 16,2 ;17,9-22 ; 20,18 ; Lc 9,22 et 9,43-45 ; 18,31).

Paul, qui intervient pourtant avant les évangélistes, n'utilise jamais le terme « Fils de l'Homme ». Malgré cela, une majorité de commentateurs décèle dans son utilisation répétée, principalement chez Marc, le signe flagrant de l'antiquité de la dénomination. Ils sont convaincus d'entendre parler Jésus lui-même.

Autant le livre d'Isaïe était mis en coupe pour la rédaction du récit de la Passion, autant la justification de la résurrection comme prélude à l'Apocalypse se nourrit largement des livres de Daniel et de Hénoch. Il y a donc plutôt de fortes probabilités pour que l'exploitation de l'appellation « Fils de l'Homme » résulte d'une élaboration secondaire qui, ostensiblement, fait de Jésus un être divin, à la fois préexistant à la création du monde et appelé à être le juge de l'humanité.

La grande intelligence des rédacteurs de Marc sera de faire cohabiter dans le texte deux propositions : celle d'un Messie terrestre destiné à délivrer Israël – et, suprême habileté, de mettre en scène Jésus refusant ce titre puisque l'histoire ne s'y est pas conformée –, et celle du Fils de l'Homme, figure eschatologique céleste. Cette figure aurait donc été introduite dans les textes seulement *a posteriori*, peut-être plus de vingt ans après sa mort, pour procéder à une nécessaire réinterprétation de son rôle. Ainsi est-ce justement cette image, comme une fresque, qui apparaît à Étienne, le premier martyr « chrétien », lorsqu'il agonise : « Tout rempli de l'Esprit-Saint, il fixa son regard vers le ciel ; il vit alors la gloire de Dieu et Jésus debout à la droite de Dieu : "Ah ! dit-il, je vois les cieux ouverts et le Fils de l'Homme debout à la droite de Dieu" » (Ac 7,55).

Le jour et l'heure

Si Jésus avait été relâché au lieu d'être crucifié, si Jésus avait vécu, nul doute qu'il se serait trouvé rapidement confronté au fiasco de ses prophéties. Sa prédication serait morte étouffée sous la réalité des faits. Paradoxalement, en l'exécutant, les Romains lui offriront un futur. Au jour de sa mort rien de ce qu'il avait annoncé ne s'était accompli, mais désormais les disciples allaient pouvoir entretenir l'espoir que ce n'était qu'une question de temps. Jésus, déjà venu une fois « en état d'humilité », allait revenir en Christ glorieux : « Ainsi, le Christ après s'être offert une seule fois pour enlever les péchés d'un grand nombre, apparaîtra une seconde fois – hors du péché – à ceux qui l'attendent pour donner le salut », lit-on dans l'épître aux Hébreux (He 9,27-28).

Ce retour sera la « parousie ». Le terme, en grec, signifie « présence » ou « venue » et sert à désigner l'arrivée de l'empereur et, dans les apocalypses juives, salue l'avènement du Seigneur Yahvé. La parousie du Christ constituera, après l'épisode caché et solitaire de la résurrection, une venue royale, l'inauguration du Royaume de Dieu. Ainsi l'épître aux Corinthiens se termine-t-elle par cet appel : « *Maran atha* » (1 Co 16,22), c'est-à-dire, en araméen : « Seigneur, viens ! » C'est aussi la parole que reprennent les derniers mots du livre de l'Apocalypse : « Le garant de ces révélations l'affirme : "Oui mon retour est proche !" Amen, viens, Seigneur Jésus ! »

Matthieu raconte que Jésus étant « assis sur le mont des Oliviers, les disciples s'approchèrent de lui en particulier, et demandèrent : "Dis-nous quand cela aura lieu, et quel sera le signe de ton avènement [ta "parousie" littéralement] et de la fin du monde ?" » (Mt 24,1-3). Dans l'évangile de Marc, Jésus fixe un terme : « avant que cette génération ne passe » (Mc 13,30). L'échéance existe à hauteur d'homme. Mais les années défilent sans que rien ne change. Vers 80 (?), dans la seconde épître de Pierre les croyants se lamentent : « Où est la promesse de son avènement ? Depuis que les Pères sont morts, tout demeure comme au début de la création ». L'auteur doit les réconforter, les exhortant à attendre : « Devant le Seigneur un jour est comme mille ans et mille ans comme un jour. » Il reformule l'espérance de la Fin des Temps : « Le Seigneur ne retarde pas l'accomplissement de ce qu'il a promis, comme certains l'accusent de retard, mais il use de patience envers vous, voulant que personne ne périsse, mais que tous arrivent au repentir » (2 P 3,10).

A sa manière, l'épisode de Lazare porte l'écho de ces inquiétudes, de cette impatience. L'évangile de Jean met en scène cet insupportable retard de la parousie : lorsque Jésus arrive, Lazare est *déjà* mort. C'est là toute la question que se posent les croyants : qu'adviendra-t-il de ceux qui (comme Lazare) seront morts avant le retour en gloire du Seigneur ? L'évangéliste est très clair, ils ne doivent ni se décourager ni se désespérer : ils ressusciteront comme Jésus ressuscite Lazare… « Quant au temps et au moment, vous n'avez pas besoin, frères, qu'on vous en écrive, affirmait déjà Paul dans l'épître aux Thessaloniciens. Vous savez vous-mêmes que le jour du Seigneur arrive comme un voleur en pleine nuit. Quand les hommes se diront : "Paix et sécurité !" c'est alors que tout d'un coup fondra sur eux la perdition, comme les douleurs sur la femme enceinte, et ils ne pourront y échapper » (1 Th 5,1-3).

Ce sentiment de « qui-vive » sera l'épicentre du christianisme primitif. Tous les textes en portent la marque. « Soyez sur vos gardes, lance Jésus à ses disciples dans l'évangile de Marc, veillez car vous ne savez pas quand ce sera le moment Il en sera comme d'un homme parti en voyage : il a quitté sa maison, donné pouvoirs à ses serviteurs, à chacun sa tâche, et au portier il a recommandé de veiller. Veillez donc car vous ne savez pas quand le maître de la maison va venir, le soir, à minuit, au chant du coq ou le matin, de peur que venant à l'improviste, il ne vous trouve endormis. Et ce que je vous dis à vous, je le dis à tous : veillez ! » (Mc 13,33-37).

5

Apparu

Personne ne peut témoigner de la résurrection. Pourtant, plusieurs des proches de Jésus vont le voir apparaître comme s'il était toujours vivant. Tantôt à une seule personne, tantôt à quelques-uns, tantôt à un groupe. Tantôt en plein air, tantôt à l'intérieur d'une maison, souvent à Jérusalem, parfois en Judée, souvent en Galilée, au bord du lac de Tibériade comme dans la campagne galiléenne…

L'événement

« Il est impossible d'interpréter la Résurrection du Christ en dehors de l'ordre physique et de ne pas la reconnaître comme un fait historique » : le catéchisme de l'Église catholique le clame haut et fort, ajoutant que « la Résurrection du Christ est objet de foi en tant qu'elle est une intervention de Dieu Lui-même dans la création et dans l'histoire ». Pour ainsi dire depuis l'origine de l'Église, la science exégétique a dû mobiliser toutes les intelligences pour soutenir cette pétition de principe, d'où découle évidemment le dogme le plus essentiel du christianisme.

Ainsi, rituellement, les exégètes ont-ils à cœur de qualifier la résurrection d'« événement ». Mais de quel événement s'agit-il ? Du fait que Jésus, exécuté sur la croix, descendu au tombeau, se serait relevé d'entre les morts, ou du fait que certains de ses disciples en aient été persuadés ? D'une légende à laquelle des milliards de personnes ont cru à travers l'histoire de l'humanité, ou d'une vérité historique, quoique dépourvue de tout témoin, qui n'a jamais reçu le moindre commencement de preuve empirique ? « L'événement même de la Résurrection ne peut donc être que désigné à la suite de ceux qui en témoignent, et non pas photographié ou prouvé », résume Charles Perrot. Prétendre que la résurrection est un « événement », mais qu'il échappe à l'histoire, est la manière élégante de contourner le redoutable obstacle. L'expression fonctionne comme une dénégation : elle permet de situer la résurrection quand même par rapport à l'histoire, en se plaçant aussitôt sur un tout autre terrain.

C'est peut-être l'exemple le plus probant de ce que l'on pourrait appeler la technique de « l'œuf en gelée » qu'affectionnent souvent les chercheurs chrétiens spécialistes du Nouveau Testament. Cette préparation consiste à garnir une pensée claire et ferme – mais que sa netteté même rend impossible, voire risquée à formuler – de précautions, paraphrases, citations, repentirs, suggestions, conditionnels, sous-entendus… Grâce à cette recette, l'exégète peut exprimer sa pensée sans la censurer. Elle reste discernable sous la protection gélatineuse qui la garantit contre les fins de non-recevoir institutionnelles, ecclésiastiques, universitaires. Parler d'« événement de la résurrection » permet d'enrober de consistance historique ce qui n'en a aucune, ce qui n'est de l'ordre que de l'intime conviction, certitude pour les uns, fiction pour les autres. « Nous avons trop pris l'habitude d'opposer en histoire la vérité et la non-vérité ; quand on songe, s'exclamait le jeune Nietzsche, qu'il faut absolument que les mythes chrétiens se donnent pour historiquement authentiques ! » Paul Ricœur parle lui, justement, de « cercle herméneutique » : pour comprendre il faut croire, pour croire il faut comprendre. L'événement de la résurrection n'est pas un événement historique, c'est un événement théologique.

Dès lors, soupçonner une supercherie des disciples, comme certains ont pu l'avancer, paraît vain. A quoi bon « inventer » la résurrection ? Parce que les compagnons de Jésus ne voulaient plus rentrer en Galilée de crainte d'être mis en face de leur échec ? Parce que la promesse que Jésus leur avait faite de les asseoir sur les trônes des douze tribus ne pouvait demeurer sans suite ? Parce qu'ils ne voulaient pas revenir à leur condition première de pêcheurs ou de journaliers ?

Une fois de plus, ce que dit le texte des Évangiles est moins simpliste et surtout plus troublant. A le lire, il n'y a pas lieu de douter qu'un certain nombre de proches de Jésus, à la suite de visions ou d'extases, ont été persuadés, intimement, que leur maître demeurait vivant, au-delà de la mémoire qu'ils gardaient de lui, au-delà du souvenir des paroles qu'il avait dites ou des gestes qu'il avait accomplis au-delà de leur amour. Un élan mystique les a transportés : ceux qui avaient « vu » Jésus après sa mort, sous quelque forme que ce soit, l'ont donc certainement « vu ». Pourquoi ne pas en faire le crédit au texte ?

Cette expérience de vision est le point commun en effet qui relie les différentes manifestations du ressuscité à travers le Nouveau Testament. Pour nommer les apparitions, les évangiles synoptiques et celui de Jean, les épîtres de Paul, les Actes des Apôtres emploient systématiquement un même mot, le verbe « voir ». *Ophté*, forme passive de l'aoriste grec, signifie, à la lettre, que Jésus ressuscité « a été vu », ou plus précisément qu'il « s'est fait voir ». Ainsi, selon les textes chrétiens eux-mêmes, personne n'a *vu* la résurrection de Jésus, mais le ressuscité *s'est fait voir*. L'écart qui sépare les deux usages du verbe « voir » est immense. Dans le premier cas, il s'agirait de l'observation d'un fait par des témoins ; dans le second, il s'agit d'une expérience intérieure.

Visions

On sait qu'une « vision » n'est pas, sur le plan psychologique, un phénomène de constatation objective. C'est une expérience mentale et émotive individuelle dont seul le sujet est témoin. Les visionnaires « voient » ce que les autres ne voient pas, ce qu'ils ne peuvent pas voir. Leur vision est une certitude interne qui les dispense de toute confirmation. Elle a par elle-même une réalité qui semble plus réelle que le réel. Leur intensité extrême transparaît, par exemple, à travers le chant de Thérèse d'Avila :

L'amour a su de telle façon,
Ame, te portraire en Moi
Que nul savant peintre
N'aurait pu, avec une telle perfection,
Graver une telle image.
Tu as été créée par l'amour
Ravissante, belle, et c'est ainsi
Que tu es peinte dans mes entrailles,
Si tu te perdais, mon aimée,
ÂME, TU DOIS TE CHERCHER EN MOI.

Dans son autobiographie, Thérèse revient à plusieurs reprises sur les apparitions du Christ dont elle fut témoin. Elle raconte la commotion indissolublement érotique et mystique qu'elle a vécue, mais s'efforce aussi de déchiffrer son ravissement, d'analyser presque froidement le vertige qui l'a saisie, la nature exacte de ses transports. « Dans ses mains, je voyais une grande lance dorée, et à son extrémité il semblait y avoir une pointe de feu. Il me la plongea dans le cœur plusieurs fois en sorte qu'elle pénétra mes entrailles. Quand il la retira, je sentis qu'il les arrachait avec elle, et je restai totalement consumée par le grand amour de Dieu. La souffrance était si sévère qu'il m'échappa quelques gémissements. La douleur causée par cette peine intense est si extrême qu'il est impossible de souhaiter qu'elle cesse… » Grâce à Thérèse, grâce à son travail d'introspection, peut-être réussit-on à appréhender ce que ne disent jamais les écrivains du Nouveau Testament, à s'approcher de ce qu'ils n'évoquent qu'à mots couverts : une phénoménologie de la vision.

Voir avec d'autres yeux : « Malgré que cette vision ne soit pas imaginaire, jamais je ne l'ai vue avec les yeux du corps, aucune de ces visions, d'ailleurs, mais avec les yeux de l'âme. Ceux qui connaissent cela mieux que moi disent que la vision précédente est plus parfaite que celle-ci, et celle-ci infiniment plus que celles qu'on voit avec les yeux du corps… »

Voir inexplicablement : « Je ne prétends pas expliquer comment une lumière aussi forte peut se manifester à notre sens intérieur et une image si claire dans notre entendement qu'elles semblent être là réellement : cela revient aux hommes doctes […]. Je dirai donc ce dont j'ai l'expérience. »

Voir l'image vivante : « Il me semblait bien, pour certaines raisons, que ce que je voyais était une image, mais pour beaucoup d'autres j'étais certaine que c'était le Christ lui-même, d'après la clarté dans laquelle il voulait bien se montrer à moi […]. Si c'est une image, c'est une image vivante ; pas un homme mort, mais le Christ vivant. Et il fait entendre qu'il est homme et Dieu ; non pas comme il était dans le sépulcre, mais comme il en est sorti après sa résurrection. Et il se manifeste parfois dans une telle majesté qu'on ne peut douter que ce soit le Seigneur lui-même. »

Voir ou imaginer : « Quant à admettre que cette vision vienne de l'imagination, c'est impossible et plus qu'impossible ; c'est hors de question, car par sa seule blancheur, par sa seule beauté, une main de Notre Seigneur surpasse tout ce que nous pouvons imaginer. »

Voir irrésistiblement : « Qui pourrait nous l'ôter puisque notre entendement peut le fabriquer ? Dans la vision dont je parle tout cela est inutile, nous devons la regarder quand le Seigneur veut nous la montrer, comme il veut, et le temps qu'il veut. Nous ne pouvons rien en retrancher ni rien y ajouter, nous avons beau faire, nous n'avons les moyens ni de la voir quand nous le voulons, ni de ne plus la voir : dès que nous voulons fixer notre attention sur un détail particulier, le Christ s'évanouit instantanément ».

Trois fois

Paul est souvent présenté par la critique comme le seul auteur du Nouveau Testament à témoigner directement d'une apparition du ressuscité.

Malheureusement, rien n'est aussi lumineux. Il faut en effet distinguer clairement ce que nous pouvons savoir par les épîtres dont Paul passe pour être sinon l'auteur solitaire, du moins le signataire, et par les Actes des Apôtres dont il n'est que l'un des personnages, même s'il arrive que ce personnage s'y exprime à la première personne. Ce ne sont en aucun cas deux sources que l'on doit confondre.

Les épîtres de Paul ne contiennent que peu d'allusions à des apparitions : « L'Évangile que j'ai annoncé n'est pas à mesure humaine : ce n'est pas non plus d'un homme que je l'ai reçu ou appris, mais par une révélation de Jésus-Christ », lit-on dans l'épître aux Galates. Et dans celle aux Corinthiens : « N'ai-je donc pas vu Jésus, notre Seigneur... ? » Mais où et quand Paul a-t-il eu ces visions ? Rien, à se fier à ses lettres, ne nous permet de les situer, ni chronologiquement ni géographiquement.

En revanche, par trois fois, les Actes des Apôtres font le récit de sa vision initiale, qui aurait eu lieu sur le chemin de Damas : dans le chapitre 9, dans le chapitre 22 et enfin dans le chapitre 26. Le fait que cet épisode soit relaté par trois fois illustre son importance. Au-delà de l'apparent bricolage rédactionnel dont le texte est la trace, on doit se demander quelle est la nécessité de cette répétition. Pourquoi a-t-elle survécu ? Pourquoi les divergences entre ces trois narrations n'ont-elles pas été supprimées ?

1. Dans la première version, c'est « une lumière venue du ciel » qui éblouit Paul (Ac 9,3). Le rédacteur précise plus tard que c'est « vers midi » qu'une grande lumière l'enveloppe « de son éclat » (Ac 22,6-10), avant d'ajouter finalement que la lumière de midi est « plus éclatante que le soleil » (Ac 26,12-18). Comme souvent à l'intérieur du Nouveau Testament, la narration s'enfle et se charge de détails au fur et à mesure de la rédaction ou de la transmission orale – ce qui, en l'occurrence, tendrait à prouver que le texte des Actes a du moins été mis par écrit dans l'ordre où nous le lisons.

2. L'éblouissement de Paul, comme une déflagration électrique, le jette au sol (Ac 9,3 et 22,6-10). Et dans le dernier état de l'épisode, ce n'est pas seulement Paul qui est touché par la lumière céleste et tombe à terre mais aussi ses compagnons (Ac 26-12,18). Paul est littéralement renversé : de persécuteur des « chrétiens » il se convertit en zélateur.

3. Paul ne voit rien. Il entend une voix qui l'interpelle : « Saoul ! Saoul ! » La voix l'appelle à deux reprises comme Moïse, dont le nom est également répété deux fois dans l'épisode du buisson ardent. La troisième fois, le texte stipule même que l'apostrophe est prononcée « en langue hébraïque » (Ac 26,12-18).

Le premier état du dialogue est relativement bref : Saul-Paul reçoit les instructions de Jésus ressuscité, qui lui commande d'aller à Damas (Ac 9,3). Il est légèrement développé dans le deuxième (Ac 22,6-10), mais c'est dans le troisième dialogue que figure un long développement au cours duquel sont instituées l'autorité de Paul et sa mission auprès des non-juifs : « Voici pourquoi je te suis apparu : pour t'établir serviteur et témoin de la vision dans laquelle tu viens de me voir et de celles où je me montrerai encore à toi. C'est pour cela que je te délivrerai du peuple et des nations païennes vers lesquelles je t'envoie » (Ac 26,12-18).

Un point de convergence est à relever : sous ses trois formes le dialogue avec le ressuscité reprend l'interrogation de Paul : « Qui es-tu Seigneur ? », mais c'est une fausse question, puisque, en même temps qu'il la pose, Paul donne la réponse.

La question n'a d'autre but que de préciser ouvertement l'identité du Seigneur. « Je suis Jésus que tu persécutes », répond la voix (Ac 9,3 et Ac 26,12-18).

4. Les compagnons de Paul sont « arrêtés et muets de stupeur » (Ac 9,3). De même, Zacharie, le père de Jean le Baptiste, est frappé de mutisme, à l'instant même où, dans l'évangile selon Luc, il entend l'ange Gabriel lui annoncer la bonne nouvelle. Pourtant, les compagnons de Paul « entendaient bien la voix sans voir personne » dans le premier récit. Au contraire, dans le deuxième, ils voient la lumière mais « ils n'entendirent pas celui qui parlait » (Ac 22,6-10). Dans la troisième version (Ac 26,12-18), Paul est le seul à entendre.

Trois récits, trois versions différentes : ce que les compagnons de Paul ont vu ou entendu, personne ne peut le dire avec certitude, ni même si l'invisible a été visible.

5. Après que le Seigneur Jésus lui a intimé l'ordre de se relever, Paul découvre qu'il a perdu la vue. « Bien qu'il eût les yeux ouverts, il ne voyait rien » (Ac 9,3), « Je ne voyais plus à cause de l'éclat de cette lumière » (Ac 22,6-10). Mais Paul oublie sa cécité lorsqu'il raconte sa vision au roi Hérode Agrippa, et insiste au contraire sur sa mission qui est d'« ouvrir les yeux aux nations païennes afin qu'elles reviennent des ténèbres à la lumière » (Ac 26,12-18).

Le texte n'est jamais livré au hasard. Au fur et à mesure de ses répétitions, le livre des Actes des Apôtres convoque différents destinataires : le lecteur, d'abord, puis les juifs de Jérusalem et enfin deux juges, l'un païen, l'autre demi-juif. Dans *La Chasse au Snark*, Lewis Carroll faisait dire à son Capitaine : « Ça fait trois fois que je le dis. Ce que je dis trois fois est vrai. »

Damas, son et lumière

Si l'on rassemble les points communs du livre des Actes des Apôtres, l'événement qui a bouleversé la vie de Paul sur le chemin de Damas peut se résumer ainsi : en plein midi, l'apôtre aveuglé par une clarté « plus éclatante que le soleil » tombe à terre en entendant une voix. Il reconnaît en elle celle du Seigneur qui se révèle à lui sous le nom « Jésus », le convertit et l'envoie en mission. L'épisode est construit sur la dynamique des oppositions : entendre/ne pas entendre, voir/ne pas voir, croire/ne pas croire. Démonstration rhétorique dont l'historicité paraît pourtant incontestable puisqu'elle est garantie par son champ d'action : Damas. En réalité, la destination de Paul pose plus de questions qu'elle n'en résout.

D'abord appelé Saul, Paul (à ses dires, pharisien de stricte observance) aurait été missionné par les grands prêtres (groupe adverse des pharisiens) pour traquer les partisans de Jésus le Nazôréen (autre secte d'obédience plutôt pharisienne), dont il approuvait la persécution.

Situation plutôt abracadabrante dans la mesure où Damas, du temps de Paul, appartenait au royaume arabe des Nabatéens et que ni Rome ni *a fortiori* les grands prêtres du Temple de Jérusalem n'y exerçaient la moindre autorité. Paul aurait-il agi en mercenaire ? Et pour le compte de qui ? Surtout, qu'allait-il faire dans la ville de Damas ? Pourquoi choisir ce lieu qui n'est lié à l'histoire juive qu'à travers le mystérieux « document de Damas » découvert au Caire en 1897 ou les fragments du même texte trouvé parmi les rouleaux de Qumrân, mais qui n'entretient pas le moindre rapport avec Paul…

Bernard Dubourg défendait l'hypothèse d'un pur travail littéraire, d'un *midrash* chrétien à partir duquel aurait été fabriqué tout l'épisode de la conversion de l'apôtre. Le Saul des Actes ne serait, pour lui, qu'un pseudonyme du Saül de la Bible, dont il aurait endossé la biographie. L'un comme l'autre hébreux, fils d'Israël, de la tribu de Benjamin, etc. De plus, en hébreu non vocalisé, Saul s'orthographie comme le Shéol, le séjour des morts (S'WL), dont il serait alors l'incarnation, la personnification. Le métier de l'apôtre « fabricant de tentes » serait également lié à une lecture de son nom puisque, par assonance, il renvoie à l'hébreu SH 'WHL (faire des tentes).

L'apparition du Seigneur marquerait la délivrance du salut en la personne de « Jésus » (en hébreu, « celui qui sauve »). Quant à Damas – en hébreu DMSQ – il y lisait l'anagramme MQSD, c'est-à-dire en hébreu le « sanctuaire ». Ce qui, par contrecoup, donnerait aussi du sens à l'autre mystérieux Damas…

Pour l'auteur de *L'Invention de Jésus*, le récit de la vision de Saul-Paul sur le chemin de Damas ne peut donc se lire que comme une allégorie cryptée, rédigée dans une perspective eschatologique, totalement étrangère à la moindre réalité historique. Le récit apparent masque, en fait, la manifestation de la lumière divine qui éclaire le séjour des morts et désigne la voie du vrai sanctuaire, le nouveau Temple d'une Jérusalem idéale.

Peut-on tenter d'autres explications du phénomène qui convertit Paul ? D'un point de vue rationnel, on ne saurait négliger la fatigue du voyage, le manque de nourriture, le risque d'insolation à l'heure où le soleil est au zénith. Sur le terrain pathologique, on peut lire les symptômes d'une crise d'épilepsie. Ou une forme particulière de schizophrénie, l'amblyopie hystérique, qui, sans autres dérèglements particuliers, conduit à la cécité.

La déraison, il est vrai, tourne plus d'une fois autour du personnage de Paul. Il y a, bien sûr, la part de folie qu'il est le premier à reconnaître, inhérente à la croyance chrétienne en un messie crucifié. Ainsi, dans la deuxième épître aux Corinthiens, il va jusqu'à s'écrier : « Me voici devenu insensé ! » (2 Co 12). « Tu es fou Paul ! lui répond Festus dans les Actes. Ton grand savoir t'a fait perdre la tête » (Ac 26,24). Rôde également un terrible sentiment de culpabilité : Paul, le persécuteur, dans sa démence ou sa fureur (selon les traductions), s'acharne à poursuivre les disciples du Seigneur. Cette tâche l'obsède, les représentations de Jésus l'envahissent et le tourmentent jusqu'à le terrasser, vaincu par l'angoisse.

Christophanies

Le verbe grec *ophtê*, qui signifie toujours dans le Nouveau Testament que Jésus ressuscité « s'est fait voir », n'est pas un terme neutre qui relèverait seulement du vocabulaire de la psychologie. C'est un terme que les rédacteurs empruntent à la Bible où il a une fonction très particulière. La traduction grecque de la Septante y a systématiquement recours quand apparaissent les anges ou Yahvé. Abraham ne voit pas Dieu. C'est Dieu, le verset de la Genèse le dit littéralement, « qui s'est fait voir à Abraham » (Gn 12,7). Quant à Moïse, « l'Ange de Yahvé se fit voir de lui dans une flamme de feu, du milieu d'un buisson » (Ex 3,2). Sur le chemin de Damas, c'est l'incandescence divine qui frappe Paul de plein fouet et le jette à terre. La scène évoque naturellement celle du livre de l'Exode : « L'aspect de la gloire de Yahvé était aux yeux des Israélites celui d'une flamme dévorante au sommet de la montagne » (Ex 24,17). Jésus qui apparaît, c'est le Seigneur qui apparaît, c'est Yahvé. Et Paul, comme Moïse, se prosterne : « Aussitôt Moïse tomba à genoux et se prosterna » (Ex 34,8). Dieu se montre. Et l'aveuglement final inscrit Paul dans la filiation de Moïse qui ne pouvait contempler Yahvé, « car il craignait de fixer son regard sur Dieu » (Ex 3,6).

Grâce au langage, les apparitions de Jésus sont autres qu'elles-mêmes. Implicitement, elles s'arrachent à leur statut initial, elles ne veulent pas courir le risque d'être de l'ordre de l'hallucination, ou, pire, de passer pour une illusion des sens. La description des visions de Jésus ressuscité doit franchir un degré supplémentaire. Elles manifestent non seulement le retour du défunt, le pouvoir qu'il continue d'exercer malgré sa disparition physique, mais bel et bien la présence de Dieu. Ce sont des manifestations exemplaires de la puissance divine.

Les exégètes ont attribué un nom spécifique aux apparitions de Jésus ressuscité : les « christophanies ». C'est assez dire que celui qui apparaît dans les textes n'est plus le Crucifié, le Nazôréen ou le Nazarénien dont nul ne sait ce que le corps est devenu, mais déjà le personnage divin, le Christ, Jésus-Christ.

La preuve en est que ses apparitions reviennent exclusivement – à la seule exception, finalement, de Paul qui n'est pas encore apôtre –, à ses disciples, à ses familiers, à ceux qui sont prêts à partager la foi. Jamais à ses adversaires : ni à Pilate, ni aux grands prêtres, ni à ses bourreaux – ce qui aurait été le moyen le plus sûr de les convaincre. Plus curieusement encore, Jésus n'apparaît à aucun de ceux qui l'ont aidé, à aucun de ses « sympathisants » : ni à Simon de Cyrène, ni à Joseph d'Arimathie, ou à Nicodème, pas même à Lazare ou à ses sœurs Marthe et Marie. Il n'apparaît pas plus à tous ceux à qui il est venu en aide : les paralytiques, les sourds, les boiteux, les estropiés, les aveugles, les démoniaques, les miraculés de toutes espèces qui sillonnent les Évangiles.

Parmi les tout premiers critiques païens du christianisme, Celse, à l'occasion de son *Discours vrai*, n'avait pas manqué d'ironiser : « Quel messager envoyé en mission se cacha-t-il jamais au lieu d'exposer l'objet de son mandat ? Est-ce que, de son vivant, alors que personne ne le croyait, il ne prêchait à tous sans mesure, et, quand il aurait affermi la foi par sa résurrection d'entre les morts, pourquoi ne se laissa-t-il voir en cachette qu'à une seule femmelette et aux membres de sa confrérie ? feignait-il de s'interroger. Est-ce donc que, durant son supplice, il a été vu de tous, mais après sa résurrection d'un seul ? C'est le contraire qu'il aurait fallu. Sa volonté de nous enseigner par les supplices qu'il a endurés le mépris de la mort n'implique-t-elle pas qu'il aurait dû, après sa résurrection d'entre les morts, appeler ouvertement tous les hommes à la lumière et leur enseigner la raison pour laquelle il était descendu ? »

Ou bien, ou bien...

Dans cette femmelette, cette créature que Celse qualifie ailleurs ni plus ni moins d'« ensorcelée », il est facile de reconnaître Marie-Madeleine ou Marie de Magdala. Mais d'où vient cette femme sans nom de famille, sans nom d'époux ? Du pays de Magdala, sur la rive du lac de Génésareth ? Ou de l'hébreu puisque, dans cette langue, *magdala* signifie « exalter ». Marie-Madeleine ne serait-elle qu'une exaltée qui *exalte* Jésus, comme l'autre Marie qui chante le *Magnificat* dans l'évangile de Luc : « Mon âme exalte le Seigneur… » ?

Malgré les apparences, l'accusation diffamatoire de Celse n'est pas pure médisance : elle se fonde sur la tradition évangélique elle-même. Contrairement aux disciples en déroute, Marie-Madeleine appartient toujours, dans les quatre évangiles, au groupe de femmes qui assistent à la crucifixion, puis qui découvrent le tombeau vide. Même si ses compagnes changent d'un évangile à l'autre, elle est là chez Matthieu, chez Marc, chez Luc, et plus encore chez Jean où, seule et tout en larmes, elle pleure d'avoir perdu le corps de celui qu'elle aimait.

L'évangéliste Luc raconte que Jésus se faisait escorter par une petite troupe de compagnons qui « cheminait à travers villes et villages, prêchant et annonçant la Bonne Nouvelle du Royaume de Dieu ». A ses disciples dont on ne distingue alors aucun des visages s'agloméraient « quelques femmes qui avaient été guéries d'esprits mauvais et de maladies ». La première d'entre elles est « Marie, appelée la Magdaléenne, de laquelle étaient sortis sept démons » (Lc 8,1-2). Pourtant inquiétante, la caractéristique est confirmée par Matthieu, et reprise littéralement par la finale de l'évangile de Marc. Marie-Madeleine est une possédée que Jésus a exorcisée. On parlera plus tard de folie, d'hystérie.

Celse appuie donc là où le bât blesse. Comment admettre que cette femme dont le cœur déborde mais dont la raison vacille soit, dans la littérature néotestamentaire et en tout premier lieu chez Jean, un témoin si privilégié ?

Ou bien le récit conserve un souvenir authentique : Marie-Madeleine aurait bien été la première à avoir une vision de Jésus après sa mort. Mais que valait le témoignage d'une femme ? A cause de son sexe, d'aucuns n'auraient pas hésité à suspecter la supercherie, à l'accuser, qui sait, d'avoir fait disparaître la dépouille de Jésus pour faire croire, et peut-être d'abord à elle-même, que Jésus n'était pas mort.

Ou bien le ravissement de Marie-Madeleine glisse délibérément dans le récit une enluminure, à la manière des romans d'amour de la littérature grecque de l'époque. « Tout en flammes », dira d'elle Jean de la Croix dans *La Nuit obscure*, Marie-Madeleine voudrait-elle être, à tout jamais, la fiancée posthume de Jésus, le grand amour qui le rend éternellement vivant ?

« Où ils l'ont mis ? »

Sans doute aurait-il été, malgré tout, moins compromettant pour les rédacteurs de l'évangile selon Jean d'ignorer Marie-Madeleine, que son histoire soit une légende ou qu'elle reflète une tradition très ancienne. Tel qu'on peut le lire aujourd'hui, l'évangile laisse bien deviner que l'établissement du récit n'a pas dû se faire sans difficulté. Verset par verset, paragraphe par paragraphe, on sent combien le texte a été l'objet de transactions et de tractations. Une fois de plus, par extraordinaire, il a gardé la marque des hésitations, des réparations, des ajustements, la mémoire de son élaboration.

Le schéma actuel de l'épisode (Jn 20,1-18) est le suivant :

1. Marie-Madeleine constate que le tombeau est vide et s'enfuit prévenir les disciples : « On a enlevé le Seigneur du tombeau et nous ne savons pas où ils l'ont mis. »

2. Pierre et « l'autre disciple » accourent au tombeau et voient les linges mortuaires pliés à part. Convaincus par cette découverte que Jésus est ressuscité, ils retournent chez eux.

3. Marie-Madeleine, restée seule, pleure devant le tombeau. Deux anges apparaissent et l'interrogent. Aux anges elle fait la même réponse qu'aux disciples, mais au singulier : « On a enlevé *mon* Seigneur et *je* ne sais pas où on l'a mis. »

4. Sur ces entrefaites, Jésus ressuscité lui apparaît et répète à l'identique la question que les anges viennent de poser : « Pour-

quoi pleures-tu ? » Marie-Madeleine confond Jésus avec le jardinier. Jésus l'apostrophe alors par son nom : « Marie ! » Enfin, Marie-Madeleine reconnaît Jésus.

5. Semblant ignorer que Simon-Pierre et « l'autre disciple » viennent justement d'en avoir la révélation, Jésus envoie Marie-Madeleine les avertir de sa résurrection.

A l'évidence, la chronologie du récit est erratique : Marie-Madeleine ne cesse d'aller et venir sans raison. Les actions et les questions sont dupliquées : deux fois la même question est posée à Marie-Madeleine, deux fois elle fait la même réponse, deux fois la résurrection est constatée, une fois directement par les disciples, une fois indirectement par Jésus lui-même. En éliminant les répétitions et les doublets, ne devrait-on pas plutôt lire l'action comme suit :

1. Marie-Madeleine constate que le tombeau est ouvert. Elle pleure.

2. Les anges l'interrogent : « Pourquoi pleures-tu ? Elle répond : « On a enlevé mon Seigneur et je ne sais pas où on l'a mis. »

3. Jésus apparaît et se fait reconnaître. Il la console et l'envoie avertir les disciples de sa résurrection.

4. Prévenus, Pierre et « l'autre disciple » arrivent et pénètrent à l'intérieur du tombeau pour constater que Jésus n'y est plus. Ils en déduisent qu'il est ressuscité.

5. Accompagnés de Marie-Madeleine, ils rentrent chez eux proclamer la bonne nouvelle.

Rien n'interdit de supposer qu'une forme primitive de l'évangile selon Jean se présentait ainsi. Une forme, au fond, très proche du schéma synoptique. Mais pourquoi cette rédaction première aurait-elle été remise en cause et bouleversée ?

Si l'évangile avait validé cette narration, il faut bien constater que le rôle de Marie-Madeleine aurait dépassé en tout celui qui est dévolu aux disciples. C'est elle, Marie-Madeleine, qui aurait découvert le tombeau vide, elle qui aurait reçu la première apparition du ressuscité, elle qui aurait été la première à annoncer la bonne nouvelle.

A n'en pas douter, l'évangéliste Jean avait pour le personnage, sinon pour la personne de Marie-Madeleine, un attachement singulier, mais il mesurait aussi, lui ou ses successeurs, les limites qu'imposait l'expression de cet attachement. Ses points faibles sont trop nombreux pour reconnaître en elle le premier témoin du Christ ressuscité, pour accepter qu'elle soit la véritable « mère » de l'Église à venir... Aussi l'évangéliste – contre le récit de Marc et la tradition synoptique, contre la logique de son propre texte – se résout-il à faire revenir d'urgence Pierre et « l'autre disciple », deux témoins de moralité, habilités à constater que le tombeau est vide et à proclamer la résurrection du Christ – avant même toute apparition, avant Marie-Madeleine.

Préséance

Les témoins choisis par Jean sont non seulement des témoins honorables, mais il pousse la précaution jusqu'à hiérarchiser l'ordre de leurs entrées : « Pierre sortit donc, ainsi que l'autre disciple, et ils se rendirent au tombeau. Ils couraient tous les deux ensemble. L'autre disciple, plus rapide que Pierre, le devança et arriva le premier au tombeau. Se penchant, il aperçoit les linges gisant à terre ; pourtant il n'entra pas. Alors arrive aussi Simon-Pierre qui le suivait ; il entra dans le tombeau » (Jn 20,3-6).

Étonnant chassé-croisé !

Battu à la course par « l'autre disciple », Pierre parvient tout de même, *in extremis*, à pénétrer le premier dans le tombeau vide. « L'autre disciple » doit céder le pas devant lui, respecter sa préséance. Quant à Marie-Madeleine, elle devra attendre que les deux hommes soient repartis pour, à son tour, « se pencher vers l'intérieur ». Elle aussi doit s'effacer, suivre le protocole.

Mais, à y regarder à deux fois, le texte de Jean est plus pervers qu'il n'y paraît. Insidieusement, il creuse l'écart entre Simon-Pierre dont est marquée la primauté et « l'autre disciple » – en qui tout est fait pour qu'on reconnaisse l'ange tutélaire du quatrième évangile, « le disciple bien-aimé », celui que Jésus aimait. De lui seul, il est écrit « il vit et il crut » (Jn 20,9). Privilège exorbitant, sa foi n'est pas comparable à celle de Pierre dont pas un mot n'est dit.

Loin d'être un quelconque compte rendu historique, l'épisode est une fable où l'on contemple différents degrés de croyance, différents modèles de chrétiens. Ceux qui croient sans voir, ceux qui voient et qui croient, ceux qui doivent être « appelés » pour croire.

« Après Jésus, c'est Marie [de Magdala] qui a le plus fait pour la fondation du christianisme », écrivait Renan dans *Les Apôtres*. La littérature non canonique va exalter Marie-Madeleine. Ce rôle de premier plan, on ne saura jamais s'il correspondait à la place qu'elle a occupée dans la réalité, à l'importance sociologique des femmes à l'intérieur du christianisme primitif ou encore à la fonction des prophétesses dans les milieux hellénistiques. Dans l'évangile de Pierre, Marie-Madeleine est clairement répertoriée comme « disciple du Seigneur ». La littérature gnostique en règle générale lui confie le rôle du disciple bien-aimé. Jouissant d'un savoir révélé, elle sert d'intermédiaire entre Jésus et les disciples, au point de s'opposer plus d'une fois à leur chef, Simon-Pierre, comme dans l'évangile de Thomas, que l'on date du IIe siècle. Dans un autre apocryphe, l'évangile de Marie, Marie-Madeleine devient ouvertement celle que Jésus préfère, et même sa « compagne » dans l'évangile de Philippe.

La place du chef

Marie-Madeleine n'existe pas dans l'énumération limitative de la première épître aux Corinthiens, ni aucune autre femme.

Paul témoigne que le Christ ressuscité « est apparu à Céphas [Pierre], puis aux Douze » (1 Co 15,4). La présence de Pierre en tête de la liste de Paul témoigne de sa suprématie, exprimée ailleurs par le fameux : « Tu es Pierre, et sur cette pierre je bâtirai mon Église » (Mt 16,18). Emblème uniquement brandi par l'évangile selon Matthieu mais qu'aucun autre évangéliste ne veut reprendre. Bien qu'ils reflètent des courants qui doivent lui être peu favorables, les Évangiles indiquent au moins que la place du chef n'est pas toujours libre quand les textes trouvent leur forme dernière.

Ainsi, malgré ses doutes, son incompréhension, ses reniements, malgré même le « arrière Satan ! » que lui lance Jésus au beau milieu de l'évangile de Marc, Pierre l'emporte sur les autres disciples. Pour avoir, le premier, répondu à l'appel de Jésus ? Pour avoir confessé avant tous les autres : « Tu es le Christ, le Fils du Dieu vivant » (Mt 16,16) ? Ou sa place prééminente tient-elle à ce qu'il a été le premier à recevoir la vision de Jésus ressuscité ?

A la fin de l'épisode des pèlerins d'Emmaüs, Luc montre Cléophas et l'autre disciple, dont le nom n'est pas cité, de retour à Jérusalem où la communauté les attend. Avant même d'avoir entendu leur récit, tous s'écrient : « Réellement le Seigneur s'est éveillé [des morts] et a été vu par Simon ! » (Lc 24,34). L'incise n'a nullement sa place. Elle force visiblement le texte auquel elle a dû être ajoutée. Il est probable que primitivement le verset 33 – « Ils s'en retournèrent à Jérusalem et trouvèrent réunis les Onze et ceux qui étaient avec eux » – menait au verset 35 : « Et ils racontaient ce qui s'était passé sur le chemin, et comment il avait été reconnu à la fraction du pain. » Ce qui laisse, par ailleurs, à penser que, dans une rédaction primitive, la destination des pèlerins n'était pas Emmaüs – qui n'a jamais été distant de soixante stades (neuf kilomètres) de Jérusalem, mais Bethléem, situé à cette distance et dont le nom signifie « la maison du pain ». Dans ce cas, il faudrait associer Bethléem à Béthel (« la maison de Dieu ») dont l'ancien nom est Oulammaous...

Une fois de plus, plusieurs suppositions restent ouvertes. La première serait qu'il s'agit en réalité de deux femmes, masculinisées pour la crédibilité du récit. Mais, rien sinon la suspicion qui frappe toujours le témoignage féminin, ne permet d'y faire crédit. La seconde serait que le disciple dont le nom n'est pas cité soit justement Simon. Mais est-ce Simon-Pierre dit Céphas ? Ou Simon le Cananéen, l'un des disciples, ou encore Simon le fils de Cléophas qui succéda à Jacques à la tête de la communauté de Jérusalem ?

Selon le *Codex de Bèze*, un manuscrit du ve siècle qui recopie une des plus anciennes versions des Évangiles, les deux disciples s'interrogent sur leur aveuglement : « Notre cœur n'était-il pas voilé ? » Dans une étude sur les variantes du Nouveau Testament, Christian B. Amphoux souligne que Cléophas est un nom grec qui a un rapport de consonance avec le mot « voilé », *kleop*. Simon, de son côté, signifie en hébreu « celui qui entend », c'est-à-dire le disciple qui reçoit l'enseignement mais qui n'a pas la vision. Ce qui pousse à conclure que le couple des pèlerins d'Emmaüs « fait penser à celui d'Apollos et de Céphas dans la première épître aux Corinthiens qui désigne deux courants de la communauté primitive, les Hellénistes et les Apôtres ». *La Légende dorée* saura trouver la formule lapidaire pour le déplorer : « Le Christ est apparu à Simon, mais on ne sait où ni quand. » Cette révélation pourtant capitale est résolument absente des Évangiles comme des autres textes du Nouveau Testament.

Comme chez Luc, l'évangile selon Jean ne fait jamais état d'une vision initiale à Simon-Pierre. Même lorsque Jésus apparaît au bord du lac de Tibériade, il faut que ce soit le disciple bien-aimé qui lui souffle : « C'est le Seigneur ! » pour que Pierre parvienne à reconnaître le ressuscité (Jn 21,20). Quant à Matthieu, il ne reprend pas même *in extenso* la phrase que l'ange dit aux femmes dans le texte de Marc, lorsqu'elles découvrent le tombeau vide. « Vite, allez dire à ses disciples : "Il est ressuscité d'entre les morts, annonce-t-il, et voilà qu'il vous précède en Galilée" » (Mt 28,7). Là où Marc écrivait : « Allez dire à ses disciples et à Pierre… » (Mc 16,7), Matthieu élimine le nom de Pierre.

Comme la conclusion de l'évangile selon Matthieu où Jésus apparaît aux siens sur la montagne de Galilée, le récit d'apparition contenu dans la finale longue de Marc – pourtant rédigée tardivement – n'y fait pas non plus la moindre allusion. Reste à penser que Simon-Pierre fait corps, anonymement, avec les Onze, sans s'en distinguer.

Cette absence du récit de la christophanie de Pierre taraude les Évangiles. Comment concilier le fait que cette apparition soit fondatrice de l'autorité de Pierre et manque à ce point au texte ? Comment expliquer que le récit lui-même déprécie sans cesse la primauté qu'il accorde à Pierre, que ce soit chez Jean qui lui préfère Marie-Madeleine, ou chez Marc dont la tradition chrétienne a fait son interprète officiel, alors qu'il ne le montre jamais à son avantage… ? Comment comprendre que Pierre, révéré en tant que fondateur de l'Église, soit tellement décrié comme disciple, y compris au moment capital de la résurrection ? Comment éviter de céder aux sirènes du psychologisme en s'extasiant sur la merveilleuse humanité de Pierre, tour à tour fort et faible, tantôt homme de paille, tantôt homme de marbre ? Comment croire qu'il soit à la fois le premier, le *primus inter pares*, et le dernier des derniers ?

Transfiguration

Mais l'absence de la christophanie de Pierre en est-elle vraiment une ? Ou s'agit-il d'un déplacement ? Le récit de la Transfiguration chez les synoptiques ressemble fort, comme souvent dans les Évangiles, à un épisode anticipé, à une feinte. L'épisode est à peu près identique chez Marc, chez Matthieu et chez Luc. Il intervient à la fin du ministère galiléen de Jésus, avant son arrivée messianique à Jérusalem : « Et il leur disait : "En vérité je vous le dis, il en est d'ici présents qui ne goûteront pas la mort avant d'avoir vu le Royaume de Dieu venu avec puissance." Six jours après Jésus prend avec lui Pierre, Jacques et Jean et les emmène seuls, à l'écart, sur une haute montagne. Et il fut transfiguré devant eux et ses vêtements devinrent resplendissants, d'une telle blancheur qu'aucun foulon sur terre ne peut blanchir de la sorte. Élie leur apparut avec Moïse et ils s'entretenaient avec Jésus. [...] Ils étaient saisis de frayeur. Et une nuée survint qui les prit sous son ombre, et une voix partit de la nuée : "Celui-ci est mon fils bien-aimé ; écoutez-le." Soudain regardant autour d'eux, ils ne virent plus personne, que Jésus seul avec eux. Comme ils descendaient de la montagne, il leur ordonna de ne raconter à personne ce qu'ils avaient vu, si ce n'est quand le Fils de l'Homme serait ressuscité d'entre les morts. Ils gardèrent la recommandation, tout en se demandant entre eux ce que signifiait "ressusciter d'entre les morts" » (Mc 9,2-10).

La Transfiguration métamorphose Jésus en lumière, elle s'approche au plus près d'un processus de transformation corporel qui ne sera jamais représenté. Placée entièrement sous l'invocation de l'Exode et de Moïse recevant la parole de Yahvé sur le mont Sinaï, la scène est par avance une christophanie. Elle radiographie le Christ sous Jésus.

Dans cet épisode, Jésus est encadré par Moïse et Élie. Ils sont ses témoins, comme les deux larrons le seront sur la croix. De façon parfaitement symétrique, Simon-Pierre est encadré de Jacques et de Jean, eux aussi ses témoins. Le texte induit qu'il s'agit de Jacques et Jean, « fils de Zébédée ». Mais, étrange coïncidence, les « colonnes » de la communauté de Jérusalem se nomment aussi, selon Paul : Pierre, Jacques (frère de Jésus) et Jean. L'épisode de la Transfiguration serait-il le blason de cette situation historique ? Ce qui se joue ici n'est pas seulement une intronisation : « Celui-ci est mon fils bien-aimé ; écoutez-le », c'est aussi – et peut-être surtout – une initiation. Et le premier à être initié, peut-être le seul, celui qui dialogue avec Jésus, c'est Pierre – ce que Jacques et Jean pourront confirmer devant la communauté, comme Élie et Moïse, chez les synoptiques, attestent par leur présence que Jésus est bien le Christ – Moïse et Élie en qui l'on peut voir la Loi et la Prophétie.

On pourrait objecter que la présence de Jacques et de Jean dévalue de fait le privilège réservé à Pierre, ou que, sur le plan allégorique, il fallait qu'à trois figures célestes correspondent trois humains. Malgré tout, même si Pierre n'est pas seul, même si le texte lui reprend d'une main ce qu'il lui donne de l'autre, il demeure le premier cité, le premier à parler tandis que les autres se taisent, le premier initié. Un secret lie ces hommes, qu'ils soient de la terre ou du ciel. Un secret qui n'est pas encore compréhensible à tous et à toutes, un secret qui ne doit pas être transmis avant l'heure décidée par Dieu. L'apparition du Christ à Pierre est un trésor ésotérique, l'un des mieux gardés du Nouveau Testament.

Frère Jacques

Jacques connu comme « frère du Seigneur », devenu après la mort de Jésus le chef de la communauté de Jérusalem, est placé en tête de la seconde partie de la liste de Paul dans l'épître aux Corinthiens : « Ensuite il est apparu à Jacques, puis à tous les Apôtres » (1 Co 15,7).

C'est une figure bien moins familière que Pierre ou Marie-Madeleine, mais surtout plus embarrassante pour l'icône de la Sainte Famille. Pendant des siècles, elle a posé à la tradition chrétienne la question de la famille de Jésus, et spécifiquement celle des autres fils de Marie : Jacques, Joseph (ou José), Jude (ou Judas) et Simon (Mc 6,3 et Mt 13,55). Le dogme de la virginité de Marie força les docteurs de l'Église, malgré la lettre des Évangiles, à déployer tous les trésors de leur érudition et de leur imagination pour tenter de prouver que ces « frères » importuns n'étaient que des « cousins », voire qu'il s'agissait de demi-frères ou plutôt des fils du premier mariage de Joseph, ou encore que ceux qui suivaient Jésus s'appelaient tous « frères ». Mais, en ce cas, comment auraient-ils pu déclarer : « il est fou » (Mc 3,21) et surtout le dédaigner comme l'affirme

Jean : « Ses frères en effet ne croyaient pas en lui » (Jn 7,5) ? Quant à ses sœurs, leur anonymat les voua à l'oubli. Il paraît aujourd'hui plus simple d'accepter ce que l'on peut déduire de la lecture de Marc et de Matthieu : « Il ne la connut pas jusqu'à ce qu'elle ait enfanté un fils. » Jésus était le premier-né de Marie qui eut, ensuite, d'autres enfants.

Les évangiles canoniques ne mentionnent le personnage de Jacques qu'au sein de la fratrie de Jésus, mais plutôt de façon négative, en tout cas avec indifférence. Et aucun des vingt-sept livres du Nouveau Testament ne mentionne sa mort en 62. Cependant, dans les Actes des Apôtres, c'est lui – et non Pierre – qui prend la direction de la première communauté à Jérusalem et qui, lors de la dispute sur la nécessité de la circoncision, arbitre le débat. Jacques, selon l'expression révérencieuse de Paul, est l'une des « colonnes » de ce que l'on appellera « l'Église de Jérusalem » – du grec *ekklesia*, le « rassemblement », cette « église » étant une synagogue, une subdivision à l'intérieur de la synagogue.

C'est dans la littérature apocryphe que la place de Jacques sera plus éminente. L'évangile de Thomas, à travers la bouche du ressuscité, le couronne comme représentant terrestre de Jésus, voire, précisément, comme le spectateur initial des christophanies. Dans l'évangile des Hébreux, qui n'est plus connu aujourd'hui que fragmentairement, à travers les citations d'Origène, de Clément d'Alexandrie et de saint Jérôme, on lit : « Quand le Seigneur eut donné le linceul au serviteur du prêtre, il alla vers Jacques et lui apparut. » Puis après avoir béni le pain, Jésus dit : « Mon frère, mange ton pain puisque le Fils de l'Homme est ressuscité de ceux qui dorment. » D'après ce texte, méprisant les prétentions de Pierre ou de Marie-Madeleine, c'est donc à Jacques que Jésus se serait manifesté en premier après sa résurrection. En tout cas, la concurrence a dû être farouche entre les différents courants du christianisme primitif : le courant inorganisé représenté par Marie-Madeleine, le courant institutionnel incarné par Pierre, et le courant familial ou dynastique sous la houlette de Jacques.

La liste de Paul

S'abritant derrière la tradition qu'il a reçue, Paul témoigne donc, de façon limitative, que le Christ, « ressuscité le troisième jour selon les Écritures, est apparu à Céphas [Pierre], puis aux Douze. Ensuite il est apparu à plus de cinq cents frères à la fois – la plupart d'entre eux demeurent jusqu'à présent et quelques-uns se sont endormis –, ensuite il est apparu à Jacques, puis à tous les Apôtres. Et en tout dernier lieu il m'est apparu à moi aussi, comme à l'avorton » (1 Co 15,4-9).

En dépit des apparences, Paul n'entreprend pas de dresser le procès-verbal des apparitions : leurs caractéristiques et leur contexte ne lui importent pas. Sa liste est un état des lieux qui combine deux tendances. La première s'oriente autour de Simon-Pierre (Céphas), suivi des Douze et de « plus de cinq cents frères ». Elle vise à la fois la Galilée et la perspective missionnaire du christianisme primitif, tandis que la seconde, centrée sur Jérusalem, la Ville sainte où est attendu le retour en gloire du Messie, la parousie, regroupe « tous les Apôtres » autour de Jacques, le frère de Jésus.

De même que les Évangiles aiment passer pour de l'histoire, les épîtres de Paul se plaisent à recourir aux énumérations et aux classements qui permettent, à bon compte, de mettre d'accord les absents et de rendre hommage aux morts. D'eux il n'y a aucune contradiction à redouter mais sûrement une part de légitimité à obtenir.

La liste de l'épître aux Corinthiens est un protocole d'accord qui fédère différentes personnalités, différents groupes, un traité de paix. Les territoires sont attribués, les places réparties. Paul qui n'appartient ni au cercle des élus comme Pierre, ni à la famille de Jésus comme Jacques, se nomme poliment en dernier sur la liste des bénéficiaires d'apparitions. La hiérarchie de référence placée sous sa signature montre combien les apparitions du ressuscité ont une fonction politique à l'intérieur du christianisme primitif : elles sont sources de pouvoir. Mais si Paul s'abaisse jusqu'à être « le moindre des Apôtres », s'il jure ne pas mériter d'« être appelé apôtre » puisqu'il a « persécuté l'Église de Dieu », s'il n'est qu'un « avorton », c'est bien pour démontrer que sa propre christophanie fonde son autorité. Alors que, dans les Actes des Apôtres, la rivalité de Paul avec Pierre est si vive qu'ils semblent ne s'accorder en rien et s'affronter à chacune de leurs rencontres, alors que, dans l'épître aux Galates, Paul proclame n'avoir de comptes à rendre à personne, seulement à Jésus-Christ et à Dieu le Père, l'excessive humilité de Paul détonne pour le moins... Ce n'est pas du même homme qu'il s'agit. Le prophète furieux n'est pas le diplomate retors, appliqué à faire acte d'allégeance à la communauté de Jérusalem, à ses « colonnes », aux apôtres, à Jacques, à Pierre, à Jean. Qui sait d'ailleurs si l'inflation du nombre des bénéficiaires d'apparitions dans l'épître aux Corinthiens – plusieurs centaines de personnes au bout du compte, dont beaucoup d'inconnus et d'anonymes – ne cherche pas à dévaloriser le prestige et le pouvoir de Pierre et de Jacques, ses deux principaux rivaux ?

Toute fausse modestie mise à part, Paul sous-entend qu'il constitue à lui seul une troisième voie, une tradition indépendante. Fermant le ban, il signifie que l'ultime apparition a été pour lui. Il n'y en aura plus d'autre après. Paul se considère mieux que les successeurs, mieux que les héritiers : son œuvre, c'est sa conversion, et tout le mérite n'en revient qu'à lui.

Anomalies

Parler de l'apôtre Paul amène nécessairement à évoquer l'auteur des épîtres publiées sous son patronage, lesquelles, à elles seules, représentent en volume quasiment le quart du Nouveau

Testament. Avec les lettres de Paul, nous éprouvons toujours le sentiment complexe du proche et du lointain. Proche, parce que, même s'il ne l'a pas connu, Paul est un contemporain de Jésus, et qu'il nous dit avoir côtoyé Pierre, Jean et Jacques, le frère de Jésus. Lointain, parce que la personnalité, les paroles, les actes de son maître ne l'intéressent que très peu. Lointain encore, parce que, dans la tradition chrétienne, bien que rédigées avant eux, les épîtres font office de commentaires théologiques et philosophiques des Évangiles et des Actes des Apôtres. Mais proche néanmoins, parce que, étant réputées les documents les plus anciens du Nouveau Testament, elles semblent avoir une fiabilité supérieure à celle des autres sources.

Trompeuse impression…

« Saul-Paul est devenu dans la tradition chrétienne une influence massive que l'on a individualisée dans une personnalité difficile à saisir et à comprendre pour l'historien critique », écrivait Alfred Loisy dans *La Naissance du christianisme*. Il ajoutait : « La perplexité critique devant ce patron plus ou moins authentique de l'individualisme religieux tient à ce que la physionomie de celui qu'on est convenu d'appeler l'Apôtre, censée très nette tant que l'on fait confiance à la plupart des écrits qui portent son nom, se fait de moins en moins définissable à mesure que l'on sent davantage ce qu'a d'artificiel la documentation qui le concerne. »

« Je vous ai donc transmis en premier lieu ce que j'avais moi-même reçu… » (1 Co 15,3). Sous prétexte que la liste de l'épître aux Corinthiens débute par ce préambule, elle prend *ipso facto* valeur de document d'archive. Au vu des bizarreries du texte, il faut pourtant soupçonner, sous la patine vénérable de la formulation, un texte plusieurs fois remanié.

Moins archaïque que l'on ne veut bien l'assurer ordinairement, l'état actuel de la liste des christophanies doit, au moins en partie, être postérieure à Paul au lieu de lui préexister.

En effet, il suffit de revenir à l'énumération des bénéficiaires d'apparitions dressée dans l'épître aux Corinthiens pour y discerner plusieurs anomalies, et même des anachronismes qu'accentue le fait que l'auteur cite cette liste comme émanant d'une tradition antérieure.

Par exemple :

1. Jésus apparaît en premier à Pierre (Céphas) et, précise-t-il, « aux Douze ». Soit Judas est encore du nombre, soit il a déjà été remplacé par Matthias, comme il est précisé au début des Actes des Apôtres. Cela suggère aussi que Pierre est alors une personnalité distincte des Douze, il n'en fait pas ou plus partie (ils seraient treize). La mention séparée des Douze ne renverrait pas au groupe des disciples soi-disant institué sous cette forme par Jésus lui-même – les Évangiles entretiennent suffisamment d'approximations à cet égard pour que le doute soit permis –, mais plutôt au collège qui aurait été constitué après sa mort pour entourer Pierre ou ses successeurs. Ce serait l'une des premières structures mises en place à Jérusalem pour attendre la parousie du Seigneur Jésus, l'organe collégial chargé de diriger le mouvement embryonnaire, d'orienter sa ligne religieuse, et probablement aussi de contrer l'influence des juifs chrétiens extérieurs à Jérusalem, les hellénistes, et notamment celle de Paul.

2. L'indication des « cinq cents frères » laisse aussi songeur. D'où viennent-ils ? Que sont-ils devenus ? Où sont leurs témoignages ? Hormis cette courte allusion, le Nouveau Testament ignore superbement cette foule illuminée.

3. La mention de Jacques dans la liste pose également problème. C'est pour lui faire place, manifestement, que l'auteur est contraint de reprendre son inventaire. Après avoir élargi le premier cercle en progressant de Pierre aux cinq cents frères, la liste repart de zéro. Après la multitude, elle en revient à une figure individuelle. Son insertion ne s'explique qu'à partir du moment où le frère de Jésus a dû apparaître comme un candidat à la succession aussi sérieux et aussi soutenu que Pierre. A la prétention des premiers compagnons d'armes (Pierre et les Douze) la famille de Jésus oppose la qualité naturelle de l'héri-

tier direct du trône, Jacques. S'ils se disputent sur le terrain théologique, sur le terrain de l'interprétation de la Torah, l'enjeu n'est pas moins celui de la royauté d'Israël, la royauté concrète de l'Israël terrestre.

Les poulpes

Il ne fait pas de doute, de toute façon, que les épîtres ont ete écrites et réécrites plusieurs fois avec une grande indépendance, c'est-à-dire sans scrupules, à l'égard de l'original (dont nous ne connaissons aucun manuscrit). Cette situation est même entérinée par le Nouveau Testament : sur les treize épîtres attribuées à Paul et reconnues par le Canon, la tradition chrétienne reconnaît parfaitement que six d'entre elles ne sont pas de Paul : la deuxième épître aux Thessaloniciens, les épîtres aux Colossiens et aux Éphésiens, les deux à Timothée et celle à Tite. Quant aux sept autres, personne ne conteste sérieusement aujourd'hui qu'elles résultent de compilations. Ce qui n'a rien de très extraordinaire par rapport aux habitudes du travail littéraire de l'époque.

Combien de copistes ont modifié les textes en s'abritant sous l'autorité de Paul ? Qu'ont-ils fait exactement ? Qu'ont-ils retranché ou ajouté ? Dans quelle aire géographique, et en quelles circonstances ? Dans quel rapport exact avec le judaïsme ? D'autres lettres à d'autres communautés ont-elles disparu ?

Il est évidemment impossible de répondre à toutes ces questions autrement que par des hypothèses. S'il n'est pas douteux qu'une voix singulière sous-tend la littérature des épîtres de Paul, il est vraisemblable que cette pensée s'est transformée au fil du temps et qu'elle s'est modelée sur ses auditoires successifs, tant elle ne craint ni les paradoxes, ni les incohérences, ni les retournements – « comme les poulpes changent de couleur selon celle de leurs rochers », dira de lui l'empereur Julien au milieu du IVe siècle. Mais il paraît aujourd'hui impossible d'accepter que les écrits mis sous le nom de Paul aient pu être la création d'un individu unique, dans une période unique. Il faut les considérer comme le terrain d'expression non seulement d'un, mais de plusieurs courants de pensée qui se rejoignent sous une bannière que, par commodité, nous nous sommes habitués à appeler « Paul ».

Le protocole extatique

Il est significatif que l'auteur des Actes des Apôtres ait choisi de faire apparaître le personnage de Saul-Paul au terme même de la scène où disparaît Étienne. Le premier martyr « chrétien » est, lui aussi, gratifié d'une vision à l'instant même où il expire : « Tout rempli de l'Esprit-Saint, il fixa son regard vers le ciel ; il vit alors la gloire de Dieu et Jésus debout à la droite de Dieu » (Ac 7,55). Le passage d'Étienne à Paul est aussi brutal sur le plan du récit que dans le parallélisme des actions : Étienne expire et Saul-Paul « approuve ce meurtre ». Leur lien est celui du sang. D'autant plus que, selon les Actes, « en ce jour-là, une violente persécution se déchaîna contre l'Église de Jérusalem » à laquelle Paul participe activement : « allant de maison en maison, il arrachait les hommes et les femmes et les jetait en prison » (Ac 8,1 et 3).

Dès lors, le livre des Actes ne cache pas les difficultés, du reste assez prévisibles, auxquelles Paul, de retour de Damas, ne manque pas de se heurter malgré sa vision. Ne veut-il pas être admis parmi ceux qu'il pourchassait auparavant ? « Il essayait de se joindre aux disciples, mais tous en avaient peur, ne croyant pas qu'il fût vraiment disciple. Alors Barnabé le prit avec lui, l'amena aux apôtres et leur raconta, comment, sur le chemin, Saul avait vu le Seigneur qui lui avait parlé » (Ac 9,26-27). Sa vision sur le chemin de Damas est un sauf-conduit. Une lettre de créance. Elle atteste de sa vocation, marque son élection par Dieu.

Force est de constater que le phénomène de vision n'est pas unique dans la biographie du personnage. Les Actes des Apôtres racontent, à plusieurs reprises, que Paul est sujet à des « crises ». Son portrait est celui d'un visionnaire : « Et maintenant voici qu'enchaîné par l'Esprit je me rends à Jérusalem, sans savoir ce qui m'y adviendra sinon que de ville en ville, l'Esprit-Saint m'avertit que chaînes et tribulations m'attendent » (Ac 20,22-23) ; « De retour à Jérusalem, il m'est arrivé, un jour où je priais dans le Temple, de tomber en extase : je vis le Seigneur… » (Ac 22,17-18) ; en prison, « le Seigneur vint le trouver et lui dit : "Courage ! De même que tu as rendu témoignage de moi à Jérusalem, ainsi faut-il encore que tu témoignes à Rome…" » (Ac 23,11).

Ainsi, lorsqu'elle n'est pas transmise par des anges, la parole de Dieu se fait entendre par la bouche des prophètes inspirés. La vision est toujours le signe d'une révélation, étymologiquement d'une apocalypse. Elle met directement et physiquement en contact avec le sacré. Cette liaison directe avec l'au-delà confère une autorité particulière que ne sauraient disputer les autorités humaines. Seule, elle permet d'atteindre la véritable connaissance.

Louis Lambert, le personnage de Balzac, imaginait, quant à lui, que le pouvoir divinatoire de Jésus, son charisme, n'était pas étranger au phénomène de ses apparitions posthumes : « Le Christ ne s'apercevant pas de sa mort, ayant assez perfectionné l'être intérieur par des œuvres divines pour qu'un jour la forme invisible en apparût à ses disciples, enfin les mystères de l'Évangile, les guérisons magnétiques et le don des langues lui confirmaient sa doctrine. Je me souviens de l'avoir entendu dire à ce sujet que le plus bel ouvrage à faire aujourd'hui était l'histoire de l'Église primitive. »

Cette pensée mystique a même animé tout un courant du christianisme primitif comme en témoigne l'un des écrits apocryphes du début du IIe siècle, *L'Ascension d'Isaïe*. Dans cette apocalypse, le prophète biblique enrôlé par les chrétiens va contempler du haut des cieux la future venue du Christ : « Or tandis qu'il parlait dans l'Esprit-Saint et que tout le monde l'écoutait, il se tut, et son esprit fut emporté en haut ; quant à lui, il ne voyait pas les hommes qui se tenaient devant lui. Ses yeux étaient ouverts, mais sa bouche se taisait ; l'esprit de sa chair avait été emporté en haut, mais son souffle était en lui, car il voyait une vision. Et l'ange qui avait été envoyé là pour lui faire voir n'était pas de ce firmament, il n'était pas non plus des anges de gloire de ce monde ; mais il était venu du septième ciel. Tout le monde qui se tenait là, sauf le cercle des prophètes, crut que le saint Isaïe avait été enlevé. Or la vision qu'il vit n'était pas de ce monde mais du monde qui est caché à toute chair. »

Les oracles et les visions des prophètes obéissent à un protocole extatique qui permet de communiquer avec le ressuscité. Les Actes des Apôtres offrent le récit d'une révélation de ce type. Cinquante jours après la fin de la Pâque, lors de la fête de la Pentecôte qui inaugure symboliquement le remplacement de Jésus par la communauté judéo-chrétienne, l'Esprit-Saint descend avec fracas, vent violent et flamboiement de langues de feu. Les Douze, aussitôt, changent de statut. Ce ne sont plus des disciples, mais des « apôtres » adoubés pour leur mission future. Subitement, ils parlent toutes les langues de la terre, à moins que ce don ne relève plutôt de l'art des glossolalies, voire d'une abusive consommation d'alcool... Le chroniqueur confie à Pierre le soin de sauver la situation : « Non, ces gens ne sont pas ivres, comme vous le supposez, se justifie Pierre. Mais c'est bien ce qu'a dit le prophète . "Il se fera dans les derniers jours, dit Dieu, que je répandrai de mon esprit sur toute chair. Alors vos fils et vos filles prophétiseront, vos jeunes gens auront des visions et vos vieillards des songes. Et moi, sur mes serviteurs et sur mes servantes, je répandrai de mon Esprit. Et je ferai paraître des prodiges dans le ciel et des signes ici-bas sur la terre. Le soleil se changera en ténèbres et la lune en sang, avant que vienne le Jour du Seigneur, ce grand Jour. Et quiconque invoquera le nom du

Seigneur sera sauvé" » (Ac 2,15-21). Ce premier discours, adressé aux habitants de Jérusalem, résonne en fait comme un manifeste. Mais on peut suivre à travers le Nouveau Testament comment la revendication charismatique va se heurter aux autres pratiques des premières communautés.

Dans la première épître aux Corinthiens, Paul reconnaît la diversité des « dons spirituels », des « ministères », des « opérations », mais il ajoute aussitôt, ou l'amateur de hiérarchie qui s'exprime en son nom : « A chacun la manifestation de l'Esprit est donnée en vue du bien commun [...]. Vous êtes, vous, le corps du Christ, et membres chacun pour sa part. Et ceux que Dieu a établis dans l'Église sont premièrement les Apôtres, deuxièmement les prophètes, troisièmement les docteurs » (1 Co 12,7 et 27-28).

Sans doute a-t-il fallu d'abord temporiser pour éviter l'éclatement du mouvement. Puis il a fallu coordonner des pratiques religieuses difficilement conciliables, et accepter de laisser malgré tout une place de choix aux comportements prophétiques. Mais la bataille contre les charismatiques allait commencer – d'autant qu'aux yeux des païens lettrés le christianisme avait toutes chances de passer pour un avatar du charlatanisme tant décrié des religions à mystères.

Prophètes / faux prophètes

Faire entendre le Christ, parler en son nom, le voir à nouveau, l'exalter en somme : c'est bien le charisme propre aux prophètes. Ils offrent leur voix humaine au personnage divin qui les inspire. Perpétuant sa présence, ils revêtent une part de son autorité. D'où l'étrange question des paroles de Jésus, les *logia*. *Logia* cités par Paul mais ignorés par les Évangiles, *logia* présents par centaines dans les sources non canoniques mais écartés du Nouveau Testament – ce qui ne s'expliquerait pas si leur authenticité était incontestable. *Logia* évidemment non historiques que les Évangiles attribuent pourtant à Jésus ressuscité lors des christophanies.

Le danger est évident. Les paroles du Christ formulées par le prophète sont des paroles incontrôlables : comment être sûr que c'est le Seigneur qui parle par sa bouche ? Comment être sûr que ce n'est pas le Malin ? Comment accepter ces annonces de la bonne nouvelle, l'« évangile oral », si on ne peut être certain que celui qui parle ne s'est pas fourvoyé ?

Ainsi le fer sera-t-il porté d'abord à l'intérieur même de la catégorie des prophètes. Après Marc, l'évangile selon Matthieu s'en prendra avec la même virulence à ces « faux prophètes, qui viennent à vous déguisés en brebis » (Mt 7,15). Ce n'est pas seulement la défense de positions d'autorité qui s'exprime là, comme le fait la *Didaché* qui enseigne les moyens pratiques de distinguer entre vrais et faux prophètes. C'est une mise en cause radicale des tendances extatiques. Il s'agit d'amorcer une véritable rupture, de lancer une machine de guerre contre le courant visionnaire, contre le christianisme prophétique. Ainsi l'évangile oral ne sera-t-il jamais *mis par écrit*. Il ne sera pas conservé, ni poursuivi par d'autres moyens. De par son principe même, l'écriture des Évangiles va donner un coup d'arrêt à la prolifération de la Parole inspirée. Les sentences du maître, les visions, les récits apocalyptiques, les procédés mnémotechniques de la tradition orale, outre qu'ils alimentent des rivalités incessantes, risquaient de perdre le modèle de Jésus-Christ en lui donnant, et continûment, trop de visages.

Le passé et la présence

Primitivement, on le sait, le premier des Évangiles, celui de Marc, ne contenait aucun récit d'apparition, aucune christophanie. Mais surtout il s'achevait peut-être bien avant la fin que nous lisons aujourd'hui, sur l'ordre que donnait Jésus à ses disciples, tous réunis, d'attendre son retour.

Puis cette fin ouverte, sans être supprimée, aurait été comblée par les deux derniers chapitres de l'évangile qui, narrativement et stylistiquement, tranchent sans conteste avec le reste du texte. C'est donc dans une seconde phase que le récit de la Passion aurait pu être ajouté par les autres rédacteurs de Marc pour que soient relatés l'arrestation, le jugement et la mort de Jésus, sa fin terrestre. « Au lieu d'un Jésus éternellement présent, remarque Étienne Trocmé, c'est un Jésus qui s'en va qu'ils nous montrent ; au lieu d'un maître toujours entouré des siens, un délaissé, livré seul à la fureur de ses ennemis. Bref, ces chapitres *racontent une histoire au lieu d'exhorter leurs lecteurs à "faire l'histoire"*. »

Devant le retard de la parousie, le Jésus qui proclame (celui que l'on fait parler, celui qui est toujours actuel) est remplacé par un Jésus dont il faut illustrer le message et le destin, le Jésus proclamé. Le passage de l'un à l'autre traduit le passage de la tradition orale et prophétique à l'écriture, au récit, à l'histoire. Dans un premier stade, du vivant de Jésus, la fièvre apocalyptique est si forte, le sentiment de la fin si proche qu'il n'y a aucune nécessité de conserver quoi que ce soit, oralement ou par écrit. Puis Paul entre en action. Pour lui, le Christ Jésus ressuscité selon les Écritures n'est pas un messie déjà venu, c'est le messie à venir : il n'y a pas à raconter son histoire. Les années passent pourtant, et les premiers disciples meurent sans avoir entendu « la trompette finale » ni assisté au réveil de « ceux qui se sont endormis dans le Christ » (1 Th 4).

Face au découragement des premiers croyants, face à l'hostilité ambiante, face aux appropriations contradictoires, face au désordre de la tradition orale, Marc et avec lui les évangélistes vont recourir à l'écriture. Ils vont entreprendre de conserver les enseignements de Jésus, de rappeler sa vie exemplaire, de justifier la catastrophe de sa mort. Ils vont mettre en récit le patrimoine commun. « Il n'est donc peut-être pas exagéré de prétendre que c'est avec l'extraordinaire narration de Marc, ajoute Werner Kelber, que la conscience chrétienne fut arrachée à l'enfance orale et à une amnésie partielle de la mort de Jésus pour être projetée vers une saisie pleinement historicisée de la vie et de la mort du Messie. »

Mais l'évangile n'est pas conçu pour prendre le deuil, pour enterrer le mort. L'évangile est écrit pour temporiser, pour que le mort reste vivant, pour que le disparu soit reconnu quand il reviendra. Prise dans le moule narratif du récit grec, transférée dans la forme biographique du mémorial, la proclamation de Jésus-Christ par les Évangiles épousera ainsi la conception hébraïque du temps verbal : ni présent, ni passé, ni futur, seulement l'accompli et l'inaccompli. Le Royaume utopique est déjà là. Le passé n'est que la promesse de l'avenir. Le futur est sans cesse anticipé, au bord de devenir le présent éternel. L'urgence sera désormais d'attendre, d'accepter que l'attente se prolonge. Aux récits de christophanies il appartient de transformer la conviction intérieure de la résurrection en événement et en récit, de représenter la croyance, autrement dit de faire d'elle une présence, de donner corps au ressuscité.

Un corps inouï

« Ceux qui sont dans l'erreur disent qu'il n'y a pas de résurrection de la chair ; qu'il est impossible en effet que celle-ci, après avoir été détruite et réduite en poussière, retrouve son intégrité… » Au IIe siècle de notre ère, Justin résumait ainsi les sarcasmes des adversaires de la résurrection corporelle. La résistance à cette idée dans les milieux chrétiens eux-mêmes fut tenace car Paul, autour des années 50, devait déjà réfuter des arguments comparables. Dans l'épître aux Corinthiens, traitant ses destinataires d'« insensés », il se livrait à une longue dissertation, s'appuyant sur l'image du grain de blé enfoui en terre. « Ce que tu sèmes, toi, ne reprend vie que s'il ne meurt » (1 Co 15,36) : Paul entendait ainsi démontrer que les ressuscités seront à la fois les mêmes et transformés après la mort. « On est semé dans la corruption, on ressuscite dans l'incorruptibilité ; on est semé dans l'ignominie, on ressuscite dans la gloire ; on est semé dans la faiblesse, on ressuscite dans la force ; on est semé corps psychique, on ressuscite corps spirituel » (1 Co 15,42).

Outre que le parallèle avec le grain de blé mis en terre n'est pas très heureux (quand elle est semée la graine n'est pas morte, mais tout au contraire vivante, fertile), les développements philosophiques de Paul répondaient mal aux questions précises de ceux qui – s'ils voulaient bien en accepter le principe – n'en finissaient pas de s'interroger sur la forme exacte que pouvait revêtir la résurrection. D'autant que, pour les premiers chrétiens qui étaient juifs, la résurrection ne pouvait être conçue que de manière corporelle. Dès lors, de quelle manière les morts, enfouis depuis longtemps, réduits à la pourriture, pourraient-ils retrouver leur intégrité physique ? Et quelle intégrité ? Sortiront-ils de leurs tombeaux, comme l'imaginera saint Jérôme, tels de « jeunes mulets libérés de leurs liens » ? Ressusciteraient-ils circoncis, comme Jésus, ou incirconcis, comme Adam ? La réponse à cette question, à elle seule, a produit une immense littérature puisqu'elle induisait une nouvelle question plus redoutable encore : fallait-il préalablement être juif pour être chrétien ? Les ressuscités retrouveront-ils un corps tel qu'il était dans leur jeunesse ou tel qu'il était au moment de leur décès ? Les boiteux, les aveugles, les paralytiques, les lépreux ressusciteront-ils avec leurs infirmités et leurs tares ? Les justes décapités, brûlés, torturés pour leur foi, quel sera leur sort ? Et qu'adviendra-t-il des croyants dévorés par les bêtes sauvages ou engloutis dans le ventre des poissons ? Comment les femmes ressusciteront-elles : mâles ou femelles ? Ressusciteront-elles seulement ? Dans l'évangile de Thomas, une dispute éclate, Pierre déclare : « "Que Marie [Madeleine] nous quitte, car les femmes ne sont pas dignes de vie !" Jésus dit : "Voici ; moi je l'attirerai pour la rendre mâle, de façon à ce qu'elle aussi devienne un esprit vivant semblable à vous les mâles ! Car toute femme qui se fera mâle entrera dans le Royaume des Cieux." ». Les ressuscités parleront-ils à nouveau comme des êtres humains, mangeront-ils, boiront-ils ? Dans son traité sur la résurrection des morts, Tertullien répondait catégoriquement par la négative : « A quoi bon désormais ces profondeurs de la bouche, cette rangée de dents, la descente du gosier, le carrefour de l'estomac, le gouffre du ventre, la sinueuse longueur des intestins, lorsqu'il n'y aura plus lieu de manger et de boire, [...] lorsque tout souci de nourriture aura pris fin ? » Et, surtout Tertullien niait la nécessité des « organes génitaux des deux sexes », des « sièges de la conception », des « mamelles fécondes », répondant à la grande question que tous se posaient : les ressuscités pourront-ils s'accoupler ?

Question particulièrement épineuse qui constitue un véritable cas d'école. L'évangile de Marc met en scène à ce propos un long débat entre Jésus et les sadducéens, qui, visiblement, a pour arrière-plan l'histoire des sept frères du deuxième livre des Maccabées. « Alors viennent à lui des sadducéens – de ces gens qui disent qu'il n'y a pas de résurrection – et ils l'interrogeaient en disant : "Maître, Moïse a écrit pour nous : Si quelqu'un a un frère qui meurt en laissant une femme sans enfants, que ce frère prenne la femme et suscite une postérité à son frère. Il y avait sept frères. Le premier prit femme et mourut sans laisser de postérité. Le second prit la femme et mourut aussi sans laisser de postérité et de même le troisième ; et aucun des sept ne laissa de postérité. Après eux tous, la femme aussi mourut. A la résurrection, quand ils ressusciteront, duquel d'entre eux sera-t-elle la femme ? Car les sept l'auront eue pour femme." Jésus leur dit : "N'êtes-vous pas dans l'erreur, en ne connaissant ni les Écritures ni la puissance de Dieu ? Car, lorsqu'on ressuscite d'entre les morts, on ne prend ni femme ni mari, mais on est comme des anges dans les cieux" » (Mc 12,18-25).

La réponse de Jésus aura une belle postérité. Une fois ressuscités, les hommes et les femmes seront, promet-il, « comme des anges dans les cieux ». La formule ne résout rien puisque les anges ne sont jamais décrits dans la Bible hébraïque, pas plus que dans les textes du Nouveau Testament. Il n'y a donc pas de réponse satisfaisante et l'interrogation des Corinthiens demeure comme un poids sur la conscience des croyants : « Comment les morts ressuscitent-ils ? Avec quel corps reviennent-ils ? » (1 Co 15,35).

Les développements théoriques de Paul ne pouvaient mener qu'à des impasses. Ses positions, ou les positions mises sous son nom, varient d'une épître à l'autre, elles changent plus d'une fois sans crainte de se contredire, passent de l'anthropologie sémitique à la conception grecque de l'immortalité de l'âme, s'efforcent d'associer l'une à l'autre. Pas plus que dans le livre de Daniel ou dans celui des Maccabées, il n'y a chez Paul de théorie univoque de la résurrection corporelle, et il n'y en aura jamais dans la chrétienté. Encore aujourd'hui, il suffit d'ouvrir le Catéchisme de l'Église catholique pour constater – en dehors de la confession de foi – l'extrême embarras, pour ne pas dire l'impossibilité, dans lesquels se trouvent les rédacteurs chargés d'en réaliser la synthèse…

Les évangélistes se trouvaient dans un embarras semblable. Renonçant à mener la discussion sur le terrain de la pensée, à travers la fiction ils vont s'engager dans une sorte de pédagogie par l'image. Leur image, c'est Jésus-Christ. Et cette image va supplanter tous les mots. Pour leur auditoire, ils vont oser habiller le corps indescriptible du Christ ressuscité avec la peau de Jésus. Ils vont incarner ce corps mi-humain mi-céleste, mi-chair mi-poisson, ce corps inouï qui préfigure le corps de tous les futurs ressuscités. A travers Lazare, l'évangile selon Jean en découpait le patron, avec Jésus le modèle devient définitif.

L'apparence de chair

Deux traditions se partagent les apparitions du ressuscité dans le Nouveau Testament : celle de Paul que rapporte le livre des Actes des Apôtres, et celle des Évangiles. Paul, à proprement parler, ne voit jamais Jésus, il voit le feu du ciel et entend la voix de Dieu. C'est le Seigneur qui se manifeste à lui et le rend aveugle. Paul ne décrit jamais cette apparition comme celle d'un individu, elle n'a pas de matérialité. La forme même de l'apparition qui le convertit témoigne que le rédacteur de son histoire n'éprouve pas la nécessité de représenter le ressuscité. Dieu est lumière, il n'est pas image – d'autant que l'image est frappée d'interdit. On peut bien sûr objecter que Paul, qui n'a jamais vu Jésus dans la réalité, est dans l'incapacité de le représenter. Mieux encore, c'est parce qu'il ne l'a pas connu qu'il peut s'en former une image sublime.

Dans les Évangiles au contraire, cette vision lumineuse va prendre l'apparence d'un être de chair, le ressuscité va ressembler à Jésus vivant. Au lieu d'une figure glorieuse et terrifiante, c'est une figure familière. Tout à coup, intervient le nouveau Jésus au milieu de la scène, sans que personne jamais ne s'en étonne. Marie-Madeleine le prend pour le jardinier, les pèlerins d'Emmaüs cheminent et dînent avec lui comme avec l'un des leurs, les disciples pêchent au bord du lac de Tibériade, et dialoguent avec lui qui demeure sur la rive.

Si Marc est tardif et si Matthieu reste abstrait, Luc et Jean vont s'employer à apporter des preuves de la matière corporelle du ressuscité. Ils cultivent les détails, qui n'en sont pas vraiment. On connaît chez Jean le dialogue de Jésus ressuscité avec Thomas : « Porte ton doigt ici et regarde mes mains, porte ta main et mets-la dans mon côté, et ne te montre plus incrédule mais croyant » (Jn 20,27). Se souvenant sûrement de l'injonction de l'Exode avant l'apparition de Yahvé : « Personne ne portera la main sur lui » (Ex 19,13), Thomas se garde bien de céder à la tentation, et, comme soudain décillé, sans toucher ce corps extraordinaire, il s'exclame : « Mon Seigneur et mon Dieu ! » Chez Luc, la scène est, plus encore, une démonstration méthodique. Jésus lui-même veut persuader les disciples incrédules. « Comme dans leur joie, ils n'osaient pas encore y croire, et demeuraient étonnés, il leur dit : “Avez-vous ici quelque chose à manger ?” Ils lui offrirent un morceau de poisson grillé, il le prit et le mangea devant eux » (Lc 24,39-43). Dans une variante du texte, Jésus se nourrit en plus du poisson d'un rayon de miel. Il offre en gage aux disciples la part qui reste, où il a laissé l'empreinte de ses dents…

Pierre le signifiera encore dans les Actes des Apôtres, déclarant au centurion Corneille : « Nous avons mangé et bu avec lui après sa résurrection d'entre les morts » (Ac 10,41). Pour accompagner ses gestes, les propos de Jésus ressuscité se veulent aussi catégoriques, toujours chez Luc : « Saisis de frayeur et de crainte, ils pensaient voir un esprit. Mais il leur dit : “Pourquoi tout ce trouble, et pourquoi des doutes montent-ils en votre cœur ? Voyez mes mains et mes pieds : c'est bien moi. Touchez-moi et regardez : un esprit n'a ni chair ni os, comme vous voyez que j'en ai” » (Lc 24,37-39).

Jésus ressuscité a une chair, il parle, il mange. Avant Origène, Ignace d'Antioche au IIe siècle cite une parole de Jésus qui n'est plus celle que l'on peut lire dans l'évangile de Luc. Elle figurait antérieurement dans l'évangile selon les Hébreux et dans un autre écrit non canonique, *La Doctrine de Pierre* : « Lorsqu'il se rendit auprès de Pierre et de ses compagnons, il leur dit : “Prenez, touchez-moi et voyez, je ne suis pas un démon sans corps.” Aussitôt ils le touchèrent et ils crurent. » Cette variante témoigne toujours du combat mené contre les docètes, ces chrétiens gnostiques qui niaient l'incarnation et considéraient que Jésus n'était qu'un être spirituel. Mais surtout elle renvoie probablement à un état antérieur du texte de Luc, à une formulation qui a dû être censurée car elle n'était pas théologiquement admissible. Comment identifier Jésus, même pour en prendre le contre-pied, à un démon incorporel, comment le faire parler à la première personne et l'associer si fortement à un spectre, à un fantôme ?

La lanterne magique

Au cours des siècles, la peinture fera beaucoup pour accoutumer les mentalités à l'évidence de ce mort revenu à la vie. Passant outre l'impossibilité de représenter l'irreprésentable, les peintres (et derrière eux toute l'imagerie populaire) auront soin de montrer Jésus ressuscité semblable à celui qu'ils peignaient dans tous les actes de sa vie. Ce n'est pas un revenant mais un vivant. Fra Angelico choisit le mode aimable et représente Jésus en jardinier devant Marie-Madeleine ; Piero de la Francesca, au contraire, extrait du tombeau un colosse terrible qui brandit l'étendard de la chrétienté ; quant à Rembrandt, dans sa petite version des *Pèlerins d'Emmaüs*, c'est un Jésus d'ombre qui éclaire de sa présence deux convives stupéfaits.

Pourquoi les évangélistes se sont-ils employés à donner toutes les apparence d'un humain à cet être divin qu'est devenu Jésus transformé en Christ ? Dans l'imaginaire juif, il était impensable de proclamer Jésus vivant et ressuscité sans le réveiller, corps et âme, d'entre les morts. Lui donner un corps, c'était aussi pour les évangélistes, et particulièrement pour Luc et Jean dont les destinataires ultimes sont fortement hellénisés, éviter qu'il ne passe pour un pur esprit, attester que la résurrection est d'un tout autre ordre que la croyance en l'âme immortelle. C'était la manière de distinguer radicalement la résurrection charnelle de l'homme Jésus de l'immortalité abstraite des dieux de l'Antiquité. Jésus est un être double : esprit mais aussi corps, un esprit corporel. Esprit pour les Grecs et corps pour les juifs, une créature du syncrétisme.

De plus, Jésus n'est pas l'un des dieux cachés que l'on connaissait jusque-là. Grâce à son corps d'homme, il se manifeste dans la vie quotidienne, il se révèle aux siens. Mais d'être familier ne l'empêche pas d'apparaître dans les Évangiles divinement doué de capacités surhumaines. Il voyage en un éclair du nord au sud de la Palestine. Il traverse les murs, « les portes étant closes » (Jn 20,26), comme un « passe-muraille ». Il change d'apparence, apparaît et disparaît à volonté. Doué d'ubiquité, il réussit des exploits que seule pourrait accomplir la lumière. Comme elle, il est insaisissable : « Leurs yeux s'ouvrirent et ils le reconnurent... Mais il avait disparu de devant eux » (Lc 24,31).

Qu'est-ce qu'un être dont on sait que c'est lui tout en sachant que ce n'est pas lui ? Qu'est-ce que cette apparition qui parle, qui mange, que l'on ne peut toucher et qui s'évanouit comme elle est venue ? Comme une prémonition cinématographique dont les disciples auraient été les premiers spectateurs, bien avant l'heure, le Jésus des Évangiles apprivoise la lumière pure, l'émotion lumineuse que Paul ne pouvait regarder en face.

Le théâtre des apparitions

Alors que l'évangile de Marc, initialement, ne comportait aucun récit d'apparition, ceux de Matthieu, de Luc et de Jean ne sont pas pour autant conciliables. Ni unité de temps, ni unité de lieu, ni unité d'action, ni même unité de témoins... Chez Matthieu, la christophanie se produit à Jérusalem pour Marie-Madeleine et l'autre Marie, puis en Galilée pour les onze disciples, sauf Judas. Chez Luc, l'une d'elles a lieu sur la route d'Emmaüs pour deux pèlerins anonymes, et une autre, le même jour, à Jérusalem, pour Simon-Pierre, puis pour les Onze « et leurs compagnons », mais rien en Galilée. Chez Jean, Marie-Madeleine en bénéficie à Jérusalem puis c'est au tour des disciples, sauf Thomas. Apparition répétée encore à Jérusalem, huit jours plus tard, pour tous les disciples, y compris Thomas. Puis en Galilée auprès de sept des disciples, dont Pierre et Thomas. Dans les Actes des Apôtres, ce n'est plus exactement aux disciples que Jésus apparaît mais aux « Apôtres », et ses apparitions s'étalent sur quarante jours... Et encore ce panorama de la situation n'entre-t-il pas dans tous les détails et les détours de chaque texte.

« Ainsi, les différents narrateurs évangéliques ne concordent que sur un petit nombre des apparitions de Jésus après sa résurrection, relevait il y a longtemps David-Friedrich Strauss, l'un des précurseurs de l'exégèse critique dans sa *Vie de Jésus*. La désignation de lieu faite par l'un exclut les apparitions rapportées par les autres ; la désignation de temps faite par un autre ne laisse aucun intervalle disponible pour les narrations parallèles ; le calcul d'un troisième est disposé sans aucune considération de ce que les autres disent ; enfin, parmi plusieurs apparitions relatées par différents narrateurs, chacune s'annonce comme la dernière, et cependant n'a rien de commun avec les autres. Il faudrait donc fermer volontairement les yeux pour ne pas reconnaître qu'aucun des rédacteurs n'a connu ni supposé ce que l'autre rapporte ; que chacun d'entre eux avait, de son côté, entendu raconter la chose d'une manière différente ; qu'ainsi, de bonne heure, il n'y eut en circulation que des bruits incertains et diversement variés sur les apparitions de Jésus ressuscité. »

Qu'il y ait eu différentes rumeurs en circulation, pourquoi pas ? Mais le fait est que le récit des apparitions manifeste une efflorescence, une liberté, un art de la variante inattendu. Par contraste avec le récit de la Passion, l'absence de tout récit à peu près unifié des christophanies demeure un phénomène très déroutant de la littérature chrétienne et une preuve décisive que ces textes n'étaient pas faits pour être lus ensemble, et encore moins coordonnés.

Postérieure aux trois autres récits, la finale de l'évangile de Marc se révèle un étalon précieux. Contrairement à ses prédécesseurs, le rédacteur ultime a pour contrainte de faire apparaître Jésus ressuscité dans le texte. Il a alors à sa disposition les autres récits, il ne cherche pourtant pas à harmoniser l'ensemble du matériel évangélique des christophanies. Il écarte des personnages, élague des situations, abandonne des péripéties. En réalité, le rédacteur de la finale ne cherche pas l'exhaustivité. Il combine une diversité de figures typiques : à Marie-

Madeleine (qu'il emprunte à Jean et à Matthieu) succèdent deux compagnons anonymes en route vers la campagne (inspirés de Luc), puis les onze disciples réunis à table (qui résultent de Luc et de Jean). « Ressuscité le matin, le premier jour de la semaine, il apparut d'abord à Marie de Magdala dont il avait chassé sept démons [...] il se manifesta à deux d'entre eux qui étaient en chemin et s'en allaient à la campagne [...] enfin il se manifesta aux Onze eux-mêmes pendant qu'ils étaient à table » (Mc 16,9). Essentiellement, le dernier auteur de Marc rend abstraits les décors. Il se garde de citer Jérusalem ou la Galilée qui pourtant sont les deux directions principales, aux antipodes l'une de l'autre, vers lesquelles, alternativement, les disciples sont renvoyés par les trois autres récits. Aucune géographie ne doit plus limiter l'action de l'Évangile.

Pour les évangélistes, le personnage du ressuscité occupe en effet une fonction essentielle : c'est le porte-parole du christianisme naissant. Chez Luc, chez Jean, chez Matthieu, Jésus ressuscité donne les sacrements fondateurs, l'eucharistie, le pardon des péchés, le baptême. Dans les quatre évangiles, mais le plus ouvertement chez Matthieu et dans la finale de Marc, c'est à lui qu'échoit ce qu'on appelle l'impulsion missionnaire : « De toutes les nations faites des disciples » (Mt 28,19) ; « Allez dans le monde entier, proclamez l'évangile à toute la création. Celui qui croira et sera baptisé sera sauvé ; celui qui ne croira pas sera condamné » (Mc 16,15-16).

Autant Jésus n'avait d'autre perspective qu'Israël et le seul salut du peuple élu, autant le personnage du Christ ressuscité indique dans le texte la sortie du judaïsme et les prémices de la naissance du christianisme, d'une croyance vouée non plus uniquement aux juifs mais à « toutes les nations », aux innombrables « craignant-Dieu », ces païens dispersés à travers l'Empire romain qui vont assurer le succès de la future religion. A la faveur des scènes de christophanie, c'est cet autre Jésus qui devient chrétien. C'est lui, transgression inouïe, qui parvient à rendre visible le divin.

L'ombre du doute

Pourtant, il ne suffit pas de voir pour croire.

Autant la vision de Paul sur le chemin de Damas revêt la force irrésistible d'une manifestation divine, autant les Évangiles mettent systématiquement en scène l'équivoque et le malentendu, l'aveuglement, l'incrédulité. Les deux pèlerins en route vers Emmaüs, prennent Jésus pour l'un d'entre eux et résument à son intention ce qui s'est passé. « Tu es bien le seul habitant de Jérusalem à ignorer ce qui y est arrivé ces jours-ci ! », lui reproche même Cléophas (Lc 24,18). Près du tombeau de Jésus où elle est venue pleurer, Marie-Madeleine le confond avec un autre, « et elle ne savait pas que c'était Jésus » (Jn 20,14). Quant aux disciples qui pêchent du bord du lac de Tibériade, alors même que le ressuscité leur apparaît, ils « ne savaient pas que c'était Jésus » (Jn 21,4). Et plus tard, l'évangéliste a cette phrase paradoxale : « Aucun des disciples n'osait lui demander : "Qui es-tu ?", sachant que c'était le Seigneur » (Jn 21,12). Même Matthieu, qui fait entorse à cette règle, écrit que les disciples se prosternèrent devant Jésus quand ils le virent ressuscité, mais, ajoute-t-il, « d'aucuns cependant doutèrent » (Mt 28,17).

Contrairement à ce que les Évangiles affirment sans relâche, Jésus ressuscité est-il devenu étranger à l'homme qu'il était de son vivant ? En fait, la question n'est pas là. Le compte rendu des circonstances dans lesquelles les apparitions se seraient produites n'a pas la moindre réalité. Les différentes versions ne s'opposent pas malgré les apparences. Ce ne sont sûrement pas des témoignages au sens historique du terme, mais des cas de figure, au sens rhétorique ou géométrique. Les récits sont des fables, même pour ceux qui y croient, des fictions, des exercices spirituels.

Ce qui importe n'est pas de dénombrer les apparitions de Jésus ressuscité mais de désigner des auditoires, les uns perméables, les autres rétifs à la nouvelle de sa résurrection. Ce sont des récits de conversion. Dans l'évangile selon Jean, Jésus appelle Marie-Madeleine par son nom. Et Marie-Madeleine se retourne. Ce « retournement » n'a aucun sens sur un plan physique (Marie s'est déjà retournée une première fois devant Jésus). En revanche, il signifie à la fois qu'elle est bouleversée et que ce qui la bouleverse la retourne, autrement dit la convertit. C'est seulement par l'apostrophe que Jésus lance à Marie-Madeleine ou, plus tard, à Thomas que le ressuscité est identifié, c'est par l'exhibition des stigmates, par la fraction du pain ou la manducation du poisson que l'absent est « célébré ». Il est d'ailleurs très notable que les christophanies, à l'exception de ces deux appels individuels, soient toujours destinées à des petits groupes, qu'elles résultent de phénomènes de communion, de célébrations communautaires.

Les destinataires des apparitions voient d'abord sans voir. D'où la nécessité du quiproquo dans le processus de reconnaissance. Le quiproquo prouve, à tout instant, que la reconnaissance n'a rien d'un fait objectif, mais qu'elle provient uniquement de l'adhésion personnelle du spectateur, de l'acte de foi. C'est que la méprise essentielle est d'une autre nature : les personnages de ces récits ne sont pas, comme on nous l'assure, les proches de Jésus, ses disciples, ceux qui l'ont connu « dans la chair ». Non, Marie-Madeleine, Simon-Pierre ou Thomas sont des masques. Les seuls témoins des apparitions, ce sont les absents, ceux qui n'ont pas vu Jésus de leurs yeux, ceux qui ne l'ont pas connu et ne le connaîtront pas, ceux qui ne le verront jamais : les lecteurs ou les auditeurs de l'évangile. La dramaturgie de chaque scène de quiproquo, indépendamment de toute espèce de référence à l'histoire, appelle à l'intérieur du récit ceux qui doutent, ceux qui hésitent à reconnaître le Christ sous Jésus.

L'Évangile comme résurrection

Il y a un va-et-vient constant entre le fait de croire et de ne pas croire à la résurrection. Les christophanies en sont l'exemple parfait : on y croit sans y croire. Ce va-et-vient est mis en scène non seulement par l'hésitation des personnages mais par celle des récits eux-mêmes. Leur construction souffre constamment d'une sorte de tremblement qui brouille les images. Jésus ressuscité devient dans le texte une figure indécise. Au lieu d'un être que l'on ne peut voir, c'est un être que l'on voit à peine. Seules la foi ou l'adhésion au dogme permettent d'échapper à l'incertitude.

Mais le destinataire des Évangiles a tout de même un avantage capital sur les acteurs du récit : lui voit ce que les personnages ne voient pas ou ne veulent pas voir. Lui reconnaît ce que les autres ne reconnaissent pas. Lui sait que la figure qui hante le récit, étrangement méconnaissable, étrangement semblable, est ce Jésus ressuscité dont, en fait, tout l'Évangile est la christophanie. Jésus y est devenu le Christ, et sa lumière repousse dans l'obscurité le prêcheur galiléen qu'il a été de son vivant.

Si l'on peut dire que Jésus meurt et ressuscite dans la Bible hébraïque, c'est son transfert dans le récit des Évangiles qui a su lui redonner corps. L'intuition de leurs auteurs a été de faire parler, vivre, agir Jésus ressuscité comme l'homme qu'il était, et non comme le dieu qu'il devenait. Entre l'écriture et la lecture, la littérature réussit le prodige de la résurrection, comme si c'était Jésus qui s'adressait aux siens, comme si entendre « Jésus est ressuscité » induisait irrésistiblement la réalité de sa présence. Que l'on imagine l'assemblée des fidèles réunis autour du lecteur de l'Évangile, le codex sous les yeux, les feuillets de papyrus couverts de signes incompréhensibles pour la plupart et, soudain, cette voix qui fait parler le mort, comme s'il apparaissait.

6

Échangé

Et si Jésus n'avait pas été crucifié ? Si un autre l'avait été à sa place : Simon de Cyrène, qui l'aida à porter sa croix, ou Judas, qui l'avait livré à ses ennemis ? Ou l'autre homme emprisonné en même temps que lui, Barabbas ?

Les suppléants

Dans le *Second Traité du grand Seth*, découvert en Égypte à Nag Hamadi, Jésus raconte lui-même qu'il a échappé à la mort. Du haut des cieux, il contemple Simon de Cyrène qui lui a été substitué : « C'était un autre [...] qui a bu le fiel et le vinaigre, non pas moi. Ils m'ont frappé avec le roseau ; c'est un autre, Simon, qui a porté la croix sur son épaule. C'est sur un autre qu'ils ont placé la couronne d'épines. Mais moi je me réjouissais tout en haut de leur erreur [...]. Et je riais de leur ignorance. » Dans *Contre les hérésies*, Irénée rapporte que le gnostique Basilide défendait une conception très voisine : « Et c'est ce Simon qui, par ignorance ou erreur, fut crucifié, après avoir été métamorphosé par lui pour qu'on le prît pour Jésus ; quant à Jésus lui-même, il prit les traits de Simon et, se tenant là, se moqua des Archontes. Étant en effet une puissance incorporelle et l'Intellect du Père inengendré, il se métamorphosa comme il voulut, et c'est ainsi qu'il est remonté vers Celui qui l'avait envoyé. »

Grâce à un artifice, dans l'évangile de Barnabé, Judas s'est mis à ressembler à Jésus comme un sosie et c'est lui que l'auteur préfère immoler plutôt que Simon de Cyrène. Jésus est contraint de revenir sur terre pour prouver à Marie et aux disciples qu'il n'est pas mort. Dans le Coran, Jésus le prophète n'a pas été crucifié, mais seulement sa ressemblance : « Ils ne l'ont pas tué, ils ne l'ont pas crucifié, cela leur est apparu ainsi » (4,157). Théorie des apparences qui rejoint les fantasmagories des chrétiens docètes pour lesquels il était impensable que Dieu, le fils de Dieu ou son émissaire, ait pu mourir réellement.

Dans les évangiles canoniques, rien de tel. Les premiers Pères de l'Église ne se lasseront pas de l'enseigner : Jésus a été crucifié, en personne. Il en va de la doctrine de l'incarnation. Chez les synoptiques, Simon de Cyrène s'évanouit du récit avant la crucifixion. Quant à Judas, chez Matthieu et dans les Actes des Apôtres, il meurt, si l'on ose dire, de sa belle mort.

En revanche, aucun des autres disciples de Jésus n'est tué, ni même arrêté. Jésus est exécuté entre deux inconnus, deux brigands, deux malfaiteurs. L'évangile selon Jean ne trouve aucun mot pour les désigner, ce sont « deux autres, l'un de-ci, l'autre de-là » (Jn 19,18). Des deux compagnons d'infortune de Jésus, des deux larrons, rien ne filtre. Ils demeurent anonymes : seul le texte apocryphe des *Actes de Pilate* les identifie, Gysmas et Dusmas. On ignore surtout ce qui les a conduits à la croix. Tout au plus peut-on en déduire que leur crime est comparable à celui de Jésus puisque ensemble ils subissent la même peine.

Au moins apprend-on chez Marc et chez Matthieu que les deux hommes sont hostiles à Jésus : jusque sur le bois de malheur, ils trouvent l'énergie de relayer les insultes de la foule et les sarcasmes des bourreaux. Le concert de ces deux oiseaux de mauvais augure se complique chez Luc. Par exception, le rédacteur se risque à départager les deux comparses : l'un est bon, l'autre pas. Le premier provoque Jésus : « N'es-tu pas le Christ ? Sauve-toi toi-même, et nous aussi » (Lc 23,39), lui dit-il, comme si le diable lui lançait une dernière tentation. Le second, en revanche, fait amende honorable, et se convertit au moment décisif : « Pour nous c'est justice, nous payons nos actes ; mais lui n'a rien fait de mal. » Et il disait : « Jésus, souviens-toi de moi, lorsque tu viendras avec ton Royaume » (Lc 23,41-42).

Les deux larrons qui entourent Jésus font un seul corps chez Marc et Matthieu. Ils ne sont plus que des ombres chez Jean. Chez Luc ils se déchirent, ils se dédoublent. Mais un autre dédoublement s'est produit peu auparavant, plus dramatique encore. Au moment du procès, juste avant le compte à rebours macabre, Pilate sort *in extremis* le nommé Barabbas de son chapeau. Prestidigitateur, il accomplit un dernier tour. A la foule et aux grands prêtres, aux juifs assemblés à Jérusalem devant son prétoire, il propose à l'occasion de la Pâque de relâcher un prisonnier.

Parmi d'autres, Giovanni Papini dans *Les Témoins de la Passion* s'est plu à éclairer les enjeux symboliques et romanesques de la situation. Au moment où les trois condamnés partent pour le Golgotha, on ouvre une cellule de la forteresse Antonia, et le fameux Barabbas est emmené devant le gouverneur qui lui tient ce discours :

« "Tes dignes compatriotes m'ont obligé à te délivrer, toi qui es un assassin, en lieu et place de l'autre qui était un innocent. Pour mon compte, je ne puis te pardonner et je ne te pardonnerai jamais. Va-t'en le plus loin possible, pourceau indigne de ta chance, et fais en sorte de n'avoir jamais à reparaître devant moi car, une autre fois, ton Dieu lui-même ne pourrait te soustraire à ma justice."

« Pilate, plus sombre encore que de coutume, fit, d'un geste brusque, un signe à ses soldats. Ceux-ci entraînèrent Barabbas avec force bourrades jusqu'au grand escalier qui descendait sur la place et là, à grands coups de pied, ils le jetèrent dehors, de la même façon qu'on jette hors la maison la charogne d'un chien. »

Voici pour la légende. Elle met en scène l'Innocent, le Coupable et le Prince auquel échoit le devoir d'interpréter la raison d'État. Mais la réalité, toujours, se doit de dépasser la fiction. Dix-neuf siècles plus tôt, les évangélistes – qui ne veulent pas passer pour des bonimenteurs – dissimulent du mieux qu'ils peuvent ce que l'épisode de l'échange de Jésus avec Barabbas a de proprement fantastique.

La jurisprudence « Jésus »

A l'occasion de leurs grandes fêtes, les juifs auraient eu l'habitude que le préfet romain gracie un prisonnier. L'évangile de Marc, le premier, s'en félicite : « A chaque fête, il leur relâchait un prisonnier, celui qu'ils demandaient » (Mc 15,6). Les autres évangélistes mettent ensuite les points sur les « i ». La largesse particulière de Pilate que constatait Marc devient expressément une mesure générale chez Matthieu, une coutume régulière de l'autorité romaine : « Or à chaque fête, le gouverneur avait coutume de relâcher à la foule un prisonnier, celui qu'elle voulait » (Mt 27,15). Mieux encore, avec Luc puis avec Jean, la coutume romaine se change en privilège juif ! La puissance occupante n'en est plus l'initiatrice, mais la garante, l'obligée. Luc précise (ou le rédacteur de la glose explicative ajoutée pour remédier à l'ellipse du texte initial) : « Or il avait l'obligation à chaque fête de leur relâcher quelqu'un » (Lc 23,17). Jean adopte la même conception, mais au style indirect, comme s'il endossait le point de vue des juifs dans le souci de l'expliquer à ses lecteurs : « Mais c'est pour vous une coutume que je vous relâche quelqu'un à la Pâque », fait-il dire à Pilate (Jn 18,39).

On sait en effet par Flavius Josèphe que les juifs étaient prêts à défendre leurs privilèges au péril de leur vie. D'après lui, mais aussi d'après Philon d'Alexandrie, Pilate s'est surtout illustré par la vigueur avec laquelle il s'est plu à braver le sentiment religieux des Judéens ou des Samaritains, à jauger leurs capacités de résistance, à les provoquer tant qu'il a pu. Tout au contraire, si l'on en croit le Nouveau Testament, Pilate se montre excessivement respectueux des droits acquis de ces juifs placés sous son autorité. Au contact de Jésus, le fonctionnaire obtus se mue brusquement en fin diplomate.

L'ennui est que le *privilegium pascalis*, le privilège de Pâque, qui sert d'alibi à Pilate n'est attesté nulle part ailleurs que dans les Évangiles. Si son appellation latine lui confère un petit air d'authenticité, aucune pièce d'archive, aucun historien romain ne confirme l'existence de cette prétendue « coutume » impériale, ni en Judée ni dans aucune autre province. Certes, le droit romain prévoit qu'il est toujours possible de renoncer à une procédure en cours, à l'initiative soit de l'accusateur (*abolitio privata*), soit du Sénat ou de l'empereur (*abolitio publica*). Mais le cas de Barabbas semble plutôt relever de la grâce pure et simple : c'est une mesure d'indulgence.

La libération d'un prisonnier lors d'une fête religieuse, « bienfait » individuel exercé au nom de l'empereur (*beneficium*), pouvait améliorer à peu de frais le maintien de la paix civile dans un pays occupé. Privilège régalien, l'*indulgentia* dépend exclusivement de l'autorité suprême de l'Empire. Aussi paraît-il tout à fait problématique qu'un tel geste de clémence ait pu être constitutif d'une habitude, d'une tradition, d'un usage.

Il est clair qu'en faisant de l'événement une coutume romaine, voire un privilège juif, les évangélistes veulent justement combattre le caractère d'exception de la libéralité de Pilate. Ils veulent banaliser son bon plaisir, éviter son caprice. Ils le légalisent, l'insèrent dans une série, empêchant qu'on les soupçonne d'en être les inventeurs. En fixant la coutume pour ainsi dire par écrit, par évangile interposé, ne chercheraient-ils pas à instituer auprès des Romains l'idée de cette voie de recours pour les chrétiens traînés devant leurs tribunaux, ne chercheraient-ils pas à faire d'une pierre deux coups ?

Une procédure d'exception

La grâce pascale n'est pourtant pas la seule étrangeté du procès de Jésus. La procédure tout entière, telle qu'on peut la reconstituer à travers les quatre versions de l'Évangile, est tout aussi surprenante.

Les questions soulevées par le procès de Jésus sont innombrables. Le terme « procès » lui-même nous égare. Jésus n'a jamais comparu devant un tribunal, entendu l'acte d'accusation en bonne et due forme, ni les plaidoiries de la défense. Dans les Évangiles, il y a tout au plus une comparution devant tel ou tel et une condamnation sans appel suivie d'une exécution immédiate. Visiblement, les évangélistes le déplorent : comment accepter que Jésus, le Messie, le Christ, ait pu être traité si légèrement, comme un juif ordinaire ? Pour rétablir sa dignité, ils réintroduisent dans le récit la pompe judiciaire qui manque à l'histoire. Ils organisent une réunion plénière de l'autorité suprême du judaïsme, le Sanhédrin. Puis, comme si cela ne suffisait pas, ils imaginent une séance de nuit pour juger Jésus, suivie d'une autre le matin, c'est-à-dire moins de vingt-quatre heures plus tard, alors que cette précipitation bafoue toutes les règles traditionnelles des procédures juives. Mieux encore, ils n'hésitent pas à convoquer le tribunal la veille d'un jour de sabbat, si ce n'est d'un premier jour de la Pâque…

Constamment, les évangélistes – qui cherchent à bien faire – en font trop. Sous l'aspect d'un légalisme pointilleux, c'est le règne de l'à-peu-près. Méconnaissant la loi juive et bousculant le droit romain, ils redoublent les actes d'instruction, aussi absurdes soient-ils, et s'enferrent dans un formalisme et un juridisme exacerbés. Leur but est transparent. Au mépris du droit, et de la tradition, ils veulent prouver à n'importe quel prix que Jésus a été jugé « selon les règles », par un tribunal juif, composé de notables juifs, exerçant légalement leur autorité.

Et, ce faisant, ils se comportent à la manière des scénaristes qui, à force d'avoir trop regardé les séries américaines, décalquent les procédures typiquement anglo-saxonnes et les appliquent à des procès français où elles n'ont aucune espèce de sens.

Au surplus, si jamais le procès de Jésus s'était bien déroulé comme le décrivent les évangiles de Marc et de Matthieu suivis en partie par Luc, comment admettre que ces violations flagrantes du droit n'aient pas été particulièrement stigmatisées par les évangélistes ? Comment croire qu'ils n'aient pas immédiatement dénoncé l'iniquité de cette justice d'exception dont l'unique objet était de condamner Jésus ?

Peine capitale

L'affaire Barabbas associe intimement deux privilèges régaliens : le droit de grâce et son pendant, le *jus gladii*, le pouvoir de prononcer la peine capitale. Mais, dans l'évangile de Jean, Pilate semble près d'y renoncer : « Prenez-le vous-mêmes, et jugez-le selon votre loi » (Jn 18,31), rétorque-t-il aux juifs venus lui livrer Jésus. Le préfet impérial estime donc que Jésus n'est justiciable qu'en vertu du Deutéronome, et non selon le droit romain. Il encourt – éventuellement – la lapidation, châtiment que les Romains toléraient pour des motifs religieux. Ainsi Étienne est-il lapidé, d'après les Actes des Apôtres, parce qu'il « ne cesse de discourir contre le Saint Lieu et contre la Loi » (Ac 8,13). Jacques, « le frère de Jésus », le sera, lui, en 61 pour avoir défié les grands prêtres.

Or les évangélistes doivent affronter une réalité qui les dessert : Jésus n'a pas été lapidé. Il n'a pas été condamné par l'autorité impériale parce qu'il aurait violé les commandements de la Torah, l'idée serait cocasse. Il a été crucifié, en application de la loi romaine, pour un motif intéressant nécessairement les Romains. Jean, plus conscient du problème que ses confrères, met alors dans la bouche des juifs une extraordinaire réplique pour contrer l'objection : « Il ne nous est pas permis de mettre quelqu'un à mort » (Jn 18,31). Comme si, avant l'ouverture du procès, les accusateurs de Jésus devaient solennellement rappeler au préfet romain ses droits et ses devoirs.

Le texte de Jean n'a l'air de rien. Il témoigne innocemment, pourrait-on croire, de la situation administrative de la Judée au Ier siècle. Sous cette apparente neutralité documentaire Jean porte deux coups redoutables. D'une part, il anticipe une condamnation qui n'a pas encore été prononcée ; il la tient pour acquise. Et, d'autre part, il formule un syllogisme très perfide : les juifs n'ont pas mis à mort Jésus parce qu'ils n'en avaient pas le droit, mais s'ils en avaient eu le droit, ils l'auraient exécuté. L'intention meurtrière est de leur fait. Ils sont donc les véritables coupables de la mort de Jésus...

Ici, le recours à l'histoire déguise ses enjeux, comme l'art naïf des évangélistes dissimule toujours un art savant. Dans le cas du *jus gladii* comme dans celui de l'amnistie pascale, l'alibi historique permet d'établir l'autorité des faits. Il permet aussi de polariser les figures sombres du récit, de décharger le responsable objectif, Pilate, pour mieux charger les juifs qui, par deux fois, auraient voulu la mort de Jésus. D'abord en le livrant à Pilate, ensuite en lui préférant Barabbas.

Dans les deux cas, les juifs deviennent les auteurs d'un geste dont Pilate n'est qu'à peine l'instrument. L'autorité romaine n'a agi qu'à leur demande, sinon à leur place et pour leur compte. Au nom de l'histoire, l'évangéliste accomplit ainsi un coup de maître : il réussit à impliquer les juifs dans une décision qui, historiquement, n'a jamais pu être la leur.

Des récits historiques

Invention du christianisme, les Évangiles se sont formés à un moment très particulier de l'histoire du judaïsme. Leur fixation coïncide avec deux événements « littéraires » qui leur sont presque contemporains : la rédaction de l'histoire du peuple juif par Flavius Josèphe et l'établissement du Canon des textes bibliques par les rabbins pharisiens autour de l'an 100. Le synode de Yabné – à travers la Torah, les livres de Josué, ceux des Juges ou des Rois, ou par les Chroniques – rendit à tout jamais mémorable l'époque héroïque, tandis qu'il excluait le récit des péripéties de l'affrontement avec l'hellénisme (notamment les trois premiers livres des Maccabées). A la suite de quoi, les juifs cessèrent quasiment d'écrire des livres historiques. Et ce, pour plusieurs siècles.

Bien qu'elle soit à l'origine de la mue complète du judaïsme, il n'existe pas d'histoire du second Temple, ni surtout de la période qui suivit sa destruction en 70. « Au regard de ces fermes fondations, rappelle Yosef Yerushalmi dans *Zakhor*, l'histoire contemporaine semblait être le royaume des sables mouvants. Le passé était connu ; l'avenir était certain ; le temps à vivre entre l'ère biblique et la venue du Messie demeurait obscur. Hier comme aujourd'hui l'histoire n'avait pas de sens en elle-même et sa finalité ne se révélait pas immédiatement. »

Du point de vue juif, il fallait survivre, pourrait-on dire, malgré l'histoire, malgré le désastre de 70. Du point de vue chrétien, malgré le désastre de la mort de Jésus survenue à peine quarante ans plus tôt, la croyance en la résurrection marquait le tournant de l'histoire. Elle lui donnait un sens, en même temps que grandissait la conviction qu'elle allait, à plus ou moins courte échéance, s'achever. Les Évangiles s'érigent sur ces deux certitudes. Ils sont ainsi les derniers livres « historiques » écrits au moins en partie par des juifs, même si c'est une tout autre conception de l'histoire que la nôtre qui les guide.

Le prologue de l'évangile selon Luc pourrait être le manifeste de leur projet littéraire : « Puisque beaucoup ont entrepris de composer un récit des événements qui se sont accomplis parmi nous tels que nous les ont transmis ceux qui furent dès le début les témoins oculaires et serviteurs de la Parole, j'ai décidé, moi aussi, après m'être informé soigneusement de tout depuis les origines, d'en écrire pour toi l'exposé suivi, illustre Théophile, afin que tu te rendes bien compte de la solidité des enseignements que tu as reçus » (Lc 1,1-4).

Que le compte rendu apparaisse quasiment de première main et soit le fruit d'un recoupement des points de vue, qu'on ne puisse pas même avoir l'idée de suspecter son authenticité, c'est l'une des conséquences de la conclusion de l'évangile selon Jean quand il affirme que « le disciple bien-aimé » est l'auteur du texte : « C'est ce disciple qui témoigne de ces faits et qui les a écrits et nous savons que son témoignage est véridique » (Jn 21,24). Il n'y a là rien d'autre qu'un effet de style. Mais l'efficacité de cette pétition de principe a été telle que, en près de deux mille ans, elle s'est imposée comme le postulat de base de l'immense majorité des livres voués au grand public, profanes par définition, mais catéchismes si souvent, et même à leur insu.

Les ruses de l'histoire

Chaque petit fait vrai, chaque effet de réel, chaque mot juste, chaque trait sur lequel on bute n'y apparaît-il pas comme l'écume de poussière que les archéologues ramassent précieusement au bout de leur pinceau, un vestige, une trace, un écho involontaire de ce qui s'est produit, comme de l'histoire à l'état brut ?

La tentation est permanente, d'autant plus que les Évangiles ne cessent de se mettre en scène comme des récits d'histoire. Ils le paraissent d'autant plus, historiques, qu'ils le sont aussi par défaut puisque, pour faire l'histoire de Jésus, aucun concurrent ne peut leur être opposé. Mais comment y lire autant de précisions qui n'existaient pas auparavant, dans les épîtres de Paul par exemple ? Ne serait-ce pas la marque parfois infime, mais pas moins délibérée, d'un projet d'écriture qui, comme tel, n'abandonne jamais rien au hasard, même pas les petits détails soi-disant insignifiants… ? A quel titre, de quel droit, peut-on faire le tri et donner crédit au texte de cette vérité secrète, comme si la question de l'écriture ne pouvait jamais être posée jusqu'au bout ? La réalité littéraire et la probabilité historique sont pourtant constamment face à face dans les textes évangéliques, comme deux miroirs en vis-à-vis, sans que nous ne puissions jamais distinguer l'image de ce qu'ils reflètent.

Que le texte soit ou non porteur d'histoire, toute la lecture change dès lors que l'on prend le texte pour lui-même, pour du texte, dès lors que l'on décide de couper le lien ombilical entre l'histoire et la littérature. Mais surtout, présupposer qu'il est historique, et l'entendre au sens moderne, évite de prendre systématiquement en considération l'hypothèse de travail qu'il ne l'est pas, empêche de chercher simplement à examiner si les récits n'obéissent pas à d'autres fonctions que de « dire l'histoire ».

Le personnage même de Barabbas, qui incarne l'émeutier relevant de la justice des hommes, face à Jésus, ne relevant que de la justice divine, en est un exemple magistral. Lire, en ce sens, c'est non seulement revenir au texte lui-même, mais c'est aussi sans cesse chercher à s'arracher à la façon dont notre place est prévue par le texte, à sa stratégie comme au parcours dans lequel la tradition a littéralement fléché notre lecture.

De plus en plus noir

Barabbas n'apparaît jamais au-devant de la scène. Il n'agit ni ne parle. C'est un personnage des coulisses. C'est un nom que l'on entend, un nom que l'on invoque.

Son dossier nous parvient par ouï-dire. En examinant la progression des récits, de Marc à Matthieu, de Matthieu à Luc, de Luc à Jean, la volonté apparaît de plus en plus manifeste d'alourdir l'accusation, d'assombrir le portrait de Barabbas. Ce qui rend d'autant plus éclatant celui de Jésus. On ne saurait mieux résumer la réussite de cette campagne évangélique qu'en écoutant le discours que le rédacteur des Actes des Apôtres met tardivement dans la bouche de Pierre quand il s'adresse au peuple de Jérusalem : « Le Dieu d'Abraham, d'Isaac et de Jacob, le Dieu de nos pères a glorifié son serviteur Jésus que vous, vous avez livré et que vous avez renié devant Pilate, alors qu'il était décidé à le relâcher. Mais vous, vous avez chargé le Saint et le Juste ; vous avez réclamé la grâce d'un assassin, tandis que vous faisiez mourir le Prince de la vie » (Ac 3,13-14). Si Jésus est Dieu incarné, Barabbas doit être le mal incarné, le prince de la mort.

Cette orientation des récits n'est pas pour autant exceptionnelle. Négatives ou positives, les majorations sont presque au contraire la marque de fabrique des personnages secondaires, leur point commun. Ainsi Barabbas n'est-il ni mieux ni plus maltraité par le texte que Simon de Cyrène, Joseph d'Arimathie, Marthe et Marie, toutes les autres figures obscures qui hantent les Évangiles.

Examinons chaque touche du portrait. Dans l'évangile selon Marc, il est dit : « Il y avait en prison le nommé Barabbas, arrêté avec les émeutiers qui avaient commis un meurtre pendant la sédition » (Mc 15,7). Grammaticalement, l'homme semble donc étranger à ce que l'on reproche à ses compagnons de captivité : Barabbas est « arrêté *avec* les émeutiers », et non *comme* émeutier. Il n'est pas nécessairement l'un d'eux... Ce sont ces émeutiers qui ont « commis un meurtre pendant la sédition ». Pour Marc, Barabbas aurait donc été appréhendé sans que rien ne permette d'affirmer qu'il ait été mêlé en quoi que ce soit aux faits imputés aux autres. Peut-être se trouvait-il là, simplement, au mauvais endroit, au mauvais moment ?

Dans l'évangile selon Matthieu, Barabbas gagne en réputation. C'est désormais « un prisonnier fameux nommé Barabbas » (Mt 27,16). D'où lui échoit cette soudaine célébrité ? Matthieu l'ignore, ou choisit de le taire. Et pourquoi cette réputation ne viendrait-elle pas de ce que le nom de Barabbas est déjà connu des autres évangiles, du moins de celui de Marc ? Pour le coup, ce caractère d'exception fait disparaître du récit tous les autres détenus dont il n'est même plus fait mention. Pour être « fameux », Barabbas se doit d'être seul. Si seul que, hormis les Évangiles, aucun historien n'a jamais entendu parler d'un Barabbas aussi célèbre.

Chez Luc, plus extraordinaire encore, Barabbas devient pour ainsi dire le meneur de la révolte, mais davantage, un assassin. Il a été « jeté en prison pour une sédition survenue dans la ville et pour meurtre » (Lc 23,19). La description initiale propre à Marc se retourne : l'innocente, peut-être, victime des circonstances s'inverse en meurtrier, en séditieux. Les circonstances atténuantes font place à la préméditation, à l'intention criminelle. Quant à l'évangile selon Jean, rassemblant les charges, il voit laconiquement en Barabbas « un brigand » (Jn 18,40).

Le nom de Barabbas

Le roman des évangélistes s'épaissit de ses silences : seul le contexte permet de supposer que l'émeute au cours de laquelle Barabbas a été arrêté s'est produite à Jérusalem. Le texte ne le précise jamais. Comme il ne situe pas non plus l'endroit où cette émeute a eu lieu : sur une place publique, dans un marché, au Temple ? Un écart se fait jour entre Marc et Luc sur l'importance de l'événement lui-même. Marc parle de *la* sédition comme s'il se référait à une émeute suffisamment considérable pour être restée dans toutes les mémoires. Luc, lui, demeure plus vague – ou plus prudent –, il ne place pas d'article devant la sédition : c'est *une* sédition, une parmi tant d'autres. C'est encore par déduction qu'il faut estimer que Barabbas est un habitant de Jérusalem, à tout le moins un Judéen. Barabbas reçoit le soutien de la foule (judéenne) dont le Galiléen Jésus peut difficilement bénéficier.

Mais les données évangéliques sont les seules à notre disposition pour compléter la fiche signalétique de Barabbas. Au peu que nous pouvons comprendre, son nom même ajoute un trouble supplémentaire.

Les évangiles de Luc et de Jean utilisent *Barabbas* comme un patronyme, tandis que Marc et Matthieu emploient le vocable comme un surnom : « celui qui est *dit* Barabbas » (Mc 15,7), « un prisonnier fameux *dit* Barabbas » (Mt 27,16). Cette hésitation sur l'usage de « Barabbas » tient vraisemblablement à son étymologie flottante. Grécisée par le *s* final, l'expression araméenne peut tout aussi bien être entendue comme *bar Abba* (fils d'Abba, de la famille Abba) ou *bar rabban* (fils du maître) tel qu'il était désigné, selon saint Jérôme, dans l'évangile des Hébreux. « Barabbas » peut surtout provenir de *bar abba* et signifier le « fils du père ». Mais fils d'un père anonyme, d'un père dont on ignore le nom, un bâtard. Ou, à l'inverse, fils de famille, mais fils de quel père ? Une fois de plus, serions-nous entraînés à notre insu dans une histoire de famille, dans une querelle généalogique, dans l'affrontement entre deux frères ennemis ? Il y aura même dans les Actes des Apôtres un certain « Bar Jésus », de son nom « fils de Jésus » donc, « magicien et faux prophète juif » (Ac 13,6), qui « rend tortueuses les voies du Seigneur » et que Paul aveugle parce qu'il empêche le proconsul romain Sergius Paulus d'embrasser la foi chrétienne…

Comme le grec *stasis* qui ne signifie pas seulement l'émeute, le trouble, le désordre, mais aussi l'inverse, l'équilibre ou la stabilité, Barabbas porterait un nom à double sens. Comme si tout ce qui touche Barabbas devait automatiquement se dédoubler, engendrer son contraire.

Jésus Barabbas

Dans certains manuscrits anciens de l'évangile de Matthieu, comme la version syriaque du *Sinaï* (IVe ou Ve siècle), le *Codex Koridethi* (IXe siècle), le manuscrit *Egerton* (XIe siècle), le nom complet de Barabbas s'écrit Jésus Barabbas…

En revanche, des manuscrits aussi vénérables que le *Vaticanus*, le *Sinaïticus*, l'*Alexandrinus*, le *Codex de Bèze*, le *Codex Freer*, parmi d'autres, ne connaissent que la forme courte, « Barabbas ».

De deux choses l'une : ou *Jésus Barabbas*, ce que l'on appelle « la leçon longue », est la forme la plus ancienne – Origène l'attestait déjà au cours de la première moitié du IIIe siècle –, et il faut alors tenter d'expliquer pourquoi les rédacteurs ultérieurs l'ont supprimée. Ou c'est « la leçon courte » *Barabbas* qui est la plus archaïque et, dans ce cas, il faut expliquer pourquoi des rédacteurs y ont, parfois, ajouté le nom de Jésus.

La suppression du nom « Jésus » est naturellement plus simple à justifier. En aucun cas, il ne pouvait y avoir deux Jésus dans les Évangiles ! Ainsi Origène l'écartait « de peur, écrivait-il, que le nom de Jésus ne convienne aussi à un scélérat » (*Commentaire de Matthieu*). Paradoxalement, la difficulté que représente la mention du nom « Jésus » à côté de celui de « Barabbas » peut plaider pour son authenticité. Pourquoi des rédacteurs auraient-ils conservé cette dénomination complète alors qu'ils devaient bien mesurer la provocation qu'elle recelait ? Dans une telle hypothèse, la périphrase de Marc (reprise par Matthieu), « celui qui est dit Barabbas », prendrait tout son sens : elle serait témoin de l'évitement du nom « Jésus ». La formulation originelle aurait alors été « Jésus dit Barabbas », « Barabbas » n'étant que le sobriquet de ce second Jésus, prénom courant au Ier siècle – Flavius Josèphe dénombrant dans ses œuvres une dizaine de Jésus (hormis le nôtre).

Mais demeure entière l'objection : pourquoi cette formulation, si elle est la plus primitive, n'est-elle attestée que dans certains manuscrits de Matthieu, uniquement chez lui et jamais dans aucun des manuscrits des autres évangiles ?

Il faut donc examiner de près la proposition inverse, l'hypothèse d'un ajout du nom « Jésus » à celui de « Barabbas ». L'avantage dramatique saute aux yeux. Sa clarté didactique aussi. La foule, les anciens, les grands prêtres avaient à trancher. Ils devaient se prononcer pour un Jésus ou pour l'autre. Comme le notait l'un des premiers commentateurs des Évangiles, Pierre de Laodicée : « La question de Pilate se trouvait ainsi formulée : "Qui des deux voulez-vous que je vous relâche, Jésus Barabbas ou Jésus dit le Christ ?" » La limpidité de l'échange exprimé ainsi a pu constituer une motivation amplement suffisante pour la suggérer. Elle n'a, en soi, besoin d'aucun autre appui que l'astuce de son inventeur.

L'autre et le même

Si Jésus est « fils du Père », il est aussi littéralement *bar abba*. Selon l'évangile de Marc, Jésus s'adressait à Dieu en l'appelant *abba*, père ou plutôt papa en araméen – ce qu'aucun autre juif ne se serait permis. Dans ce singulier langage, la tradition chrétienne ne veut voir que le signe de l'incroyable intimité de Jésus avec son « Père ». Mais, pour les juifs du temps de Jésus, cette habitude d'appeler Dieu « papa » pouvait trahir un esprit enfantin, voire un simple dont on se serait moqué en le traitant de « fils à son papa », *bar abba*...

Une tout autre façon de prendre au sérieux la forme « Jésus Barabbas » n'est-elle pas d'envisager la projection de ces deux noms comme un accident, un lapsus ? Le lapsus de Matthieu révélerait ainsi fortuitement l'existence historique d'un seul et même personnage. Un personnage qui aurait été dédoublé ensuite par les narrateurs évangéliques, pour dissocier le mauvais Jésus (le Jésus de l'histoire, en l'occurrence Barabbas) du bon Jésus (le Jésus de la foi, le Christ).

Jésus et Barabbas ne seraient à l'origine qu'une seule et même personne. L'impression d'avoir affaire à une permutation est renforcée par le récit évangélique lui-même. « Pilate alors, voulant contenter la foule, raconte l'évangile de Marc, leur relâcha Barabbas et, après avoir fait flageller Jésus, il le livra pour être crucifié » (Mc 15,15). Pour que Jésus puisse être sacrifié, il faut que l'autre soit, au préalable, expulsé. Pilate, tel un exorciste, semble extirper le démon « Barabbas » du corps de Jésus.

Pour s'aventurer dans l'hypothèse d'un Jésus Barabbas, le mieux est d'observer les points de contact entre les deux figures.

Jésus comme Barabbas a été arrêté au cours de désordres. Cette circonstance est très importante dans la mesure où Jésus, au moins par deux fois dans les Évangiles, se trouve mêlé à un affrontement : d'abord au cours de la scène où il chasse les marchands du Temple, puis lors de son arrestation dans le jardin de Gethsémani.

L'expulsion des vendeurs du Temple, chez les synoptiques, est située juste après la montée de Jésus à Jérusalem et, chez Jean, au début de son évangile. Mis à part cette stratégie rédactionnelle, l'événement lui-même est raconté dans des termes très parallèles. Jésus retourne les tables des changeurs, les sièges de ceux qui vendent des colombes (Jean y ajoute des brebis et des bœufs) et empêche que l'on transporte, à travers le Temple, des objets, peut-être des vases sacrés, proclamant : « Ma maison sera appelée maison de prières pour toutes les nations ? Mais vous en avez fait un repaire de brigands ! » (Mc 11,17).

Jésus semble agir seul, quand bien même aurait-il été armé, selon Jean, d'un fouet de cordes. Comment n'est-il pas parvenu à liguer contre lui les marchands, leurs aides, leurs clients, la police du Temple dont le rôle était d'éviter de tels débordements ? Comment tous ont-ils pu rester passifs pendant que Jésus bousculait leurs étals et dispersait la marchandise des sacrifices et des offrandes ? Si Jésus a accompli ce que les Évangiles prétendent, l'affaire n'a pu être que plus brutale. Y aura-t-il eu pillage ? Sûrement une bagarre. Peut-être des blessés, si ce n'est mort d'homme.

Dans l'évangile selon Jean, le grand prêtre Caïphe déclare à propos de Jésus : « Cet homme fait beaucoup de signes. Si nous le laissons ainsi, tous croiront en lui et les Romains viendront et ils supprimeront notre lieu saint et notre nation » (Jn 11,46-48).

Bien évidemment, il agit d'une prophétie *a posteriori* sur la ruine du Temple et l'écrasement de la Judée qui se sont déjà produits au moment de la rédaction de l'évangile. Mais si, par pure hypothèse, nous acceptions que les paroles de Caïphe aient pu être prononcées du vivant de Jésus, se pose la question : pourquoi les Romains voudraient-ils détruire le lieu saint des juifs et anéantir leur nation ? Pourquoi voudraient-ils exercer des représailles, pourquoi prendre en otage la ville de Jérusalem ? Jésus serait-il à la tête d'une bande armée qui menace le pouvoir impérial ? Serait-ce là la trace de cette fameuse émeute – l'Émeute – où Barabbas se serait distingué ? Barabbas ou Jésus, ou Jésus Barabbas ?

L'arrestation de Jésus dans le jardin de Gethsémani se situe dans un contexte tout aussi agité que son intervention au Temple. De plus, le mot « brigand » circule dans les deux récits puisque, selon Marc, au moment où une troupe armée de glaives et de bâtons, envoyée par les grands prêtres, vient s'emparer de Jésus, « l'un des assistants, dégainant son glaive, frappa le serviteur du grand prêtre et lui enleva l'oreille. Et, prenant la parole, Jésus leur dit : "Suis-je un brigand, que vous vous soyez mis en campagne avec des glaives et des bâtons pour me saisir ?" » (Mc 14,43-49).

Si nous examinons maintenant les charges qui pèsent sur Barabbas à la lumière de ces deux épisodes, reconnaissons qu'elles pourraient tout aussi bien peser sur Jésus, lui aussi « fauteur de désordres ». Ce qui donnerait à penser, comme l'écrivit Salomon Reinach dans son *Histoire générale des religions*, que « Jésus fut mis à mort, non *de préférence* à Barabbas mais *en qualité* de Barabbas ».

En substituant Jésus à Barabbas, on pourrait imaginer le scénario suivant :

– Jésus, connu des jérusalémites par son surnom, « Barabbas », chasse les marchands du Temple au nom de son Père. Il est appréhendé sur l'ordre des grands prêtres. Mais Pilate est contraint de le relâcher sous la pression de la foule qui, après l'avoir acclamé à son entrée à Jérusalem, le suit et approuve son action. Jésus est libéré en tant que « Barabbas ».

– Les grands prêtres ne renoncent pas pour autant à le neutraliser. Une seconde fois, ils parviennent à faire arrêter Jésus. Cette fois-ci, ils ne commettent pas la même erreur : les grands prêtres n'impliquent plus Jésus dans un conflit religieux, un conflit lié au Temple. Ils le livrent à Pilate sous l'accusation d'appeler le peuple à se soulever contre Rome. Pilate emprisonne Jésus comme rebelle et le fait crucifier en tant que « roi des juifs ».

Ce scénario de la double arrestation de Jésus, une fois surnommé « Barabbas », une fois au titre de « roi des juifs », n'est pas plus invraisemblable que celui développé par les évangélistes – ni plus vraisemblable. Là n'est pas la question. Nous avançons à travers les brèches laissées ouvertes par les textes toujours – et de toute façon ! – sur le terrain de la spéculation. En proposant de libérer l'un ou l'autre, Pilate n'induit-il pas que Jésus et Barabbas sont égaux à ses yeux ? La supposition que Jésus et Barabbas ne sont qu'un, à la fois le même et l'autre, permet de dégager en tout cas un portrait de Jésus bien différent de l'image pieuse que diffuse la tradition chrétienne. Un anti-portrait.

Jésus le Galiléen

Qu'il soit de Nazareth ou d'ailleurs, Jésus semble surtout être originaire de Galilée. C'est un Galiléen, le terme n'est pas négligeable. La Galilée tient son nom d'une citation d'Isaïe, « le district [*Gelil*] des Gentils » ou, selon les traductions, « le district des nations » (Is 9,1). Peut-être est-ce justement d'abord dans cette direction qu'il faut regarder lorsque les évangélistes décrivent Jésus enjoignant à ses disciples d'aller porter la bonne nouvelle « aux nations ».

Depuis l'an – 4 de notre ère jusqu'en 39, la Galilée est administrée par Hérode Antipas et, de 39 à 44, par son neveu, Agrippa Ier. La Galilée, partie du Royaume d'Israël, n'est donc pas directement sous la coupe romaine mais sous celle de rois alliés à Rome, les hérodiens, considérés comme demi-juifs. Par ailleurs, la Galilée est un pays prospère et bien peuplé où, selon Flavius Josèphe, « même les plus paresseux sont tentés par cette facilité de se consacrer à l'agriculture ». Pourtant, c'est sur cette terre vouée à vivre dans la paix que tous les mouvements de révolte contre l'autorité romaine et, par extension, contre leurs alliés ou leurs affidés, vont prospérer.

A partir d'Ézéchias « le chefs des brigands » qui, au milieu du Ier siècle avant notre ère, ravagea la Haute-Galilée, avant d'être exécuté, une véritable dynastie de révoltés galiléens s'était constituée. A la mort d'Hérode le Grand, le fils d'Ézéchias, Judas dit « le Galiléen », associé à un pharisien nommé Saddoq, soulèvera le pays pour protester contre le recensement ordonné par Rome, jugeant honteux de verser l'impôt et d'être un sujet ou un esclave de l'empereur alors que seul Yahvé doit régner sur la terre d'Israël. Vers l'an 45, ses deux fils, Jacob et Simon, seront crucifiés pour s'être insurgés à leur tour, puis ce sera Menahem, son petit-fils, qui se révoltera en 66 et donnera le signal de la première guerre juive qui s'achèvera en 70 par la destruction de Jérusalem. Et c'est encore un petit-fils de Judas le Galiléen, Éléazar fils de Jaïre, qui sera l'ultime défenseur de la forteresse de Massada en 73.

Jésus trouve donc ses racines dans un pays nourri d'une très forte tradition nationaliste où jamais l'on hésite à prendre les armes. Un nationalisme indissociable de sa dimension la plus religieuse. C'est toujours au nom de Yahvé, pour sa gloire, pour sa victoire, que les Galiléens se révoltent. Les païens, les non-juifs, ont clairement le visage de l'ennemi. D'eux on ne peut rien attendre, comme Matthieu le fait dire à Jésus : « Ne donnez pas aux chiens ce qui est sacré, ne jetez pas vos perles devant les porcs, de crainte qu'ils ne les piétinent, puis se retournent contre vous pour vous déchirer » (Mt 7,6). Le personnage de Jésus permet même une sorte de chauvinisme, voire de xénophobie, qui s'exprime tantôt vis-à-vis d'une femme grecque (« Laisse d'abord les enfants se rassasier, car il ne sied pas de prendre le pain des enfants et de le jeter aux petits chiens » [Mc 7,27]), tantôt vis-à-vis des Samaritains (« N'entrez pas dans une ville de Samaritains ; allez plutôt vers les brebis perdues de la maison d'Israël » [Mt 10,5-6]).

On peut d'ailleurs se demander quelle réalité géographique, quelle entité politique, recouvre le terme « Israël » lorsque Jésus l'utilise. Faut-il l'entendre comme le nom générique de la terre sacrée réunissant le royaume de Juda (la Judée, au sud) et le royaume d'Israël (la Galilée, la Samarie, au nord) ou, au contraire, de façon étroite, le seul territoire Galiléen ? Jésus s'inquiétait-il du sort de la Judée ou avait-il pour elle aussi peu de considération que les Judéens en avaient pour les Galiléens ?

La rivalité Galilée/Judée transparaît plus d'une fois dans les Évangiles. Découvrant l'origine de Jésus, les pharisiens s'indignent : « Est-ce de la Galilée que le Christ doit venir ? » (Jn 7,41). Ils rembarrent Nicodème, l'un des leurs : « Es-tu de la Galilée toi aussi ? Étudie ! Tu verras que ce n'est pas de la Galilée que surgit le prophète ! » (Jn 7,52). Pour les Judéens, les Galiléens sont d'autant plus dangereux que leur stupidité est proverbiale, qu'ils sont ignares et incapables de lire les Écritures, et même de parler correctement. Dans la cour du grand prêtre où il a suivi Jésus après son arrestation, Simon-Pierre est trahi par son accent rural : « Sûrement toi aussi tu en es : et d'ailleurs ton langage te trahit » (Mt 26,73)

A Jérusalem, Jésus est d'emblée suspect, parce que galiléen. « Suis-je un brigand ? » (Mt 26,55), se défend-il, au moment de son arrestation, et lorsqu'il est traduit devant Pilate, on l'accuse : « "Il soulève le peuple, enseignant par toute la Judée, depuis la Galilée, où il a commencé jusqu'ici." A ces mots, Pilate demanda si l'homme était galiléen » (Lc 23-6). Brigand, galiléen : les deux mots seraient-ils synonymes ?

Jésus brigand

Le terme « brigand » gravite dans les Évangiles tout autour de Jésus sans qu'il puisse l'écarter. Chez Marc et chez Matthieu, il identifie les deux larrons tandis que l'évangile selon Jean l'applique à Barabbas, tout près de Jésus. Le « brigand » n'est pas pour autant un simple criminel. C'est d'abord un insurgé, celui qui conteste l'autorité et vise à la renverser ; celui qui veut s'emparer du pouvoir par ambition religieuse ou nationale. Dans les œuvres de Flavius Josèphe, le terme grec *lestes* que traduit le mot « brigands », revêt en effet un sens très particulier et désigne en fait les zélotes. Les « zélotes », à la fin du Ier siècle et au début du IIe, sont ceux qui s'en prirent aux troupes romaines, appelant Yahvé à soutenir leur combat pour chasser les impies de la terre sacrée.

Général juif passé du côté romain, Flavius Josèphe d'origine galiléenne leur impute la responsabilité entière des malheurs du pays. Même si l'appellation recouvre plus une philosophie qu'une organisation constituée, il traite d'« imposteurs », de « trompeurs », de « brigands » ces juifs qui par « zèle » se dressèrent contre ceux des leurs qui ne respectaient pas assez scrupuleusement, à leurs yeux, la loi de Moïse. Dans le livre des Nombres, Pinhas, l'ancêtre de tous ces zélotes, transperce d'un coup de lance un Israélite qui voulait s'unir à une non-juive, une madianite. Yahvé approuve son meurtre en ces termes : « Le prêtre a détourné mon courroux des Israélites parce qu'il a été, parmi eux, possédé de la même jalousie que moi [...]. En récompense de sa jalousie [de son zèle] pour son Dieu, il pourra accomplir le rite d'expiation des Israélites » (Nb 15,10-14).

Dans un dessin des enluminures des *Grandes Heures de Rohan* (réalisé vers 1420), le geste de Pinhas est très étrangement associé à la crucifixion de Jésus, sans que l'on puisse vraiment déterminer si l'artiste veut opposer les deux figures ou, au contraire, les rapprocher...

Pour apprécier l'étendue de ces rebellions, il faut mentionner, au-delà des Galiléens, de Juda et de sa lignée, Simon - ancien esclave d'Archélaüs, qui se fit proclamer roi et brûla le palais royal de Jéricho –, le berger Arthrongés – qui, avec ses frères, défia les Romains –, la levée de Theudas « qui se disait quelqu'un et qui a rallié environ quatre mille hommes », et dont on peut lire aussi dans *Les Antiquités juives* : « Il persuada une grande foule de gens de le suivre en emportant leurs biens jusqu'au Jourdain ; il prétendait être prophète et pouvoir, à son commandement, diviser les eaux du fleuve pour assurer à tous un passage facile. » A cet émule de Moïse guidant son peuple en Terre promise il faut encore ajouter l'Égyptien entraînant au désert trente mille personnes et qui, lui, prétendait rééditer l'exploit de Josué en faisant tomber les murs de Jérusalem par sa seule parole. Tous ces prophètes messianiques qu'évoquent, même approximativement, les Actes des Apôtres sont des combattants inspirés qui payèrent de leur vie leurs assauts contre les impies et leurs collaborateurs de l'aristocratie ecclésiastique juive.

Entre 26 et 36, pendant le préfectorat de Ponce Pilate, il n'y a pas, historiquement parlant, de « zélotes » en tant que tels. Pourtant l'on peut lire dans les Évangiles que plusieurs disciples de Jésus sont réputés être proches de cette mouvance : Simon, dit « Kananaios » (Mc 3,19 et Mt 10,4), c'est-à-dire « le zélote » (Lc 6,15 et Ac 1,13) ; Simon Barjona (selon un ancien lexique hébraïque : le hors-la-loi, le terroriste) ; Judas « Iskariot » (dont le surnom pourrait être une déformation de *sicaire*, « l'homme au poignard ») ; voire Jean, et Jacques « fils du Tonnerre »…

Sans en conclure, comme une certaine tradition critique, que Jésus lui-même était un zélote, un « brigand », son enseignement et sa vie en présentent certains traits incontestables : son annonce du Royaume de Dieu qui ne saurait être que le Royaume d'Israël, son hostilité envers Hérode « le renard », certaines paroles qui donnent de la Loi une lecture intégriste, son mépris pour les tyrans qui se font appeler « Bienfaiteurs »…

De colère et de haine

Ne croit-on pas entendre un zélote lorsque Jésus profère : « N'allez pas croire que je sois venu apporter la paix sur la terre ; je ne suis pas venu apporter la paix mais le glaive. Car je suis venu opposer l'homme à son père, la fille à sa mère et la bru à sa belle-mère : on aura pour ennemis les gens de sa famille » (Mt 10,34-36), ou, dans la version de Luc : « Pensez-vous que je sois apparu pour établir la paix sur la terre ? Non, je vous le dis, mais la division. Désormais, en effet, dans une maison de cinq personnes, on sera divisé trois contre deux et deux contre trois ; on sera divisé père contre fils, mère contre fille, fille contre mère, belle-mère contre sa bru et bru contre sa belle-mère » (Lc 12,51-53) ? Quel écart dans Matthieu entre les Béatitudes prononcées au début de l'évangile – « Heureux les doux car ils posséderont la terre, heureux les affligés car ils seront consolés, heureux les affamés et les assoiffés de justice car ils seront rassasiés », etc. (Mt 5,4-6) – et les menaces proférées cinq chapitres plus loin : « Quiconque se déclarera pour moi devant les hommes, moi aussi je me déclarerai pour lui devant mon Père ; mais celui qui m'aura renié devant les hommes, à mon tour je le renierai devant mon Père qui est dans les cieux » (Mt 10,32-34) !

Quant aux conditions pour le suivre, elles portent la marque de la radicalité sectaire : « Si quelqu'un vient à moi sans haïr son père, sa mère, sa femme, ses enfants, ses frères, ses sœurs, jusqu'à sa propre vie, il ne peut être mon disciple » (Lc 14,26). L'enrôlement, d'ailleurs, est sans discussion. Les disciples doivent sur l'instant abandonner leur famille, leur travail, leurs biens, et même renoncer aux devoirs les plus sacrés : « Un autre des disciples lui dit : "Seigneur, permets-moi de m'en aller d'abord enterrer mon père." Mais Jésus lui dit : "Suis-moi et laisse les morts enterrer leurs morts" » (Mt 8,22). Quant à ceux qui s'opposeraient à lui, leur sort est réglé : « Qui vous écoute m'écoute, et qui vous repousse me repousse » (Lc 10,16).

Si nous relisons les Évangiles dans cette optique – l'optique de Jésus Barabbas –, on ne compte plus le nombre de fois où Jésus doit se cacher, s'échapper, tromper la vigilance de ceux qui le poursuivent. Il faut voir l'épisode du vol de sa monture avant l'entrée à Jérusalem comme une action de guérilla. Considérer la multiplication des pains comme le ravitaillement d'une armée en campagne alors que Jésus fait disposer environ cinq mille hommes « par carrés de cent et de cinquante », chez Marc comme chez Jean. Chez Luc, il faut entendre le chef de guerre qui prononce les paroles sur le glaive : « Mais maintenant, que celui qui a une bourse la prenne, de même celui qui a une besace, et celui qui n'en a pas vende son manteau pour acheter un glaive » (Lc 22,36), il faut écouter à la lettre son discours sur le Royaume de Dieu dont on ne peut s'emparer que par la violence. Il faut deviner à travers le dernier repas avec les disciples une veillée d'armes, et à travers l'échauffourée de Gethsémani la défaite d'une bande armée. Tous ces actes constituent autant de signes du « zélotisme » de Jésus, zèle inflexible dont l'apogée verbal serait « la parabole des mines ». Avant de partir pour être consacré roi, un homme confie à chacun de ses serviteurs une somme considérable à faire fructifier en son absence. A son retour, il demande des comptes à chacun pour savoir qui a été avec lui et qui a été contre lui. Il conclut par cette mise en garde terrible : « Quant à mes ennemis, ceux qui n'ont pas voulu que je règne sur eux, amenez-les ici, et égorgez-les en ma présence » (Lc 19,27).

Ce Jésus-là rompt avec la solidarité familiale, bafoue le commandement d'honorer père et mère, dédaigne le respect dû aux morts, encourage ses disciples à se nourrir sur le pays, les arme et leur promet : « Vous mangerez et boirez à ma table en mon Royaume et vous siégerez sur des trônes pour juger les douze tribus d'Israël » (Lc 22,30). Ce Jésus-là n'a à la bouche que malédictions, anathèmes, menaces ; ce Jésus venu « apporter le feu sur la terre » est à mille lieues du doux Jésus des livres de première communion, loin des vitraux des églises. Mais, indiscutablement, il a trouvé refuge dans les textes du Nouveau Testament.

Pendant des siècles, cette lecture « zélote » de Jésus a été vigoureusement étouffée. Paraboles meurtrières, paroles guerrières et actes violents ont été interprétés dans un sens purement symbolique, leur déniant tout rapport au réel. Mais pourquoi ces paroles, ces actes, seuls, seraient symboliques dans les Évangiles ? Si, au contraire, il fallait détecter de l'histoire sous cette couche d'écriture, sous la traduction allégorique ? Si le nommé Barabbas n'était autre que cet introuvable Jésus « qui a vécu dans le monde », ce Galiléen radical, nationaliste, extrémiste, qui, littérairement relâché par Pilate, disparaît des textes pour laisser le champ libre au Jésus de la foi, au Christ ? Si avec Barabbas, sous nos yeux, l'histoire de Jésus avait passé le relais à la légende ?

Doux Jésus

Si percutant soit le portrait de Jésus en Barabbas, si probant soit-il, sans jamais sortir des textes du Nouveau Testament, on peut lui opposer sans peine son contraire, « Jésus le femmelin masochiste qui, après s'être laissé gifler sur une joue tend l'autre », d'après René Crevel dans *Le Clavecin de Diderot*. Le Jésus hostile à toute violence : « Tous ceux qui prennent le glaive périront par le glaive » (Mt 26,52). Le Jésus de l'amour de l'ennemi : « Hâte-toi de t'accorder avec ton adversaire » (Mt 5,25), celui des Béatitudes, de la fidélité à la Loi, le Jésus respectueux de l'ordre établi… L'un et l'autre sont sous nos yeux, ce ne sont pas des figures cachées. Elles sont lisibles à qui veut les lire. Mais ces deux figures antagonistes de Jésus, l'une nationaliste et judaïsante, l'autre universaliste et hellénisante, reflètent-elles deux attitudes de Jésus, deux comportements à des moments différents de sa vie, ou deux états du texte, rédigés à des dates différentes et destinés à des publics différents ?

La chronologie évangélique nous conduit à penser que le Jésus « tout amour » représenterait la couche la plus primitive du texte, dans la mesure où, notamment chez Matthieu, la majorité des paroles qui s'y rattachent est placée dans les premiers chapitres. Le récit évangélique serait alors témoin d'une sorte de radicalisation du personnage qui pourrait correspondre soit aux conflits nés, après la mort de Jésus, entre les communautés « chrétiennes » et les autres juifs, voire peut-être, plus tard encore, contre les troupes romaines d'occupation… A l'inverse, il n'est pas inconcevable que ce soit le Jésus « zélote » qui appartienne au niveau historique car, contrairement à une idée répandue, le mouvement de Jésus n'était pas un mouvement de renouveau à l'intérieur du judaïsme, mais un mouvement de restauration, un mouvement réactionnaire et populaire s'appuyant sur l'éternelle colère du peuple. Dans cette perspective, le discours d'amour universel appartiendrait au dernier niveau de rédaction des textes. Celui où l'évangéliste Jean introduit le fameux « mon Royaume n'est pas de ce monde », garantie définitive du caractère pacifiste des chrétiens qui ne veulent pas s'aliéner les représentants de l'Empire.

En réalité, rien ne nous permet de désigner une des figures de Jésus comme plus archaïque, plus authentique, plus historique que l'autre. Surtout d'en exclure une au profit de l'autre, comme sont souvent tentés de le faire tant d'exégètes, tant de théologiens, tant d'historiens. Les figures ne s'éliminent pas, elles s'additionnent.

Jésus, tel qu'il intervient dans les Évangiles, est en tout cas une figure de l'insoumission. Il est insoumis à sa famille, aux autorités (que ce soient les pharisiens, les scribes, les sadducéens, les grands prêtres, Hérode ou les Romains), insoumis à la Loi vis-à-vis de laquelle il exprime, en plusieurs occasions, son absolue liberté. Et, selon les textes, il meurt insoumis, ayant réussi à liguer contre lui le pouvoir sacerdotal de Judée et le représentant de Rome. L'éthique du personnage à l'égard du pouvoir est énoncée très fermement dans l'évangile de Matthieu : « Vous savez que les chefs des nations dominent sur elles en maîtres et les grands font sentir leur pouvoir. Il ne doit pas en être ainsi parmi vous » (Mt 20,25-26). Mais comment concilier cet esprit de résistance et les paroles attribuées à Paul : « Celui qui se rebelle contre l'autorité se rebelle contre Dieu » (Rm 13,1-2), ou : « Chacun doit demeurer dans la condition où l'a trouvé l'appel de Dieu » (1 Gal 7,20), paroles qui serviront de justifications « chrétiennes » à tous les absolutismes, à toutes les tyrannies ? Comment concilier les deux ? C'est évidemment impossible, sinon à accepter qu'il n'y a pas de Jésus unique à l'intérieur des récits évangéliques mais plusieurs. Plusieurs fictions de son identité. Plusieurs projections des personnalités et des groupes qui en ont été, successivement, les auteurs et les inspirateurs.

Cent évangiles

Il y eut, dans les premiers temps, beaucoup plus d'évangiles que ceux que nous connaissons aujourd'hui. Diderot disait qu'il n'y en avait pas quatre mais cent ! La plupart ont disparu ou nous sont parvenus en lambeaux. Faute d'arriver à se mettre d'accord sur un seul, la tradition a finalement choisi d'en conserver quatre d'entre eux, particulièrement protégés : Marc, Matthieu, Luc et Jean. En les reconnaissant à part égale dans le Canon du Nouveau Testament, le christianisme a entériné la solidarité de ces récits en dépit de leurs divergences, en dépit de leurs contradictions.

Ce coup de force a installé ces textes comme les parties d'un même livre, alors que, primitivement, ils n'avaient pas été écrits ensemble. Pas plus qu'ils n'avaient été écrits pour être lus ensemble. Peut-être même chacun devait-il être lu contre les autres, pour les ignorer, pour les contredire, pour les récuser, pour s'y substituer, pour gagner d'autres territoires ou d'autres audiences, chaque communauté se fédérant autour d'un évangile qui, seul à ses yeux, avait autorité. Ainsi Matthieu écrit-il contre Marc, Luc contre Marc et Matthieu, et Jean contre les trois synoptiques, sans parler des autres écrits, perdus aujourd'hui, ou des textes considérés plus tard comme hérétiques, les apocryphes, qui participaient au même titre aux disputes théologiques et idéologiques du christianisme primitif.

Chacun d'eux pour son compte a même probablement été, au moins dans sa dernière phase de rédaction, une tentative d'harmonisation des récits préexistants, une manière de les réécrire et de les ajuster. D'où le sens des reproches que Celse, toujours cité par Origène, adressait aux chrétiens : « Quelques fidèles, comme des gens pris d'ivresse qui en viennent à porter la main sur eux-mêmes, ont remanié le texte original de l'Évangile trois ou quatre fois, ou plus encore, et l'ont altéré pour pouvoir opposer des négations aux critiques. »

Conscient de la difficulté, Tatien, l'un des premiers Pères de l'Église, s'est mis à élaborer vers 170 une concordance des quatre évangiles, le *Diatessaron.* Elle fut utilisée dans l'Église syriaque pendant plus de trois siècles, passant pour une version cohérente et « complète » de la vie de Jésus, pour le véritable Évangile. En Occident, cette tradition a subi différents avatars jusqu'au Moyen Age avant d'être abandonnée.

Dans la version arabe de ce texte, on voit ainsi comment l'auteur amalgame l'ensemble des données disponibles sur Barabbas : « Et, à chaque fête, c'était l'habitude du gouverneur de relâcher un prisonnier pour [le plaisir] du peuple : celui qu'ils préfèrent [Mt 27,15-16]. Et dans leur prison, il y avait un prisonnier fameux, appelé [Ibn-Abba ou Abarabba] Bar Abbas [Mt 27,17]. Et quand ils furent rassemblés, Pilate leur dit [Jn I8,39] : "Vous avez l'habitude que je vous relâche un prisonnier, à Pâque ; voulez-vous que je vous relâche ce roi des juifs ?" [Jn 18,40]. Ils crièrent tous et dirent : "Non, pas celui-ci, mais Barabbas." Et ce Barabbas était un voleur [Lc 23,19] qui à cause de la sédition et du meurtre qui avait eu lieu dans la ville fut jeté en prison [Mc 15,8]. Et tout le peuple cria ; et ils commencèrent à demander de leur faire comme c'était la coutume. Et Pilate répondit et dit [Mt 27,17] : "Qui voulez-vous que je vous délivre ? Barabbas ou Jésus qui s'appelle le Christ [Mt 27,17], roi des juifs ?" [Mc 15,9]. Car Pilate connut que la jalousie les avait [fait parvenir] portés à le livrer [Mc 15,10 ; Mt 27,18]. Et les grands prêtres et les anciens demandèrent aux foules de sauver Barabbas et de faire périr Jésus [Mc 15,11 ; Mt 27,20]. Et le gouverneur répondit et dit : "Lequel des deux voulez-vous que je vous délivre ?" Ils dirent : "Barabbas" [Mt 27,21]. Pilate leur dit : "Et Jésus qui s'appelle le Messie, que ferai-je de lui ?" [Mt 27-22]. Ils crièrent tous et dirent : "Crucifie-le !" [Mc 15,13 ; Mt 27,22 ; Lc 23,21]. Et Pilate leur parla de nouveau, parce qu'il voulait relâcher Jésus [Lc 23,20] ! Et ceux-ci crièrent et dirent : "Crucifie-le, crucifie-le ; et relâche-nous Barabbas !" Et Pilate leur dit une troisième fois : "Quel mal a fait celui-ci ? Je n'ai point trouvé en lui de cause qui mérite la mort. Je le châtierai et je le relâcherai" [Lc 23,22]. Et eux le pressèrent davantage, à haute voix, et lui demandèrent de le crucifier. Et leur voix devint violente et la voix des grands prêtres [Mc 15,14 ; Mt 27,23 ; Lc 23,23]. Alors Pilate leur délivra celui-là qui était jeté en prison pour la sédition et le meurtre [Lc 23,25] : Barabbas [Mc 15,15] qu'ils avaient demandé [Lc 23,24] ; et il [fit] flageller Jésus avec des fouets [Mc 15,15 ; Mt 27,26]. »

L'acte de choix

Malgré ses considérables efforts pour accorder les évangélistes entre eux, le *Diatessaron* n'a jamais prévalu. Peut-être parce qu'un seul évangile aurait couru le risque d'apparaître pour légendaire. Quatre mieux qu'un semblaient permettre d'atteindre à la vérité. Quatre textes pouvaient se combiner, se compléter, s'éclairer – et repousser ainsi les contradicteurs en ayant toujours réponse à tout. Le fait qu'ils soient plusieurs implicitement les atteste, fait histoire, en dépit ou à cause de leurs contradictions. Leur présentation même induit toujours, qu'on les assimile à quatre « témoignages » indépendants, à quatre « sources » sur Jésus, à quatre points de vue exprimés plus ou moins librement.

Il y a là un problème épistémologique considérable, et les exégètes sont toujours réticents à en accepter jusqu'au bout toutes les implications. Ce serait s'interdire de recoller les morceaux épars qu'ils aiment souvent récolter tantôt ici, tantôt là, tantôt chez les synoptiques, tantôt chez Jean. C'est-à-dire de se livrer au plaisir délicieux de reconstruire une vraisemblance historique ou littéraire. Mais qui pourrait résister à une telle tentation ? Ce serait s'interdire de choisir. Et, pour eux comme pour nous, il est difficile, pour ne pas dire impossible, de ne pas céder à cette tentation ; de ne pas choisir. Or quatre récits réservent toujours une place à l'acte de choix.

Mais pourquoi choisir ? A quel titre ? Pourquoi oublier les différences ? Pourquoi opter entre deux versions, parce que l'une est dominante et l'autre marginale ? La majorité devrait-elle l'emporter ? Ou faut-il miser à un contre trois ? Courir le risque de disqualifier, de discréditer ce que l'on ne choisit pas ? Si l'une des versions, sur tel ou tel point de détail, paraît fiable, n'est-ce pas parce que les autres nous égarent ? N'est-ce pas tout le reste du texte qu'il faudrait suspecter de fraude ? Choisir, n'est-ce pas faire de l'acte de choix un acte de foi ?

Mais n'est-il pas foncièrement illusoire d'espérer atteindre le noyau dur de l'histoire ? Ne peut-on pas, au mieux, que constater la généalogie des textes, leur engendrement à partir d'une même souche ? C'est la réalité de cette histoire en tant que réalité d'écriture qui ne cesse d'être à l'œuvre. Plutôt que l'histoire véritable, elle nous indique le plus souvent des réponses successives à des questions dont les termes aussi ont évolué. Il faut d'abord chercher à les identifier pour essayer de les comprendre.

C'est sûrement la grande chance de la recherche néotestamentaire, en même temps que sa gageure, que d'accepter comme irréductible l'écart entre les différents textes. Ainsi le grand exégète américain qu'est Raymond E. Brown se montre bien téméraire d'affirmer dans son *Commentaire de l'évangile selon Jean*, comme une évidence : « Nous pensons que la critique invite, au moins, à reconnaître l'historicité de la libération d'un partisan armé nommé Barabbas à l'époque où Jésus fut condamné. »

A l'instar de ce spécialiste renommé, il est significatif de constater qu'une majorité d'exégètes penche pour l'image de Barabbas la plus radicale parmi celles que proposent les quatre évangiles. Le Barabbas séditieux et meurtrier de l'évangile selon Luc ou le brigand selon Jean rallie tous les suffrages. Il absorbe, en quelque sorte, le Barabbas selon Marc, jugé trop falot, comme celui de Matthieu, qui ne survit que par son usage de l'adjectif « fameux ».

Si cette perception d'un Barabbas grand criminel et chef de guerre reste aujourd'hui tellement en faveur parmi les historiens du Nouveau Testament, ce n'est pas tant parce que sa probabilité historique serait plus forte que toute autre, mais plutôt parce qu'elle est la plus facile à reconnaître, donc à distinguer. Pour les historiens chrétiens comme pour les historiens juifs, qu'on perçoive Barabbas comme un terroriste irresponsable ou comme un rebelle exemplaire, il y a idéologiquement tout intérêt à y deviner un personnage de premier plan. Mais sa réputation n'est en réalité déterminée que par le préjugé que l'on s'en fait, la place que l'on veut lui accorder. Pour les chercheurs juifs, elle permet de justifier le choix de la foule, voire des grands prêtres qui reconnaissent en lui un libérateur possible. Pour les chrétiens, elle souligne le scandale de l'échange, « l'odieuse préférence », le drame des juifs qui, entre deux des leurs, ont dû préférer le crime à l'innocence.

Le crime de Barabbas

Encore une fois reprenons le texte, sans nous laisser intimider par l'habitude.

Jésus et Barabbas ont été arrêtés l'un et l'autre par les

Romains, Pilate étant préfet de Judée. Ils sont tous deux impliqués dans une affaire concernant les autorités juives et romaines. Pour une fois à l'unisson, les Évangiles reconnaissent que Barabbas a bénéficié d'un traitement exceptionnel.

Si l'on met de côté le récit de Marc qui pourrait le disculper, les charges réunies à son encontre semblent particulièrement graves. Barabbas non seulement serait un émeutier mais également un assassin. Malgré cela, Pilate le relâche.

Pour un minimum de vraisemblance, il faut supposer que son cas remplit un certain nombre de conditions. En premier lieu nous pouvons être sûrs, s'il y a eu « émeute », « sédition », « désordres », que ces troubles n'ont pas pu toucher directement les Romains, sinon Pilate n'aurait jamais pu accorder sa grâce. En second lieu, tout aussi sûrement, s'il y a eu meurtre, la victime (ou les victimes) ne pouvait être romaine : un crime contre un soldat de l'Empire n'aurait su, en aucun cas, rester impuni.

Pour ces deux raisons, il faut exclure une agression contre les troupes d'occupation. A tout le moins donc, Barabbas s'est trouvé mêlé à des troubles. Au pire, il est à l'origine de ces troubles, voire même il a causé la mort de l'un de ses coreligionnaires. Mais, qu'il soit innocent ou qu'il soit coupable, il ne peut être un partisan armé contre les Romains. Seuls des juifs peuvent être en cause.

Et pourtant la foule vient réclamer sa libération, excitée par les grands prêtres.

Les grands prêtres

Les grands prêtres jouent un rôle fondamental au sein de la nation juive où ils jouissent d'une très grande autorité civile et religieuse. Le grand prêtre en exercice préside le tribunal suprême, le Sanhédrin, il commande la police et gère les finances du Temple. « Les grands prêtres avaient la direction du peuple », écrit Flavius Josèphe. Sous l'occupation romaine, leur mission spécifique sera de représenter les juifs auprès des occupants.

A l'origine, la charge était héréditaire. Depuis Saddoq, le premier d'entre eux, il y eut ainsi une dynastie ininterrompue de grands prêtres saddocites jusqu'à ce que les déchirements suscités par la crise maccabéenne (en – 175 avant notre ère) y mettent fin, laissant place à une nouvelle dynastie, les hasmonéens. Vers – 40, lorsque Hérode le Grand accéda au trône de Judée, il s'arrogea le pouvoir de désigner lui-même le grand prêtre et écarta d'emblée les familles sacerdotales traditionnelles. Selon Flavius Josèphe, pour éviter que le grand prêtre ne soit choisi parmi les hommes de valeur, Hérode fit venir de Babylone un prêtre obscur auquel il confia le sacerdoce suprême. A sa mort, les Romains, reprenant le pouvoir, entérinèrent la pratique hérodienne. En échange de la liberté cultuelle doublée d'une relative autonomie à l'intérieur de Jérusalem, ils aliénèrent l'autorité religieuse à l'Empire. La collaboration de fait imposée par la sujétion du grand prêtre au gouverneur – dont il tenait légitimité et privilèges – garantissait la paix romaine dans la province. Mais les enjeux n'étaient pas uniquement militaires ou politiques.

A Jérusalem, une grande partie de la population vivait, directement ou indirectement, des ressources du Temple et de sa construction qui s'éternisa délibérément pendant près d'un demi-siècle... Les Romains comme l'aristocratie sacerdotale tiraient de grands profits de sa prospérité. Un enjeu économique majeur liait les deux parties. Tout ce qui pouvait porter atteinte au Temple mettait donc en péril non seulement l'équilibre précaire des pouvoirs, mais risquait de ruiner l'économie de la ville tout entière.

Si l'on se réfère à l'évangile selon Jean où Barabbas est traité de « bandit » (c'est-à-dire de « zélote » avant l'heure), on peut envisager l'hypothèse que Barabbas soit lui-même lié, de près ou de loin, à la famille d'un grand prêtre. Le « zélotisme », à son origine comme à son terme, est un mouvement né au sein même de l'aristocratie sacerdotale juive et, plus particulièrement, galiléenne. Barabbas s'en serait pris à des juifs impies – sans que nous sachions lesquels, ni où ni en quelles circonstances. A ce compte, Barabbas pourrait être le nouveau Pinhas, le nouveau Judas le Galiléen.

Dans ces conditions, à la manière de Paul « ne respirant toujours que menace et carnage à l'égard des disciples » (Ac 9,1), on peut voir Barabbas comme un émissaire des grands prêtres. Un mercenaire faisant éventuellement le coup de main contre ceux qui, comme Jésus, défiaient leur autorité ou provoquaient troubles et désordres. Dès lors, l'attitude des grands prêtres vis-à-vis de Jésus et de Barabbas s'éclaire : ils réclament la libération d'un de leurs hommes, et vouent leur opposant à la mort. En retour, la volte-face de la foule ne paraît pas très cohérente. Alors que, peu de temps auparavant, elle acclamait Jésus comme le nouveau David, elle lui préfère soudain – unanimement – le bandit Barabbas.

Les grands prêtres seraient-il si influents et le peuple si facilement manipulable ? Par quel fait d'armes ou d'esprit la foule aurait-elle si vite été retournée ? Même extrêmement versatile, n'aurait-elle compté aucun partisan de Jésus prêt à donner de la voix pour le soutenir ? Certains ont défendu que, lors de l'entrée de Jésus à Jérusalem et lors de la comparution devant Pilate, il ne s'agissait pas de la même foule. Dans un cas, il s'agissait du peuple de Jérusalem, ami de Jésus, dans l'autre, d'une troupe à la solde des grands prêtres, déterminés à le perdre. Voire que l'attitude de la foule avait basculé après l'action de Jésus contre le Temple qui lui avait aliéné la population. Faible défense puisqu'il est tout aussi probant d'arguer qu'en fait d'entrée triomphale, Jésus est arrivé à Jérusalem seulement accueilli par ses disciples (tous galiléens)…

Embarrassant Barabbas

Mais ce n'est pas tout. Marc, Matthieu, Luc et Jean s'emploient à nous faire croire qu'un gouverneur romain s'en est remis aux habitants de Jérusalem pour exercer son droit de grâce. Qu'il a offert aux juifs le choix entre Jésus et Barabbas.

Comme il serait extraordinaire que la décision de gracier un prisonnier ait pu être soumise au suffrage populaire, comme dans un spectacle de cirque ou un combat de gladiateurs ! Si cet épisode avait bien eu lieu durant le procès de Jésus, il y a de quoi s'étonner que les évangélistes n'aient pas saisi l'occasion pour mettre en présence le « roi des juifs » et le brigand séditieux. Quelle scène de confrontation entre les deux hommes ! Arbitré par Pilate, les ressources dramatiques d'un tel face-à-face étaient potentiellement très riches. Or les textes se contentent de plaider à charge contre Barabbas. Et de plus en plus.

Là comme ailleurs on aurait tort de sous-estimer les capacités de création des évangélistes. Le fait que l'histoire de Barabbas soit conservée par écrit ne suppose pas inévitablement son authenticité historique.

Les uns après les autres, les évangélistes s'efforcent d'harmoniser les circonstances rendant vraisemblable l'élargissement de Barabbas, mais cela se révèle impossible. Ou, plus exactement, la seule façon de les harmoniser serait d'accepter l'innocence de Barabbas selon la thèse implicite de l'évangile selon Marc. Or son récit n'est pas conciliable avec celui de Matthieu, et moins encore avec ceux de Luc ou de Jean. Il n'est conciliable qu'en voulant les concilier à tout prix. Matthieu, Luc et Jean ont théologiquement besoin de la culpabilité grandissante de Barabbas. Plus son ombre s'allonge, plus l'innocence de Jésus brille sur le texte.

Travaillant à cet objectif, ils ne font qu'élargir la fracture initiale, le sentiment que nous avons affaire à deux histoires indépendantes fondues en un seul récit : celle de la libération d'un prisonnier, réclamée par la foule (Barabbas), celle de la condamnation d'un autre, demandée par les grands prêtres (Jésus). Les deux cousues entre elles selon le patron du Lévitique dans lequel un bouc est « immolé pour le péché du peuple » (Jésus « roi des juifs »), et l'autre « envoyé au désert » (Jésus Barabbas).

Dans son roman *Barabbas*, qui ne fut pas étranger à son prix Nobel, Pär Lagerkvist rappelait justement les sables dans lesquels disparut Barabbas au lendemain de la mort de Jésus : « Sur le destin de Barabbas après cet événement, sur les lieux où il vécut et sur les occupations auxquelles il se livra pendant qu'il était dans la force de l'âge, personne ne connaît rien de certain. Plusieurs croient savoir qu'après sa disparition il se retira dans la complète solitude des déserts de Judée ou du Sinaï, avec l'intention de méditer sur le monde de Dieu et sur celui des hommes. »

Ananias, Carabas et Cie

Il y a dans *La Guerre des juifs* un épisode très singulier. Flavius Josèphe y raconte l'histoire d'un autre Jésus, un de ces prophètes illuminés qui sévissent lors de la fête des Tabernacles de l'année 62. Ce Jésus, fils d'Ananias, homme du peuple et campagnard, s'était mis à proférer des invectives contre Jérusalem et contre le Temple. « Nuit et jour il parcourait les rues en criant ces mots. Certains citoyens de marque, exaspérés par ces paroles de mauvais augure, le firent arrêter et rouer de coups. [...] Les magistrats ayant estimé – ce qui était vrai – que cet homme était mû par une impulsion probablement surnaturelle le conduisirent devant le gouverneur romain. » Fouetté au sang, Jésus Ananias refuse obstinément de répondre aux questions. Malgré sa souffrance, « il répétait sans interruption son chant funèbre sur la cité : finalement Albinius, le jugeant fou, le fit relâcher ».

Cet épisode est remarquable, car il semble concentrer plusieurs phases du récit de la Passion tel qu'il est développé par les Évangiles : le contexte d'une grande fête juive, l'interrogatoire par le Sanhédrin puis la comparution devant le gouverneur romain, l'origine rurale du prophète, ses paroles contre le Temple, la dénonciation des siens, son mutisme, le châtiment de la flagellation qui lui est infligé et d'où il ressort « déchiré de coups de fouet jusqu'à l'os »... Après quoi, Jésus Ananias ne fut pas mis à mort par les Romains, comme le « roi des juifs », mais relâché comme Barabbas.

Jésus Ananias, Jésus Barabbas…

Si l'événement lui-même ne saurait être considéré comme la source d'inspiration des évangélistes, on peut très probablement y voir l'un des récits types qui circulaient au Ier siècle.

Or s'il y a un autre Jésus à proximité des Évangiles, il y a aussi un autre Barabbas.

Dans *In Flaccum*, Philon raconte qu'au cours de l'été 38 un autre pauvre fou dénommé Carabas fut chahuté par les habitants d'Alexandrie : « Ils poussèrent ensemble ce malheureux jusqu'au gymnase, l'installèrent dans le haut, bien en vue de tout le monde. Ils aplanirent une feuille de papyrus qu'ils lui mettent sur la tête en guise de diadème. Ils lui couvrent le reste du corps d'une carpette en guise de chlamyde et, en guise de sceptre, l'un d'eux lui remet un petit bout de tige de papyrus du pays qu'il avait aperçu, jeté au rebut, sur la route. Quand on lui eut remis, comme au théâtre, dans les farces, les insignes de la royauté et qu'il fut attifé en roi, de jeunes garçons, en guise de lanciers, bâton sur l'épaule, lui firent la haie des deux côtés, en jouant les gardes du corps. Ensuite d'autres s'avancèrent, qui pour le saluer, qui pour se faire rendre justice, qui pour lui présenter des requêtes d'intérêt public. »

Le nom de Carabas entre en résonance avec celui de Barabbas. Mais c'est de Jésus que Carabas se rapproche le plus. De même que l'on pouvait faire un portrait de Jésus en « Barabbas », on peut reconnaître en Carabas un portrait déguisé de Jésus. Les deux hommes se ressemblent. L'un et l'autre passent pour « fous », l'un et l'autre sont outragés, l'un et l'autre sont salués au nom de *Marin* qui signifie « Seigneur » en araméen, l'un et l'autre sont proclamés « roi » par la foule…

Après le Barabbas des Évangiles, le Jésus Ananias de Flavius Josèphe, nous trouvons avec le Carabas de Philon d'Alexandrie un troisième récit qu'il est tentant de disposer en synopse pour voir, d'un seul coup d'œil, ce qui les unit et ce qui les sépare. Ces trois histoires forment un triangle au centre duquel semble travaillée la figure d'un juif type du Ier siècle. Un juif écartelé entre la folie, le prophétisme, la violence des Romains, la prétention à la royauté.

A travers Carabas, roi de comédie, c'est Agrippa, petit-fils d'Hérode et « roi des juifs » en visite officielle à Alexandrie, qui est visé, avant que ne se déchaînent les excès antisémites dans la plus grande ville juive de la diaspora. Mais le sort de Carabas n'intéresse pas plus les Alexandrins d'*In Flaccum* que Barabbas n'intéresse les évangélistes. Ce sont des fantoches, leur destin n'intéresse personne. Dans un cas comme dans l'autre, le véritable objet du récit est le sort réservé au « roi des juifs ». Chez Philon, Carabas sert à incriminer la populace d'Alexandrie et le préfet romain Flaccus, qui favorise délibérément le laisser-faire. Dans les Évangiles, Barabbas sert à révéler le « roi des juifs » jusqu'alors caché, mais aussi à disculper Pilate et à faire peser sur les grands prêtres et les juifs en général la responsabilité de la mort du Christ.

Collage

Le rapprochement entre Jésus et Barabbas est agencé par les évangélistes, mais rien ne certifie que l'histoire de Barabbas soit contemporaine de celle de Jésus. Chez Marc, le synchronisme des deux actions est difficile à accepter, pour au moins deux raisons. Deux raisons textuelles.

Premièrement, Pilate ne prononce jamais le nom de Barabbas. « Voulez-vous que je vous relâche le roi des juifs ? » demande-t-il seulement à la foule (Mc 15,9). La foule n'a pas à se prononcer entre deux prisonniers. Elle n'a pas le choix, seul est concerné le « roi des juifs ». Il n'y a pas d'alternative.

Deuxièmement, Barabbas n'a aucune place dans les préoccupations de Pilate. Il ne compte pour rien, pas même comme monnaie d'échange. Son personnage pénètre dans le récit par effraction.

A titre d'expérience, il est intéressant de lire la comparution de Jésus devant Pilate au chapitre 15 de l'évangile selon Marc, « allégée » de l'épisode de Barabbas :

– Jésus, livré par les grands prêtres à Pilate, refuse de répondre aux questions du préfet romain.

– Pilate se tourne alors vers les accusateurs : « Que ferai-je donc de celui que vous appelez le roi des juifs ? »

– Les grands prêtres répondent unanimement : « Crucifie-le ! »

– Et, « pour les contenter », Pilate, après l'avoir fait flageller, livre Jésus à la mort.

Nul besoin de Barabbas.

Qu'observe-t-on maintenant si, à l'inverse, on répète la même opération, cette fois-ci en écartant Jésus du récit ?

On lit alors :

– Un prisonnier nommé Barabbas a été incarcéré.

– A chaque fête, un prisonnier est relâché par faveur exceptionnelle.

– La foule « étant montée se mit à demander la grâce accoutumée ».

– Pilate, « voulant les contenter », relâche Barabbas.

Les deux histoires fonctionnent parfaitement, indépendamment l'une de l'autre. C'est le rédacteur de l'évangile de Marc qui procède à leur collage. Quand Pilate demande à la foule venue réclamer l'élargissement de Barabbas : « Voulez-vous que je vous relâche le roi des juifs ? », sa question semble même plutôt s'appliquer à Barabbas qu'à Jésus. A moins qu'il ne les confonde. De même, le forçage du texte initial semble évident lorsque Pilate réitère sa question et que la foule crie *à nouveau* : « Crucifie-le ! », alors qu'il n'en a jamais été fait état auparavant, etc.

Deux interprétations sont ouvertes :

– L'histoire de Barabbas était déjà ancienne du temps de Jésus – fameuse même – et, s'en souvenant au moment de la rédaction de son évangile, Marc en premier l'a actualisée.

– La grâce d'un prisonnier par l'autorité romaine a bien eu lieu, mais postérieurement à la mort de Jésus, lors de la rédaction des Évangiles. Dans ce cas, « l'émeute » restée dans toutes les mémoires serait-elle une allusion à l'insurrection de Jérusalem en 66 et aux troubles qui l'entourèrent ?

Le choix de Barabbas renverrait-il, d'une façon transparente pour les contemporains, au mauvais choix fait par les habitants, les grands prêtres et les zélotes, alliés plus ou moins malgré eux jusqu'à entraîner par leur aveuglement et leurs dissensions la ruine de la ville sainte au terme d'un siège de près de quatre années ? Pour poursuivre l'analyse du rapport des forces en présence, on rappellera que les juifs chrétiens se sont alors désolidarisés de cette révolte contre Rome. Cela expliquerait que Jésus et Pilate apparaissent, dans le récit, comme des alliés objectifs, face à leurs antagonistes communs.

Pilate en avocat

Décidément, Barabbas est un criminel à facettes.

La plus brillante est, sans conteste, de dédouaner son juge ! Grâce à lui, le rôle de Pilate s'améliore d'un évangile à l'autre. Chez Marc, la responsabilité est plus ou moins répartie entre les chefs juifs et Pilate, lui-même partagé entre son rôle de préfet et celui d'avocat de Jésus, un avocat commis d'office. Chez Matthieu, Pilate finit par se laver les mains de toute l'affaire, déclarant à la foule : « Je ne suis pas responsable de ce sang ; à vous de voir ! » (Mt 27,24). Geste pour le moins étrange de la part d'un préfet romain puisqu'il reprend le rituel biblique de « la génisse rousse » où, après avoir sacrifié l'animal, le prêtre doit se purifier par l'eau. Cette curiosité vaudra à Pilate d'être souvent représenté enturbanné, vêtu d'or et de brocart, le nez crochu, les ongles longs, comme les peintres occidentaux s'imaginaient un grand prêtre juif.

Chez Luc, Pilate transmet l'affaire à Hérode Antipas et finit, comme lui, par être convaincu de l'innocence de Jésus. Chez Jean, au cours d'un drame découpé en sept tableaux, où il apparaît tantôt à l'intérieur tantôt à l'extérieur de son tribunal, Pilate déclare par trois fois que Jésus est innocent, cherchant à le libérer à travers une surenchère d'excuses judiciaires. Sept excuses qu'il oppose aux demandes pressantes des accusateurs juifs.

1. L'irrecevabilité au regard du droit romain (« Jugez-le vous-mêmes », dit-il aux grands prêtres).

2. Le non-lieu (« Je ne trouve aucun motif de condamnation »).

3. L'amnistie (« C'est pour vous une coutume que je vous relâche quelqu'un pendant la Pâque »).

4. La déqualification de la peine et donc du châtiment (Jésus est flagellé, pour lui éviter d'être crucifié).

5. Le transfert de juridiction (« Prenez-le vous-mêmes et crucifiez-le car moi je ne trouve en lui aucun motif »).

6. L'incompétence territoriale (« D'où es-tu ?).

7. La grâce (« Dès lors Pilate cherchait à le relâcher »).

Quant à l'évangile de Nicodème, évangile apocryphe connu aussi sous le nom d'Actes de Pilate, il gravit encore un échelon supplémentaire, faisant dire à Pilate : « Vous savez que c'est la coutume, chez vous, qu'à la fête des pains sans levain je vous libère un détenu. J'ai en prison un détenu, condamné pour meurtre, appelé Barabbas ; et ici cet homme, devant vous, Jésus, en qui je ne trouve aucune faute. Qui voulez-vous que je vous libère ? » Ou, selon un autre manuscrit : « Peuple : vous savez qu'à la fête des pains sans levain, c'est la coutume que je vous libère un détenu placé sous bonne garde. J'ai donc en prison un brigand malfaisant, appelé Barabbas, et j'ai Jésus, qui n'a jamais commis aucun mal : lequel des deux voulez-vous que je vous libère ? » Comme dans les évangiles canoniques, la clameur de la foule est immédiate : « Libère-nous Barabbas ! »

Décidément, les juifs chers aux évangélistes n'ont aucune excuse. Quant à Pilate, il s'avance contraint et forcé dans l'arène. Tout le « procès » romain plaide en sa faveur. C'est à son corps défendant qu'il doit endosser son costume de gouverneur, ce n'est qu'à bout d'arguments, contre sa conscience, qu'il livre Jésus au bourreau. C'est, tout autant que Jésus, une victime de la raison d'État. Le juge n'est pas coupable. « Crucifierai-je votre roi ? » demande-t-il aux grands prêtres, pour, une dernière fois, tenter de sauver Jésus. Comble d'ironie macabre, les chefs juifs lui renvoient l'incroyable : « Nous n'avons d'autre roi que César » (Jn 19,15).

Ce qui devrait être le moment le plus fort de l'affrontement entre les deux parties n'est que dérobade, fuite et faux-semblant devant l'accusation accablante pour le prisonnier. La brute romaine, faite chrétienne sur le champ de la littérature, évite le jugement de l'histoire. Comme le remarque Jean-Pierre Lémonon : « Pilate ne mérite ni le portrait abominable qu'ont dressé de lui nombre de chercheurs modernes, ni la destinée flatteuse que lui accordèrent certaines traditions ecclésiales. Il eut surtout la malchance d'être aux prises avec une affaire qui allait avoir des résonances au-delà de ce que lui-même pouvait supposer, l'affaire Jésus de Nazareth. »

Les Romains

Au-delà du cas particulier de Ponce Pilate, c'est l'une des étrangetés des Évangiles que de voir, hormis l'absence des païens, le traitement de faveur dont jouissent les Romains. Dans l'évangile de Marc c'est même un centurion au pied de la croix qui s'écrie : « Vraiment cet homme était Fils de Dieu ! » (Mc 15,39). C'est lui, l'étranger, l'impie, le polythéiste, le non-juif, qui, le premier, et sans attendre même la résurrection, reconnaît la divinité de Jésus !

L'allégeance directe à Rome deviendra omniprésente dans

les Actes des Apôtres. Leurs décors essentiels sont fournis par les villes d'Asie Mineure et de Grèce, où les communautés juives et judéo-chrétiennes sont sociologiquement marginales par rapport au reste de la population : les Apôtres et les autres « chrétiens » ont donc besoin, ne serait-ce que par le secours de la fiction, de se placer sous la protection des autorités impériales. A cet égard, il est très révélateur d'observer comment le personnage de Paul met à contribution jusqu'aux ressources procédurières du droit romain pour organiser sa défense tout au long de ses mésaventures.

Tous les événements décrits dans le Nouveau Testament paraissent frappés du sceau de la vérité – une vérité historique qui serait sacrée –, mais cet exemple illustre combien les rédacteurs étaient avant tout des prosélytes. Leur littérature est aussi une littérature de propagande. Quand il le faut, elle ne s'embarrasse d'aucun souci de vraisemblance, d'aucun souci d'exactitude. Pour chacun d'eux, la fin justifie toujours les moyens.

A lire les évangélistes, toute la carrière de Jésus forclôt ainsi soigneusement la question romaine, comme si elle n'avait aucune réalité. La seule référence explicite est mise en scène par le fameux dialogue autour de l'impôt dû à César que reprennent à peu près à l'identique les trois évangiles synoptiques. A ceux qui le questionnent et surtout lui tendent un piège, ils font répondre par Jésus : « Rendez à César ce qui est à César et à Dieu ce qui est à Dieu » (Mc 12,17 ; Mt 22,33 ; Lc 20,40). La réponse de Jésus n'a pas d'équivalent dans l'évangile de Jean, sauf la phrase tout aussi célèbre qu'il adresse non aux représentants des juifs mais au représentant de Rome : « Mon Royaume n'est pas de ce monde » (Jn 18,36). On aura beau dire, dans l'un et l'autre cas, que la parole de Jésus est à double sens, qu'elle légitime toutes les soumissions ou, à l'inverse, qu'elle méprise les pouvoir temporels et qu'elle en appelle à la venue de la Fin des Temps, le fait est. Les Évangiles sont particulièrement dépourvus d'agressivité à l'égard de la puissance occupante qui règne aussi bien en Judée que dans la diaspora.

Il faut chercher longtemps pour trouver la seule pointe véritablement antiromaine des textes. Elle est évidemment cryptée. Le démoniaque de Gérasa qu'exorcise Jésus ne porte pas un nom très usuel à l'époque : « Légion est mon nom car nous sommes beaucoup », dit-il (Mc 5,9). Le terme n'indique pas seulement l'identité de ce possédé, c'est aussi la plus importante unité de l'armée romaine, puisqu'elle comporte dix cohortes (six mille à dix mille hommes). Quant à Gérasa, c'est à la fois une cité gréco-romaine de la Décapole et une place forte stratégique où séjournaient les gouverneurs de la province de Syrie.

Pour guérir ce pauvre hère et lui éviter d'être chassé du pays, Jésus expulse les esprits impurs qui l'habitent. Il les expulse sur un immense troupeau de porcs en train de paître. Par plusieurs centaines, les cochons vont se précipiter dans la mer voisine, en l'occurrence le lac de Tibériade – pourtant distant de plus de cinquante kilomètres de Gérasa mais haut lieu de la résistance galiléenne. Précisons enfin pour compléter le tableau que les porcs ne sont pas seulement des animaux impurs en Israël, donc maudits, mais aussi l'un des emblèmes de l'armée romaine… Par cette fable, l'évangéliste, à mots couverts, dénonce Rome dont il chasse l'impureté loin de la terre sacrée.

Pourtant, depuis la conquête de Jérusalem par les troupes de Pompée en 63 avant notre ère, les occasions de conflits directs n'ont pas manqué entre l'Empire et les juifs de Judée ou ceux de la diaspora… Soulèvement général après la mort d'Hérode en – 4 réprimé dans le sang par Varus, le gouverneur de Syrie ; troubles divers sous le préfectorat de Pilate ; état d'insurrection lorsque Caligula veut faire ériger une statue à son effigie dans le Temple de Jérusalem (40-41) ; révoltes antijuives à Alexandrie (41) ; expulsion des juifs de Rome (41 ou 49) ; émeutes antijuives à Césarée (44 et 59-60) ; révolte à Jérusalem (vers 48) ; incendies de Rome et représailles contre les juifs (64) ; guerre juive (66-74) et destruction du Temple de Jérusalem

(70) ; incendie des archives d'Antioche (70), révoltes juives à Alexandrie, à Cyrène, à Chypre, en Mésopotamie (115-117)...

C'est dire que toute la période d'élaboration des Évangiles côtoie les précipices de cette histoire. Tandis que de leur côté les récits des évangélistes font preuve d'une indifférence ostensible, presque simultanément Flavius Josèphe raconte cette époque de troubles et de turbulences avec un luxe de détails à travers *La Guerre des juifs* (73-76) puis les *Antiquités juives* (vers 95-100). Rome est le témoin lointain d'une querelle religieuse et d'une guerre fratricide, d'un conflit qui ira s'exaspérant dans les textes, jusqu'à la mort de Jésus, mais qui ne concerne que les juifs entre eux et leur interprétation de la Torah. Position tierce qui reflète, à vrai dire, celle que le pouvoir romain a toujours cherché à se ménager, gouvernant les provinces en s'abritant le plus possible derrière les élites et les structures locales.

Roi des juifs

« La foule étant montée se mit à réclamer la grâce accoutumée. Pilate leur répondit : "Voulez-vous que je vous relâche le roi des juifs ?" » (Mc 15,9). On en oublierait que la nature de la question est sidérante. Est-il concevable qu'un préfet romain – même à l'occasion d'une grande fête religieuse, même s'il s'agissait d'une coutume – ne semble avoir d'autre hâte que de relâcher un prisonnier accusé d'être le « roi des juifs » ? C'est-à-dire de contester l'autorité de l'empereur, d'être passible du crime de lèse-majesté ?

Malgré tout, Pilate insiste, et insiste encore : « Que ferai-je donc de celui que vous appelez le roi des juifs ? » (Mc 15,12), comme si seule cette question lui importait. Alors que les Évangiles ne s'aventurent jamais sur le terrain de la psychologie, Matthieu se sent même obligé d'introduire dans son récit une actrice de complément, la femme de Pilate, pour tenter de justifier une attitude aussi extravagante. Avertie en songe, l'épouse plaide la cause de Jésus pour que le gouverneur épargne un juste. Dans tous les évangiles, c'est son antienne : Pilate veut faire relâcher Jésus, au point que le mot *relâcher* revient en leitmotiv dans le récit.

Alors que les Évangiles aimeraient nous laisser penser que Jésus est comme un juif hérétique livré au bras séculier par un tribunal ecclésiastique, Jésus n'apparaît, sur le plan de la procédure, ni comme un condamné dont les grands prêtres demanderaient l'exécution, ni même comme un suspect reconnu coupable au terme d'une première instruction. Pilate procède comme s'il reprenait la procédure de zéro. Chez Jean, c'est même le gouverneur qui interpelle les accusateurs : « Quelle accusation portez-vous contre cet homme ? » Leur réponse n'est pas moins déconcertante que la question : « Si celui-ci n'était pas un malfaiteur, nous ne te l'aurions pas livré » (Jn 18,29-30). Le simple fait de remettre Jésus à l'autorité romaine suffit-il à le rendre criminel ? Mais quel est le crime de Jésus, quels sont ses méfaits ? « Nous avons trouvé celui-ci mettant le trouble dans notre nation, empêchant de payer les impôts à César et se disant Christ Roi » (Lc 23,2). L'accusation, violente, circonstanciée, portée par les grands prêtres demeure pourtant sans conséquence, comme si Pilate y restait sourd : « Je ne vois aucun motif de condamnation en cet homme », avoue-t-il (Lc 23,4 et Jn 18,38). Et le préfet finit par ordonner l'exécution de Jésus, au même titre qu'il avait tout tenté pour le faire gracier !

Titulus

Pilate fait placer sur la croix un écriteau qui motive sa décision, le *titulus*. Ce pouvait être un usage, comme en témoigne Eusèbe de Césarée dans son *Histoire ecclésiastique*, à propos d'un martyr : « On lui fit faire le tour de l'amphithéâtre, précédé d'une tablette sur laquelle était écrit en latin : “Celui-ci est Attal le chrétien.” » Dans les Évangiles, du reste, seul est indiqué le motif de la condamnation de Jésus mais on ignore ce qui a conduit à la croix les deux hommes suppliciés avec lui. Prétendaient-ils aussi à la royauté ?

L'inscription sur la croix nous est parvenue sous quatre formes qui ne sont pas exactement identiques. Quelles que soient leurs variantes, les évangélistes s'accordent cependant sur le terme « roi des juifs » (Mc 15,26), même si Matthieu ajoute : « Jésus, roi des juifs » (Mt 27,37), tandis que Luc dit : « Celui-ci est le roi des juifs » (Lc 23,38) et qu'enfin Jean précise : « Jésus le Nazôréen, roi des juifs » (Jn 19,19).

L'expression « roi des juifs », qui accable le supplicié, trahit une origine extérieure au judaïsme. Elle exprime typiquement le point de vue des étrangers. Au début de l'évangile de Matthieu, par exemple, lorsque les mages arrivent d'Orient et se renseignent au sujet du nouveau-né, ils demandent « le roi des juifs ». Après Alexandre Jannée, Hérode le Grand était appelé « roi des juifs » – les « juifs » qualifiant indistinctement ses sujets de la province romaine de Judée, Judéens tout autant que Galiléens ou Samaritains intégrés à l'Empire romain. Mais en aucun cas l'expression ne relève d'une phraséologie interne au judaïsme. Seuls les païens peuvent parler d'un « roi des juifs », les juifs diraient « roi d'Israël ».

Par exemple, lors de l'entrée à Jérusalem, la foule acclame Jésus aux cris de : « Hosanna ! Béni celui qui vient au nom du Seigneur et le roi d'Israël... » « Roi d'Israël » est un titre de gloire qui associe étroitement la dimension religieuse et la dimension nationale à la terre du peuple élu. Dans l'évangile de Marc comme de Matthieu, les grands prêtres et les scribes se moquent du Crucifié qu'ils appellent, comble de dérision, « roi d'Israël ». Au contraire, dans l'évangile apocryphe de Pierre, nul sarcasme. Au moment tragique de la crucifixion, nous sommes témoins d'une intronisation, d'un couronnement : « Ils amenèrent deux malfaiteurs, entre lesquels ils crucifièrent le Seigneur. Et lui se taisait, comme s'il n'éprouvait aucune souffrance. Lorsqu'ils avaient dressé la croix, ils y avaient inscrit : "Celui-ci est le roi d'Israël." » Le crucifié n'est plus Jésus mais « le Seigneur », seul et unique « roi d'Israël ».

Dans le Nouveau Testament, Jésus n'est pas crucifié à ce titre. Pas plus que la pancarte sur le gibet ne le dénonce comme Christ, il n'est désigné comme Seigneur, comme Sauveur ou comme Fils de David, mentions dont l'invraisemblance et l'anachronisme trahiraient un ajout chrétien. Il demeure, et pour toujours, « roi des juifs ».

Les Évangiles sont les témoins d'une scission à l'intérieur de la synagogue, d'un divorce qui va obliger les « chrétiens » à se détacher progressivement puis définitivement du judaïsme. Comment, dans ces circonstances, auraient-ils pu revendiquer pour Jésus la qualité de « roi des juifs », alors même qu'elle les rendait automatiquement suspects aux yeux du pouvoir impérial ? Or, malgré l'embarras que cela représente, malgré le danger qu'il y a à vénérer un criminel politique mort sur la croix, les évangélistes conservent et le souvenir de la crucifixion, et le titre « roi des juifs ». Même l'évangéliste Jean, qui n'a pas de mots assez durs contre « les juifs », est contraint de reconnaître ce « roi des juifs » comme le Christ, le Fils de Dieu. C'est dire le paradoxe qu'il affronte.

Tracés initialement sur un vulgaire morceau de planche ou sur une feuille de papyrus que personne n'aurait songé à conserver, les mots compromettants « roi des juifs » portés sur ce *titulus* constituent sans doute l'unique document écrit du vivant de Jésus, la seule archive.

Dédramatiser

Les évangélistes doivent entériner l'accusation « roi des juifs », sans pouvoir l'annuler. Le *titulus* est un point fixe. Rétroactivement, la comparution de Jésus devant Pilate apparaît écrite uniquement en fonction de cette contrainte. Tout le travail narratif va être de composer avec l'histoire, de prendre les devants avec l'adversaire.

« Tu es le roi des juifs ? » demande Pilate, dans tous les évangiles dès le début de l'interrogatoire de Jésus (Mc 15,2 ; Mt 27,11 ; Lc 23,3 ; Jn 18,33). Le caractère abrupt de l'accusation est surprenant. Jusqu'alors elle n'a été soutenue ni par les grands prêtres ni par le Sanhédrin, ni même invoquée pour transmettre l'affaire au préfet. Mais la forme de la question est particulièrement révélatrice. C'est une affirmation interrogative à laquelle Jésus ne peut répondre que positivement. D'ailleurs, de façon aussi lapidaire qu'on l'interroge, il confirme à son interlocuteur : « Tu le dis. » Qu'il acquiesce ou qu'il laisse la responsabilité de ses propos à son interlocuteur, Jésus reconnaît au moins la prétention messianique et royale qu'on lui impute, réduisant à néant l'obligation de silence qu'il aurait initialement imposée à ses disciples. « Le moment est bien mal choisi pour faire cet aveu », remarquait ironiquement Charles Guignebert. Puis Jésus se tait. Au IIIe siècle déjà, le philosophe païen Porphyre feignait de s'inquiéter des silences de Jésus : « Pourquoi, conduit soit devant le grand prêtre, soit devant le gouverneur, le Christ n'a-t-il articulé aucune parole digne d'un sage, d'un homme divin ? Il aurait pu cependant instruire son juge et les assistants, et travailler à les rendre meilleurs. Il se laissa frapper, cracher au visage, couronner d'épines. [...] Même s'il devait souffrir par ordre de Dieu, il aurait dû accepter le châtiment, mais ne pas endurer sa Passion sans quelque discours hardi, quelque parole vigoureuse et sage, à l'adresse de Pilate, son juge, au lieu de se laisser insulter comme le premier venu de la canaille des carrefours. »

C'est que Jésus n'a rien d'autre à reconnaître, rien d'autre à dire, rien de plus à ajouter. La question de savoir s'il est vraiment le roi des juifs ne se pose pas. Plus exactement, elle ne se pose plus. La question de Pilate contient la réponse. A tort ou à raison, le « roi des juifs » a été identifié et crucifié, et le personnage de Jésus confirme cette identité : rien ne servirait plus de nier. Reste maintenant aux évangélistes à la dédramatiser.

Si, chez les synoptiques, le dialogue entre Jésus et Pilate est traité de façon relativement elliptique, chez Jean, les deux personnages travaillent méthodiquement à repenser en termes religieux et spirituels le concept même de royauté : « Alors Pilate entra de nouveau dans le prétoire : il appela Jésus et dit : “Tu es le roi des juifs ?” Jésus répondit : “Dis-tu cela de toi-même ou d’autres te l’ont-ils dit de moi ?” Pilate répondit : “Est-ce que je suis juif, moi ? Ta nation et les grands prêtres t’ont livré à moi. Qu’as-tu fait ?” Jésus répondit : “Mon Royaume n’est pas de ce monde. Si mon Royaume était de ce monde, mes gens auraient combattu pour que je ne sois pas livré aux juifs. Mais mon Royaume n’est pas d’ici” » (Jn 18,33-36).

Sous couvert de restituer le procès-verbal d’un interrogatoire qui n’a eu aucun greffier, le dialogue n’est pas un simple développement des versions synoptiques. Jean rédige un argumentaire type destiné, avant tout, aux chrétiens passibles d’être inquiétés par les autorités romaines. C’est un modèle de certificat d’innocuité : malgré ce que prétendent les grands prêtres et les juifs dans leur ensemble, la royauté de Jésus doit être garantie sans danger pour Rome. Objectivement complices, Jésus et Pilate sont les seuls sinon à l’admettre, du moins à s’accorder sur ce point essentiel, alors qu’ils ne semblent ni s’entendre ni se comprendre.

Qu’importe ce que le Jésus de l’histoire a pu avouer devant le Pilate de l’histoire, qu’importent les charges réelles qui pesaient sur lui. Quitte à en saturer le récit de la Passion, les évangélistes purgent l’expression de « roi des juifs » pour la vider de sa dimension nationale et politique. Ils blanchissent l’accusation, lui donnent un sens uniquement spirituel et moral.

L’inscription « roi des juifs » n’a peut-être été ni la traduction exacte des aspirations de Jésus (le roi aurait été bien seul) ni un accident de parcours. Malentendu, erreur judiciaire ou fruit d’une conspiration des grands prêtres, c’était en tout cas un motif suffisant. Non pas pour rendre justice à Jésus, mais pour la rendre expéditive.

Ainsi ce fourre-tout a-t-il pu être rempli tour à tour par les uns et par les autres selon les nécessités et les circonstances.

Vraie ou fausse, les évangélistes devaient détourner cette charge tellement gênante pour en tirer un pari sur l'avenir. Pour faire de Jésus, au moins après sa mort, ce que l'obscur prophète galiléen n'avait pas réussi ou n'avait jamais pensé être : un prétendant messianique, le rejeton d'une longue dynastie royale, bientôt le Fils de Dieu.

La machine à hypothèses

Le récit de la Passion est sans surprise. Chacun sait que Jésus court à sa perte, qu'il n'y a pas d'échappatoire. L'épisode Barabbas est une porte entrouverte, un instant suspendu. Dans le drame inexorable, il glisse le seul moment de suspense. Barabbas est un héros de roman-feuilleton mais surtout une figure virtuelle. Fugitivement il donne l'illusion que l'histoire pourrait être écrite au conditionnel. Et si, plutôt que Jésus, c'est Barabbas qui avait été crucifié ? Mais la scène est un mirage : il n'y a aucun choix, seulement l'illusion du choix. Dans la métaphysique de la substitution que le christianisme a mise en branle, seul Jésus peut être donné en échange, en équivalence. Substitut divin, il se sacrifie pour les hommes aux dires de la théologie.

La lecture du Nouveau Testament nous met sans cesse au centre d'un jeu de miroirs où l'ensemble des contradictions démultiplie les figures à l'infini, empêchant toujours d'en discerner nettement une seule. C'est la force même des Évangiles que d'avancer sans cesse chargés de ces contradictions ou de ces digressions, mélangeant ce qui est explicite ici à ce qui est implicite ailleurs, combinant la lettre au sous-entendu, usant de ces registres différents comme autant de défenses contre ceux qui voudraient les contester.

Au fond, peu importe que Jésus et Barabbas soient des personnages de fiction ou des témoins de l'histoire, qu'ils représentent un seul et même individu sous deux identités différentes ou plusieurs individus distincts portant le même nom. Ce qui importe avant tout, c'est de comprendre combien les Évangiles se nourrissent de leurs propres obscurités. Comment ils se fortifient en faisant tourner à plein régime la machine à hypothèses.

Barabbas n'a pas d'autre importance que de nous faire rêver. Et, comme en rêve, il s'évanouit du récit une fois son rôle achevé. Il rejoint la cohorte des silhouettes innombrables qui peuplent les paraboles, ces énigmes à travers lesquelles Jésus parle à ses contemporains pour révéler les aspects surprenants du monde qui l'environne : fils indignes, enfants prodigues, ouvriers de la dernière heure, métayers révoltés, vignerons homicides, créanciers impitoyables, intendants malhonnêtes, convives affamés…

Devenu chrétien, Jésus est inoffensif, Barabbas resté juif demeure menaçant. Au faux innocent (Barabbas l'est de moins en moins selon les Évangiles) les Évangiles opposent le faux coupable (Jésus l'est de plus en plus selon les Évangiles). A l'approche du terme du récit, Jésus pivote sur lui-même. Dès ce moment jusqu'à la crucifixion, c'est au lecteur de comprendre qu'il assiste désormais à une ultime parabole dont Jésus, cette fois, est le héros et l'objet. Une parabole où va lui être révélée la royauté paradoxale du Christ, à travers l'humiliation de Jésus et son échec.

7

Livré

Dans l'évangile selon Marc comme dans celui selon Matthieu, les disciples jurent qu'ils sont prêts à offrir leur vie pour Jésus. Le moment venu, pourtant, tous s'enfuient. Un seul d'entre eux va mourir : Judas, celui qui, dans l'histoire, interprète le rôle du traître. Il se pendra avant que Jésus lui-même ne soit pendu au bois.

Judas, la première victime du récit de la Passion…

Le prix du sang

Jésus avait mis en garde ses disciples : « Nul ne peut servir deux maîtres : ou il haïra l'un et aimera l'autre, ou il s'attachera à l'un et méprisera l'autre. Vous ne pouvez servir Dieu et l'Argent [Mamon] » (Mt 6,24). Or Judas a trahi Jésus pour trente deniers, on ne le sait que trop. Dans la version slave du *testimonium flavianum*, pour le même prix, les grands prêtres soudoyaient Pilate… Si Judas était le trésorier du groupe, comme le prétend l'évangile selon Jean, n'aurait-il pas eu davantage à gagner en se sauvant avec la caisse ? N'avait-il pas l'âme d'un voleur, d'un escroc puisque « tenant la bourse, il dérobait ce qu'on y mettait » (Jn 12,6) ? Trente deniers n'étaient pas une grosse somme comparés aux « trois cents deniers » consacrés à l'achat du parfum dont Marie, la sœur de Lazare, oint Jésus.

somme dont Judas déplore qu'elle n'ait pas été « donnée à des pauvres » (Jn 12,5). A la trahison viennent toujours s'ajouter l'hypocrisie et la cupidité. Trois accusations valent mieux qu'une.

Parmi les évangélistes, seul Matthieu s'intéresse au sort du traître, une fois son geste accompli : « Alors Judas qui l'avait livré, voyant qu'il avait été condamné, fut pris de remords et rapporta les trente pièces d'argent aux grands prêtres et aux anciens : "J'ai péché en livrant un sang innocent." Mais ils dirent : "Que nous importe ? A toi de voir." Jetant alors les pièces dans le sanctuaire, il se retira et s'en alla se pendre » (Mt 27,3-5). Extraordinaire scène de tragédie où le traître surgissant au sein même du Temple de Jérusalem vient lancer à ses commanditaires le salaire de son forfait, avant de s'étrangler. Car Judas se suicide, manière d'associer sa mort à ce qui constitue le crime suprême dans le judaïsme, à tel point que la menace plane une fois au-dessus de la tête de Jésus : « Les juifs disaient donc : Va-t-il se donner la mort, qu'il dise : "Où je vais vous ne pouvez venir" ? » (Jn 8,22).

Le rédacteur des Actes des Apôtres ne retient pas la pendaison du traître. A travers le premier discours de Pierre à Jérusalem, c'est une autre version de la mort de Judas qu'il offre : « Et voilà que s'étant acquis un domaine avec le salaire de son forfait, cet homme est tombé la tête la première et a éclaté par le milieu, et toutes ses entrailles se sont répandues. La chose fut si connue de tous les habitants de Jérusalem que ce domaine fut appelé dans leur langue Hakeldama, c'est-à-dire "Domaine du sang" » (Ac 1,18-19). Judas, devenu propriétaire foncier, meurt sur son bien. C'est lui, là encore, qui se tue, mais sa mort est accidentelle. A moins qu'il n'ait été précipité dans le vide, comme on poussait d'une hauteur ceux qui étaient lapidés.

Matthieu précise que les grands prêtres, avec l'argent du forfait, acquièrent une terre destinée à devenir le « lieu de sépulture pour les étrangers », un cimetière qui s'appellera désormais « le champ du sang ». L'association entre cette dénomination et la destination du lieu demeure inexpliquée. Mais, peu importent les détails tout à coup minutieux, l'évangile de Matthieu et les Actes des Apôtres s'entendent pour bannir le traître et se rejoignent dans le sang. A la mort glorieuse de Jésus ils opposent l'ignominie de Judas et souillent son cadavre, sa mémoire.

Le poids de l'écriture

« Frères, il fallait que s'accomplît l'Écriture » (Ac 1,16), dit Pierre en prononçant l'éloge funèbre de Judas au début des Actes des Apôtres.

Les accusations effroyables portées contre Judas recyclent toutes des citations de la Bible. Les trente deniers viennent de Zacharie : « "Si cela vous semble bon, donnez-moi mon salaire, sinon n'en faites rien." Ils pesèrent mon salaire : trente sicles d'argent. » Leur restitution aux grands prêtres aussi : « "Jette au fondeur ce prix splendide auquel ils m'ont apprécié." Je pris donc les trente sicles d'argent et je les jetai à la maison de Yahvé » (Za 11,13). La suite est tirée du livre de Jérémie : « Ils prirent les trente pièces d'argent, le prix du Précieux qu'ont apprécié des fils d'Israël, et ils le donnèrent pour le champ du potier, ainsi que me l'a ordonné le Seigneur. » La pendaison de Judas selon Matthieu évoque celle d'Ahitophel, unique autre cas de suicide dans la Bible : « Il mit sa maison en ordre, puis il s'étrangla et mourut » (2 S 17-23). Quant à sa chute d'après les Actes des Apôtres, elle illustre le destin des impies tel qu'il est prévu par le livre de la Sagesse de Salomon : « Ils voient et méprisent, mais le Seigneur se rira d'eux. Après cela, ils deviendront un cadavre méprisé, un objet d'outrage parmi les morts à jamais. Car il les brisera, précipités, muets, la tête la première. Il les ébranlera de leurs fondements, jusqu'à la fin ils seront dévastés, en proie à la douleur, et leur mémoire périra » (Sg 4,19).

Quant à Jean, il préférera se référer aux Psaumes pour étayer son récit : « Même celui avec qui je vivais en paix, à qui je me fiais, qui mangeait mon pain a levé le talon contre moi » (Ps 41) ; « Même le confident sur qui je faisais fond et qui mangeait mon pain, se gausse à mes dépens » ; « Si encore un ennemi m'insultait, je pourrais le supporter ; si contre moi s'élevait mon rival, je pourrais me dérober. Mais toi un homme de mon rang, mon ami, mon intime ! » (Ps 55,13-15).

Grâce à la mise en œuvre systématique des procédés traditionnels du *midrash* et de la *haggadah* juive, les récits de la Passion lèvent des morceaux entiers de la Bible hébraïque ou plus systématiquement de sa version grecque, la Septante. Ils découpent des extraits, pratiquent des greffes, réalisent des transplantations. Ce travail de lecture et de réécriture est constitutif de la rédaction des Évangiles.

Dans les cinq derniers chapitres de l'évangile de Marc, par exemple, on a pu dénombrer ainsi 57 citations littérales, environ 160 allusions et une soixantaine de cas de contacts littéraires... Qu'on ôte ces références, et aussitôt la composition du récit de la Passion se réduit à peu de mots. En ce sens, il est clair que le texte évangélique n'a pas pour objectif d'être une chronique, c'est un récit herméneutique. En même temps qu'une narration, l'évangile doit proposer à son public une justification des événements qu'il rapporte, une interprétation qui, par contrecoup, est aussi une méditation. L'exemple des deux morts de Judas illustre que les variantes narratives n'expriment évidemment pas des degrés d'information différents ou des sources contradictoires. Ce sont des spéculations. Le rédacteur explore des récits, des images, des figures à partir d'un même thème, d'une même contrainte.

Judas face à son destin

Pour autant, Judas n'avait-il d'autre choix que de trahir son maître ? Son rôle était-il *écrit* ? La question se pose, bien qu'elle soit généralement à peu près taboue – et pas seulement chez les exégètes patentés du Nouveau Testament.

La nuit est tombée sur le mont des Oliviers. C'est à Gethsémani, près de Jérusalem. La veillée est funèbre : Jésus sait ce qui l'attend. Il « priait pour que, s'il est possible, l'heure passât loin de lui » (Mc 14,35), mais ses disciples s'endorment sans deviner son trouble, sans s'inquiéter du lendemain. Survient alors « Judas, l'un des Douze ». Lui ne dormait pas. Il est accompagné d'une troupe menaçante. La bande est armée, chez Marc et Matthieu, de glaives et de bâtons. Aux armes, Jean ajoute la lueur des lanternes et des torches pour battre la campagne. C'est une ronde de nuit.

Stratège précautionneux à l'égard des destinataires de son évangile, Luc ne désigne que plus tard les meneurs qui sont derrière la foule et la poussent à agir contre Jésus. Marc et Matthieu y voient tout de suite la main des grands prêtres, auxquels ils adjoignent les scribes et les anciens. C'est tout le Sanhédrin qui est déjà constitué en avant-garde. Jean procède, lui, à un invraisemblable et anachronique amalgame entre les grands prêtres et « des » pharisiens. Historiquement et philosophiquement, tout sépare ces deux groupes dont la collusion est impossible. Mais l'évangéliste n'a pas ce souci. Il lui faut rassembler les ennemis de Jésus. A la garde du Temple, sans doute conséquente, il adjoint carrément une « cohorte » – unité de base de la légion romaine –, normalement riche de plusieurs centaines d'hommes et placée sous les ordres d'un tribun.

L'arbre Judas cache la forêt : les Romains et leurs auxiliaires, les grands prêtres et les pharisiens, l'armée, la police, sans compter la foule de Jérusalem en queue de cortège. Comment justifier un tel déploiement de forces pour se saisir de Jésus ? Sa maigre escorte ne comporte pas plus d'une dizaine d'hommes assoupis qui vont tous parvenir à s'égailler dans la nature immédiatement après une résistance toute symbolique.

La disproportion est si extraordinaire qu'elle estompe ce que l'intervention de Judas a d'irréel dans les quatre versions du récit. Les grands prêtres ne veulent pas arrêter Jésus pendant la Pâque « de peur qu'il y ait du tumulte parmi le peuple » (Mc 14,2). Ils préfèrent agir « par ruse pour le tuer ». Mais si Jésus jouit d'une telle popularité, comment imaginer que les Romains ne s'en soient pas inquiétés plus tôt ? Et si, au contraire, sa renommée n'est pas celle que prétendent les Évangiles, pourquoi les grands prêtres ont-ils tant tergiversé ? Judas intervient à point pour tirer les narrateurs évangéliques de ces contradictions.

Pourquoi cette trahison ? Pourquoi cette opération nocturne qui complique tout ? Pourquoi cette volte-face de la population si enthousiaste auparavant à fêter l'entrée de Jésus à Jérusalem ? Ces questions sont tellement pressantes que Jésus lui-même doit les poser, en termes équivalents dans les trois récits synoptiques : « Chaque jour j'étais auprès de vous dans le Temple, à enseigner, s'exclame-t-il devant ceux qui s'emparent de lui, et vous ne m'avez pas arrêté ? » (Mc 14,49).

Auteur comme souvent plus perspicace que les autres, Jean apporte une parade à l'objection. Jésus se cache, le jardin de l'autre côté du Cédron n'est pas un endroit ordinaire, c'est un rendez-vous secret réservé aux seuls disciples. L'évangéliste le sous-entend lorsqu'il précise que Judas « connaissait aussi ce lieu, parce que bien des fois Jésus et ses disciples s'y étaient réunis » (Jn 18,2).

Le baiser de Judas

« Or, le traître leur avait donné ce signe convenu : "Celui à qui je donnerai un baiser, c'est lui ; arrêtez-le et emmenez-le sous bonne garde." Et aussitôt arrivé, il s'approcha de lui en disant : "Rabbi", et il lui donna un baiser. Les autres mirent la main sur lui et l'arrêtèrent » (Mc 14,44-46). En quoi faut-il un signal de reconnaissance pour identifier Jésus dont les évangélistes vantent sans cesse la célébrité ? On a pu conjecturer que les disciples, uniformément vêtus, se ressemblaient tous et qu'il fallait bien un geste pour distinguer Jésus au milieu d'eux. N'est-ce pas là aussi la marque usuelle du respect des disciples envers leur rabbi ? Mais jamais chez Marc ni même chez les autres évangélistes les disciples n'embrassent Jésus.

Dans ce baiser de Judas, Paul Claudel était prêt à entendre l'écho du Cantique des Cantiques : « Qu'il me baise des baisers de sa bouche » (1,2). Il est peut-être moins cavalier de se souvenir que dans le deuxième livre de Samuel, lors de la guerre entre Israël et Juda, Joab, l'envoyé de David, tue Amassa d'un coup d'épée, l'attirant vers lui en l'embrassant.

Dans ce baiser, Judas et Jésus font corps, comme si un archétype était en jeu, comme si, irréductiblement, Jésus faisait couple avec son traître. Comme si (hormis Jésus) Judas était, dans le christianisme, la seule et unique trace de l'ambivalence qui caractérise toujours le sacré, une exception. « Dans le sacrifice chrétien, la responsabilité du sacrifice n'est pas donnée dans la volonté du fidèle. Le fidèle ne contribue au sacrifice de la croix que dans la mesure de ses manquements, de ses péchés. De ce fait, écrit Georges Bataille dans son essai sur l'érotisme, l'unité de la sphère sacrée est brisée. Au stade païen de la religion, la transgression fondait le sacré dont les aspects impurs n'étaient pas moins sacrés que les aspects contraires. L'ensemble de la sphère sacrée se composait du pur et de l'impur. Le christianisme rejeta l'impureté. Il rejeta la culpabilité, sans laquelle le sacré n'est pas concevable, puisque seule la violation de l'interdit en ouvre l'accès. »

Jean rejette même la souillure, l'impureté du contact de Judas. Il supprime purement et simplement le baiser, tant l'anecdote lui est contraire. Une fois encore dans le quatrième évangile, Jésus est seul maître de son destin. Sachant tout ce qui allait lui advenir, Jésus n'a pas besoin d'intermédiaire. Judas se confond à la masse venue s'emparer de lui. Ce n'est plus Jésus qui est dénoncé, c'est déjà le Christ qui se livre, et de lui-même.

« “Qui cherchez-vous ?” dit-il à ceux qui l’encerclent. Ils lui répondirent : “Jésus le Nazôréen.” [...] Quand Jésus leur eut dit : “C’est moi”, ils reculèrent et tombèrent à terre » (Jn 18,4-6). « C’est moi » : en grec, *ego eïmi*.

Révélation renversante...

En proférant ces simples mots « Je suis » ou « C’est moi qui suis », Jésus reprend à son compte la formule sacrée qui, dans la Bible, manifeste toujours la puissance de Yahvé. Comme les autres assaillants, Judas, implicitement renversé lui aussi par la parole divine, change de statut. A son corps défendant, le traître devient témoin d’une « apocalypse ». Au fond, Paul ne fait pas une autre expérience sur le chemin de Damas.

Lorsque dans l’évangile de Marc comme dans celui de Matthieu Judas interpelle Jésus, il est pour lui un « rabbi », un maître de sagesse. Chez Luc, il est « le Fils de l’Homme », l’annonciateur de la Fin des Temps. L’évangile selon Jean franchit un pas capital : Dieu s’incarne. Au fur et à mesure de cette gradation, c’est toujours Judas qui tend le miroir où Jésus se fait reconnaître.

Mauvais sort

Lazare est celui qui revient à la vie, Simon de Cyrène, celui qui porte la croix, Barabbas celui qui est relâché à la place de Jésus, Thomas celui qui ne veut croire que ce qu’il voit... Alors que les Évangiles, agissant à l’emporte-pièce, ne craignent pas de restreindre les personnages à une action et à une fonction, Judas est un héros récurrent. Certes il est limité à son rôle, mais ce rôle ponctue le récit.

Contrairement aux autres, c’est une figure du théâtre antique, sans cesse entourée d’un chœur, drapée dans le costume du fils de Léa et de Jacob, Juda le patriarche, ancêtre de la principale tribu d’Israël. Dès son entrée en scène parmi les disciples, ce chœur chante : « Judas, celui qui allait livrer Jésus ! » Et, chaque fois que Judas apparaît dans le texte, ce chœur reprend le même air, invitant les auditeurs à s'y joindre à l'unisson : « Judas, celui qui allait livrer Jésus. » En tant que personnage, Judas est condamné. Aucune chance ne lui est laissée, pas même de sembler ce qu'il n'est pas. Les évangélistes creusent sa tombe, tressent la corde pour le pendre : c'est lui ! répètent-ils à l'envi chaque fois qu'il intervient.

Fidèles serviteurs de l'Église, les peintres italiens de la Renaissance s'empresseront à la suite des évangélistes de toujours représenter Judas dépourvu d'auréole à la différence des autres disciples, ou cerné d'une auréole noire. Le doute n'est pas de mise. Les spectateurs comme les lecteurs ne doivent jamais oublier que Judas est le traître, ils doivent l'identifier à coup sûr, vomir son nom, maudire sa face. Mais les lecteurs de l'évangile ne sont pas les seuls avertis. Bien qu'il ne s'en ouvre jamais à aucun de ses compagnons, Jésus est dans la confidence. Il sait tout. Et nous savons qu'il sait. Les lecteurs et Jésus partagent un secret que les disciples ignorent. Jouant sur la dissociation des deux régimes de savoir, d'autres solutions dramatiques auraient pu être imaginées. Les narrateurs auraient pu donner de l'avance aux lecteurs par rapport à Jésus, faire en sorte qu'ils en sachent plus que lui, qu'ils redoutent ce qui l'attend et qu'il aurait ignoré. Ils auraient pu, à l'inverse, réserver au seul Jésus le don de clairvoyance, donner d'autant plus de force et de mystère à son personnage. Mais non.

L'annonce de la trahison est toujours fondée sur un autre décalage : sur le décalage entre ce que sait Jésus (et le lecteur) et les réactions des disciples, sur leur inquiétude. Chacun d'eux se demande en effet, non sans raison, si, par hasard, ce n'est pas lui le traître…

La main dans le plat

Le dernier acte commence à Jérusalem, autour de la table où Jésus a convié les Douze. Pour une fois, aucun d'eux ne manque à l'appel. Nous savons que le traître va passer à l'action. Le coupable est dans la pièce. C'est l'un des convives.

Jésus lui-même frappe les trois coups : « En vérité, en vérité, je vous le dis, l'un de vous me livrera » (Mc 14,18 ; Mt 26,21 ; Jn 13,21). Mais le suspense est curieusement déplacé : le lecteur connaît le nom du traître, c'est Judas. Il n'attend plus qu'un mot, un geste, que Jésus l'annonce aux autres disciples.

Or Jésus ne cite jamais de nom. Il parle par énigmes. Chez Marc et chez Matthieu, il désigne un coupable sans visage : « un qui mange avec moi » (Mc 14,18), « celui qui plonge avec moi la main dans le plat » (Mc 14,40), « quelqu'un qui a plongé avec moi la main dans le plat » (Mt 26,23), « voici que la main de celui qui me livre est sur la table » (Lc 22,21).

Ce refus, à l'intérieur de la scène, de sortir le traître de l'anonymat est extrêmement troublant. Soit Jésus l'ignore contrairement à ce qu'on aurait pu croire, soit il répugne à prononcer le nom exécré, soit il s'en remet au jugement de Dieu. Le traître sera celui qui plongera la main dans le plat en même temps que Jésus, comme s'il devait être tiré au sort. On ne comprend d'ailleurs pas pourquoi les disciples se risquent à cette loterie après un tel avertissement. Peut-être, une fois de plus, une fois encore, n'ont-ils pas entendu les paroles de leur maître ? Ou pensent-ils qu'il déraisonne ?

Dans l'évangile selon Marc, Jésus maudit celui qui livrera le Fils de l'Homme et, sans que le traître ne soit démasqué, il instaure le rite de l'eucharistie. L'évangéliste Matthieu se sent obligé de faire parler Judas. Son tour venu, il s'inquiète. « Serait-ce moi, Rabbi ? » Parole imprudente, car Jésus lui rétorque : « Tu l'as dit » (Mt 26,25), à l'imitation d'une réplique de Moïse au Pharaon dans le livre de l'Exode (Ex 10,29). Jésus fera, plus tard, la même réponse quand Pilate lui demandera s'il est le roi des juifs. Quant à Luc, il n'exige de Jésus aucune précision. Si l'on veut n'être attentif qu'au dialogue, force est de constater que l'expectative est totale.

A des fins dramatiques, Jean se démarque des synoptiques par une dilatation du temps à l'intérieur de la scène. Deux intermédiaires retardent le moment de l'annonce : Simon-Pierre et le disciple mystérieux que Jésus aimait. Malgré leurs messes basses et leur connivence, ni l'un ni l'autre ne comprennent ce qui se joue. Simon-Pierre doit passer par le truchement de l'anonyme pour interroger Jésus : « Demande celui dont il parle. » Celui-ci, se penchant alors vers la poitrine de Jésus, lui dit : « Seigneur, qui est-ce ? » Jésus répond : « C'est celui à qui je donnerai la bouchée que je vais tremper » (Jn 13,22-25). L'évangile de Jean attribue enfin à Jésus le signe décisif : « Trempant alors la bouchée, il la prend et la donne à Judas, fils de Simon Iscariote » (Jn 13-26). Jésus n'est pas victime d'un inconnu, il choisit lui-même celui qui doit le livrer. Pourtant, lorsque Jésus ordonne enfin à Judas : « Ce que tu fais, fais-le vite » (Jn 13,27), aucun des convives ne voit – pas même Simon-Pierre ni le disciple que Jésus aimait – ce qui crève les yeux.

Comme à l'accoutumée, un crescendo monte de Marc à Jean. « L'un des Douze plongeant la main dans le même plat » devient « Celui qui reçoit la bouchée trempée ». Mais le moins que l'on puisse dire c'est que, de façon simple (Marc) aussi bien que perverse (et Jean est redoutable en l'occurrence), tous les évangélistes résistent à procéder à l'identification du coupable. Le récit de la trahison de Judas s'enlise à chaque fois dans une surprenante ambiguïté. Alors même qu'il aurait dû être un point d'orgue, l'épisode n'est que louvoiements, malentendus, double sens.

L'Iscariote

Donnant la liste des disciples appelés par Jésus, les trois évangiles synoptiques citent toujours Judas en dernier, indiquant son surnom « l'Iscariote ». L'évangile selon Jean reprend ce trait distinctif, sauf que Judas n'y est jamais « l'Iscariote », mais le fils de Simon Iscariote. La nuance n'implique pas nécessairement le même usage.

Directement apposé au nom de Judas, le surnom peut signifier l'origine géographique chez les synoptiques, *Ish Kerioth*. Judas l'Iscariote serait alors un habitant de la ville de Kérioth en Judée. Parmi les disciples de Jésus, tous galiléens, Judas serait le seul Judéen. C'est une bonne présomption pour justifier sa trahison fondée sur la rivalité ancestrale Judée/Galilée. Mais trois arguments contraires peuvent aussitôt être formulés : premièrement, le plus célèbre Galiléen du Ier siècle s'appelait précisément Judas, deuxièmement, *ish Kerioth* ne signifierait pas « homme de Kérioth », mais « la population de Kérioth », troisièmement, la ville de Kérioth en Judée n'a jamais été localisée du temps de Jésus.

Lorsque Jean accole le surnom d'Iscariote au père de Judas, cela renverrait, plutôt qu'à une origine géographique, à une qualité dont le fils hériterait. Peut-être faut-il envisager une déformation du latin *sicarius*, « l'homme au poignard », dont *Iscariote* serait tiré. Simon l'Iscariote, père de Judas, serait Simon le sicaire, Simon le zélote. Ce qui, là encore, offre un bon motif politico-religieux à la trahison de Judas. Mais le groupe des sicaires n'est pas contemporain de Jésus, et le chemin étymologique entre *sicaire* et *iscariote* reste assez tortueux. Une troisième hypothèse fait dériver le mot de l'araméen *ishqarya*, le « faux » : Judas est un faux frère, un traître… « Son prophétique surnom, ajoutait Villiers de L'Isle-Adam dans les *Nouveaux Contes cruels*, signifie, en araméen, en syriaque et en samaritain, non seulement son lieu de naissance, mais, selon qu'on le prononce, il veut également dire l'Usurier, l'Homme de mensonge, le Trahisseur, la Mauvaise Récompense, la Ceinture de cuir (porte-bourse) et, surtout, le Pendu : le surnom résume la destinée. » L'étymologie de Judas ne nous permet donc malheureusement pas d'abonder dans un sens ou dans un autre. Peut-être doit-on plutôt se risquer sur le terrain du substrat sémitique. Il permet parfois de rendre compréhensibles, sous le grec du texte, certains noms, certaines expressions, certains passages des Évangiles, qui, sans cela, resteraient vides de sens. L'hébreu consonantique permet de former le radical d'« Iscariote » tout en étant la racine du verbe « livrer ». Écho du livre d'Isaïe qui déclare « Et je veux *livrer* l'Égypte aux mains d'un maître cruel » (Is 19,4), Judas ne cesse d'apparaître avant tout dans les Évangiles comme celui qui « livre » Jésus. L'évangéliste Jean fait même dire à Jésus dans son grand dialogue avec Pilate, pour l'excuser : « Celui qui m'a livré à toi porte le plus grand péché » (Jn 19,11).

Judas et ses jumeaux

Outre Judas le Galiléen mentionné par le rabbin Gamaliel dans les Actes des Apôtres, d'autres Judas que l'Iscariote traversent le Nouveau Testament. Pour éviter la confusion, les traducteurs les ont baptisés Jude, mais c'est toujours du même prénom qu'il s'agit. Il y a Jude (Judas) fils de Jacques dans la liste des disciples de Luc, reconnaissable peut-être aussi sous les noms de Thaddée ou de Lebbée, il y a Jude (Judas) frère de Jacques, de Joseph, de Simon mais aussi de Jésus (Mc 6,13, Mt 13,55-56). Il y a Jude (Judas), auquel une épître a été attribuée dans le Canon comme à Jacques, son frère surnommé « le frère du Seigneur ». Tous ces noms se croisent, les filiations s'emmêlent et s'entremêlent. Judas abrite le pire et le meilleur, les bons et les mauvais se confondent sans que l'on puisse discerner s'il s'agit toujours d'homonymies fortuites ou de présentations divergentes d'un seul et même individu.

Mais ce n'est pas tout.

En 1945, près de Nag Hamadi en Haute-Égypte, fut découverte la version copte d'un papyrus connu sous le nom d'évangile de Thomas. Il ne contient aucun récit, à la différence des autres évangiles, mais une collection de sentences et de paraboles, une liste de paroles dont l'en-tête porte ces mots : « Voici les paroles secrètes que Jésus le Vivant a dites et que Didyme Jude Thomas a transcrites. »

Jude, c'est-à-dire Judas, s'appellerait donc également Thomas. Dans les évangiles canoniques, ce dernier est plus d'une fois surnommé Didyme. Or « Thomas », en araméen *toma*, signifie « jumeau », ce que « Didyme » signifie en grec. Que penser de l'*incipit* du texte apocryphe ? Il est troublant de découvrir que, dans l'évangile selon Jean, lors de la première apparition du ressuscité, tous les disciples sont présents, sauf Thomas *et* Judas… Ne seraient-ils qu'une seule et même personne ? Ou doit-on considérer qu'il s'agit de deux jumeaux ? Voire que Thomas seul a un jumeau ? Mais de qui Thomas pourrait-il être le frère jumeau ?

L'évangile de Thomas met en avant deux personnages : Jacques le Juste et Thomas (Judas). Deux noms qui renvoient à deux des frères de Jésus. Dans l'évangile de Thomas, Jacques semble bénéficier de la prééminence. « Où que vous soyez allés, leur dit Jésus, vous irez vers Jacques le Juste, pour qui ont été faits le ciel et la terre. » Mais malgré ces apparences, c'est Thomas, c'est-à-dire Judas, qui est le détenteur des secrets non pas temporels mais spirituels du maître. Son autorité dépasse celle de Jacques car il est dans la connaissance parfaite des révélations que Jésus lui a accordées. « Je ne suis pas ton maître, lui dit Jésus, puisque tu as bu, tu t'es enivré à la source bouillonnante que j'ai fait jaillir. » Et il le prit à part et lui dit trois paroles. Quand Thomas revint auprès de ses compagnons, ils lui demandèrent : « Que t'a dit Jésus ? » Thomas leur répondit : « Si je vous dis une seule des paroles qu'il m'a dites, vous prendrez des pierres et les lancerez contre moi ; et alors un feu sortira des pierres et vous brûlera. »

Dans cet évangile apocryphe, Thomas/Judas est le modèle exemplaire de l'initié, du disciple gnostique. Serait-il donc le jumeau du Christ dont il est le double parfait, comme le raconteront au début du IIIe siècle les Actes de Thomas ? Judas, jumeau de Jésus ?…

Duplicités

S'il y a plusieurs Judas dans les textes du Nouveau Testament, il y a aussi plusieurs Simon : il y a Simon-Pierre (Céphas), appelé aussi « Bar Jona » dans l'évangile de Matthieu, c'est-à-dire « fils de Jonas » que le quatrième évangile traduit par « fils de Jean » ou encore, selon une autre étymologie, « hors-la-loi » ; il y a Simon le zélote, qui fait partie des Douze selon les synoptiques, et Simon Iscariote selon Jean.

Plutôt que les personnages eux-mêmes, plutôt que leur psychologie, leurs excuses, leur âme, ne faut-il pas être attentif aux relations, à la proximité entre les figures ? Le nom de Judas et celui de Simon sont toujours voisins l'un de l'autre, comme sur la carte de la Palestine la tribu de Juda est mitoyenne de celle de Simon. Systématiquement, les listes de disciples commencent par Simon-Pierre et s'achèvent par Judas. Même dans l'évangile selon Jean, Judas est le fils d'un Simon, Simon l'Iscariote. Mais, plus important encore, l'annonce de la trahison de Judas est indissociable, dans chaque évangile, de celle du reniement de Simon-Pierre : « "En vérité je te le dis, toi, aujourd'hui, cette nuit même, avant que le coq chante deux fois, tu m'auras renié trois fois." Mais lui reprenait de plus belle : "Dussé-je mourir avec toi, non, je ne te renierai pas" » (Mc 14,30-31).

Comme le notait Erich Auerbach dans *Mimesis*, « une scène comme celle du reniement de Pierre n'entre dans aucun genre artistique ; elle est trop sérieuse pour la comédie, trop proche de la vie quotidienne contemporaine pour la tragédie ; politiquement trop insignifiante pour l'histoire ». L'évangile, comme forme littéraire, marque une novation capitale dans la littérature antique. Il a exploré l'art du mélange, il transgresse la règle de la séparation des genres, des styles, des codes. Entre Pierre et Judas, deux figures opposées sont projetées l'une contre l'autre. L'une apparemment noble, l'autre outrageusement ignoble, mais le premier des disciples n'est finalement pas loin du dernier des Douze. Judas doublonne Pierre.

Le texte place deux traîtres en souffrance : le mauvais (Judas) coexiste avec le bon (Pierre), le renégat avec le parjure. L'un sera racheté, l'autre pas. Le premier disparaîtra de la communauté, au contraire du second qui en deviendra même, en dépit de ses trois reniements, le plus éminent des membres. Singulière promotion ! De ce point de vue, ce que l'on peut au moins constater, c'est que la fonction objective de Judas est de protéger le grand homme, de l'épargner en lui évitant le pire. Dans le moment de la lecture, Judas sert à Pierre de fusible. Mais, à travers tous les évangiles, Pierre demeure un personnage constamment sous tutelle : lorsqu'il n'est pas accompagné d'André, son frère, il est flanqué de Jacques et de Jean ou du disciple anonyme que Jésus aimait. Pierre n'agit seul qu'en une occasion : lorsqu'il renie Jésus. « Cela fait frissonner de penser qu'un tel homme tient les clés du ciel, qu'il lie et qu'il délie », s'exclamait Porphyre.

Si déconcertant que cela paraisse, dans les Évangiles, les disciples incarnent systématiquement des caractères négatifs – Simon-Pierre : le reniement ; Judas : la trahison ; Jean et Jacques, fils de Zébédée : l'ambition ; Thomas : l'incrédulité. Leur portrait est un portrait charge. Il déplace sur leurs personnages un règlement de comptes extérieur au texte. Il nous donne une vue plongeante sur la vie de la première communauté chrétienne.

Lors de la Cène, immédiatement après l'annonce de la trahison de Judas et avant l'annonce du reniement de Pierre, la discussion dérive chez Luc sur ce qui semble un tout autre sujet : « Il s'éleva aussi entre eux une contestation : lequel d'entre eux pouvait être tenu pour le plus grand ? » (Lc 22,24). Jésus s'interdit de répondre nominativement, préférant promettre monts et merveilles à tous ceux qui seront demeurés avec lui malgré les épreuves. Derrière les rivalités de personnes ou de personnages, c'est une querelle de pouvoirs qui se joue, une querelle de légitimité interne qui a lieu bien après la mort de Jésus, au moment où se forment les Évangiles. Des rivalités de doctrine et d'autorité poussent les rédacteurs à minimiser l'influence des héritiers naturels, à tout mettre en œuvre pour les disqualifier.

Les compagnons de Jésus ou les descendants du premier cercle historique des disciples sont insidieusement mis au ban du récit pour laisser la place libre, hors du texte, à d'autres représentants. A ceux qui, sans avoir connu Jésus, sans avoir entendu les paroles de sa bouche, ni écouté ses enseignements, se considèrent désormais comme les plus aptes à assurer l'avenir du mouvement « chrétien ». La grâce d'une foi reçue par la révélation comme la volonté d'ouverture vers « les nations » permettent selon eux de sortir de l'impasse à laquelle conduisent les conceptions conservatrices et patrimoniales, exclusivement juives, caractéristiques des premiers temps.

Le repas du Seigneur

Des romans ont été bâtis pour comprendre l'action de Judas et le sens de sa trahison.

Tantôt, c'est un activiste déçu dans ses espoirs de libération d'Israël, c'est lui qui se serait senti « trahi » par Jésus.

Tantôt, c'est un juif observant qui, devant l'incapacité de Jésus à provoquer le grand miracle attendu, le dénonce aux autorités comme « faux prophète ».

Tantôt, c'est le disciple chargé d'organiser la fuite de Jésus, le complice qui aurait échoué dans la réalisation de sa mission.

Tantôt, c'est l'initié par excellence, l'agent du plan divin qui permet à Jésus d'accomplir son destin…

La nécessité de la trahison obscurcit plus qu'elle n'éclaire le récit de la Passion. Autour du personnage un nuage d'encre noie le texte, empêche de discerner ce qu'il dit réellement, de lire ce qui est écrit.

Dans les quatre évangiles, deux actions, bizarrement, se superposent : la réunion des Douze autour du repas fondateur de leur communauté (en cercle constitué) et l'annonce de la trahison de Judas.

L'évangile de Marc présente même une anomalie que l'on retrouve chez Matthieu, mais que Luc et Jean ont mieux dissimulée. Le personnage de Judas rompt, par deux fois, le récit du repas pour y entrer de force. La trahison est sans lien narratif logique avec le reste du texte, c'est une action parallèle, un repentir des rédacteurs, une correction. Comme si la péripétie n'y figurait pas à l'origine.

Après l'onction de Béthanie, Marc consacre le début du chapitre 14 de son évangile aux préparatifs de la Pâque. Malgré cette occupation, l'évangéliste choisit ce moment précis pour lancer la première annonce de la trahison. La circonstance est propice : Judas qui « cherchait une occasion favorable pour le livrer » (Mc 14,11) est averti du lieu de rendez-vous fixé pour le souper clandestin. On le découvre dans une véritable ambiance de conspiration : « Allez à la ville, dit Jésus ; vous rencontrerez un homme portant une cruche d'eau. Suivez-le » (Mc 14,13-14). Un homme « portant une cruche d'eau », travail ordinairement réservé aux femmes, n'est pas, à proprement parler, un signe discret de connivence. Mais, au moins, Jésus pouvait être sûr que ses disciples suivraient le bon individu et ne s'égareraient pas dans Jérusalem. Judas va donc pouvoir avertir les grands prêtres de l'endroit secret où le maître a fait réserver une salle pour manger la Pâque avec ses disciples. Mais ce secret ne sert à rien. Les grands prêtres ne saisissent pas cette occasion pour organiser une descente de police. Jésus peut dîner tranquille… Le repas commence dans une pièce à l'étage « garnie de coussins, toute prête ». C'est là que la trahison de Judas est annoncée pour la seconde fois, en termes à peine voilés. Après un moment de tristesse, le repas continue, dans l'indifférence générale. Comme si de rien n'était, Jésus partage le pain et le vin entre les disciples.

Sur l'instant, seul leur propre sort les inquiète. Plus tard, lorsque Jésus est arrêté, ils n'expriment ni colère ni révolte. Si l'un d'eux tire l'épée, c'est pour frapper le serviteur du grand prêtre, mais non celui qui vient de les trahir. La trahison de Judas est, sur le plan du récit, un événement *qui ne regarde pas* les autres disciples – comme s'ils n'appartenaient pas au même espace, à la même dimension.

L'eucharistie

Ce repas, la Cène, se trouve être par une extravagante anticipation, un repas commémoratif de la mort de Jésus. C'est ce dernier lui-même qui institue l'après-Jésus, inaugurant personnellement le rite destiné à entretenir sa mémoire, à vivre le temps de l'attente, à le rendre présent malgré sa disparition. Il fait du rituel une représentation, il orchestre la célébration des premières communautés. C'est, sous forme liturgique, la répétition générale d'une christophanie. Le récit évangélique assume sans problème son anachronisme foncier : ce n'est pas l'histoire passée qui le préoccupe, mais son actualisation, sa permanence.

Chez les synoptiques, le « repas du Seigneur » est le repas de la Pâque, le *seder* juif, mais aussi celui de la Pâque chrétienne, de l'eucharistie. Il sera simplement un repas d'adieu chez Jean, et la toile de fond d'un immense discours sur la venue de la Fin des Temps où Jésus clôt sa mission terrestre et annonce son retour. Banquet messianique ou repas mystique, il a dû à l'origine ne procéder que du geste de la fraction du pain qu'évoque brièvement le récit des Actes des Apôtres. « Ils se montraient assidus à l'enseignement des Apôtres, fidèles à la communion fraternelle, à la fraction du pain et aux prières » (Ac 2,42), est-il dit de la première communauté de Jérusalem, et quelques lignes plus loin : « Jour après jour d'un seul cœur, ils fréquentaient assidûment le Temple et rompaient le pain dans leurs maisons, prenant leur nourriture avec allégresse et simplicité de cœur » (Ac 2,46). La fraction du pain est l'un des signes d'appartenance du groupe.

Nulle transgression par conséquent, initialement, avec les sacrifices rituels du Temple ni avec la circoncision, mais adjonction d'un geste rituel spécifique, d'une marque « chrétienne » réservée au cercle privé qui affermit la cohésion de la petite communauté. Cette « eucharistie » n'est pas d'abord un sacrement mais, étymologiquement, une action de grâces, une forme de bénédiction interne propre à un groupe de juifs très observants parmi d'autres. La *Didaché* en donne le récitatif : il n'est alors question que de la nourriture et du breuvage de la vie éternelle révélée grâce à Jésus.

Au lieu de quoi c'est une mutation radicale, au sens de la biologie, qui en sortira, avec le concept de la Présence réelle. Sa pratique entérinera l'un des plus vifs points de rupture avec le judaïsme – comme au XVIe siècle entre catholiques et protestants. L'eucharistie chrétienne va en effet signifier la symbolique du pain et du vin, la communion de l'initié avec le Christ lui-même, l'incorporation réelle de sa chair et de son sang. Anthropophagie sacrificielle qui ne manquera pas d'alimenter les rumeurs les plus folles du côté gréco-romain et de susciter l'abomination en regard de toutes les conceptions juives.

L'évangile selon Jean est l'indicateur le plus explicite de cette scission. « Comment celui-là peut-il nous donner sa chair à manger ? » (Jn 6,52), se demandent, stupéfaits, les juifs du texte. Et Jésus de donner la réponse en termes exclusivement théologiques : « Qui mange ma chair et boit mon sang a la vie éternelle et je le ressusciterai au dernier jour. Car ma chair est vraiment une nourriture et mon sang vraiment une boisson. Qui mange ma chair et boit mon sang demeure en moi et moi en lui » (Jn 6,54-56). La transsubstantiation sous les espèces du pain et du vin n'a pu devenir possible, contrairement à la présentation et à la formalisation qu'en donnent les Évangiles, que bien postérieurement à la mort de Jésus.

Le prototype le plus ancien se trouve dans l'épître aux Corinthiens, quand Paul évoque « le Repas du Seigneur ». « J'ai reçu du Seigneur ce qu'à mon tour je vous ai transmis, écrit-il. Le Seigneur Jésus, la nuit où il était livré, prit du pain et, après avoir rendu grâces, le rompit et dit : "Ceci est mon corps qui est pour vous ; faites ceci en mémoire de moi." De même après le repas, il prit la coupe en disant : "Cette coupe est la nouvelle Alliance en mon sang, toutes les fois que vous en boirez faites-le en mémoire de moi. Chaque fois en effet que vous mangez ce pain et que vous buvez cette coupe, vous annoncez la mort du Seigneur, jusqu'à ce qu'il vienne" » (1 Co 11,23-26).

Mais l'épître de Paul ne s'arrête pas sur l'institution du rituel et sa signification, ni même sur la dimension de l'attente, bien qu'elle ait été primordiale dans la conception originelle du repas.

L'épître se poursuit avec une mise en garde solennelle : « C'est pourquoi, quiconque mange le pain ou boit la coupe du Seigneur indignement aura à répondre du corps et du sang du Seigneur. » La consigne ne concerne pas seulement le bon ordre qui doit régner dans les réunions de fidèles. Il ne suffit pas de participer à l'eucharistie, encore faut-il y croire, reconnaître en elle une autre valeur que celle d'un signe. Une ligne de partage théologique est en jeu, une orthodoxie est déjà en cause.

« Que chacun donc s'éprouve soi-même et qu'il mange alors de ce pain et boive de cette coupe ; car celui qui mange et boit, mange et boit sa propre condamnation s'il n'y discerne le Corps » (1 Co 11, 23-29). Le « traître » n'est-il pas précisément celui qui mange et boit, celui qui prend part au repas du Seigneur, mais sans y discerner le corps présent du Christ ? Les évangélistes ne sont-ils pas les metteurs en scène du canevas dessiné par l'épître aux Corinthiens, comme s'il était l'argument le plus fondamental de leur opéra ?

La machination

L'apôtre Paul ne connaît pas d'autres noms de disciples, dans ses épîtres, que ceux de Pierre (Simon ou Céphas), de Jean, et celui de Jacques « le frère du Seigneur ». Lui, si prompt à dénoncer les turpitudes de ses coreligionnaires, ignore la présence de Judas et l'existence de sa trahison. Dans l'épître aux Corinthiens, Paul évoque seulement la nuit où Jésus « fut livré » (1 Co 11,23), sans que l'accusation ne vise un individu en particulier. Elle s'applique tout aussi bien aux chefs juifs, aux grands prêtres, à ceux qui ont « livré » Jésus à Pilate. Lorsque, plus loin, l'apôtre transmet la liste des bénéficiaires de christophanies, il précise que le Christ ressuscité est, notamment, apparu « aux Douze » (1 Co 15,5). Pourquoi ne recourt-il pas à l'expression « les Onze », comme les évangélistes l'écriront, à partir du moment où Judas n'appartient plus au récit ?

Que la formule de l'épître aux Corinthiens soit archaïque et qu'elle renvoie aux origines de la communauté primitive, ou qu'elle ait été introduite plus tard, le fait est que personne n'a jamais rectifié ce chiffre pour tenir compte de la disparition de Judas, et c'est bien cette mention des Douze qui demeure dans toutes les éditions du Nouveau Testament. De même, l'évangile apocryphe de Pierre, au début du IIe siècle, s'achève en apportant cette précision : « Nous, les douze disciples du Seigneur, nous pleurions et étions dans l'affliction. »

L'évangile des Ébionites remonterait également à cette période. Résultant sans doute d'une compilation des trois évangiles synoptiques, il est très marqué par l'un des courants originels du judéo-christianisme. Comme d'habitude, Judas Iscariote apparaît en queue de liste, mais il n'est pas affublé aussitôt de la mention d'une quelconque turpitude. Serait-ce que Judas aurait trahi pour les uns, mais non pour les autres, que Judas ne serait pas toujours le traître qu'il a l'air d'être, inexorablement ?

Dans l'évangile selon Luc, alors que Judas est censément parti,

Jésus promet aux onze disciples restants : « Vous siégerez sur des trônes pour juger les douze tribus d'Israël » (Lc 22,30). Un des trônes d'Israël devrait-il demeurer vacant ? Chez Jean, après que Judas est sorti dans la nuit, Jésus prononce son discours sur la Fin des Temps, révélation ultime destinée à ses intimes. Après Simon-Pierre, après Philippe, un autre disciple interpelle Jésus pour qu'il lève une ambiguïté de sa vision prophétique. Or le disciple qui l'interroge se nomme Judas. Le rédacteur de Jean, qui n'emploie nulle part ailleurs ce surnom pour qualifier directement le personnage, s'empresse d'ajouter dans une parenthèse : « Pas l'Iscariote » (Jn 14,22). Y avait-il un deuxième Judas ? Plus tard, à Gethsémani, entre deux occurrences sur ceux qui s'emparent de Jésus, le récit est brutalement coupé pour glisser en aparté : « Judas qui le livrait se tenait là lui aussi avec eux » (Jn 18,5), comme si le rédacteur était obligé de rattraper une lacune du texte primitif. L'évangile de Jean persiste d'ailleurs, après la Passion et la résurrection, à faire référence au groupe des douze disciples : « l'un des Douze », dit-il, présentant Thomas (Jn 20,24).

Le fait que Judas soit donné comme le trésorier du groupe dans l'évangile selon Jean n'est pas indifférent. Comment accorder l'organisation d'une communauté dotée d'un trésorier à la description des va-nu-pieds accompagnant Jésus « sans pain, ni besace, ni menue monnaie pour la ceinture » (Mc 6,8) et qui, quotidiennement, s'inquiètent : « Qu'allons-nous manger ? De quoi allons-nous nous vêtir ? » (Mt 6,25) ? Cette préoccupation matérielle ne renvoie visiblement pas à l'époque du récit des Évangiles mais à la sociologie des Actes des Apôtres dont la chronique est semée de questions d'argent et d'héritage, aumônes, cadeaux, ventes de propriétés, subsides en tout genre, dont il faut assurer la gestion.

Ce faisceau d'indices ne nous conduit-il pas à penser que Judas n'a jamais quitté la table des disciples ? Qu'il n'y a eu ni annonce ni trahison mais, comme le laissent soupçonner toutes les intrusions forcées du personnage dans le corps du récit évangélique, rapiéçage du texte ?

La profanation de l'hostie

Le dernier repas est une fiction théologique, un conte philosophique. Invité par les synoptiques, Judas « communie » donc avec Jésus. Dans l'évangile de Luc, plus étonnant encore, il le fait après que Satan a pénétré en lui. A travers Jésus et Judas, Dieu et Diable sont face à face. De même, l'évangile de Jean fait entrer Satan en Judas à l'instant fatidique où Jésus lui donne la bouchée, geste de communion par excellence : « Après la bouchée, alors Satan entra en lui » (Jn 13,27). Étrangeté des étrangetés, elle donnera naissance à toutes les légendes antisémites de la profanation de l'hostie. Au XVIIe siècle, en Allemagne, un moine fanatique, Abraham a Sancta Clara, ameutera ses auditeurs contre les juifs en prêchant que « leurs profanations sont incalculables : les juifs exigent des femmes qui veulent mettre en gage leurs vêtements qu'elles leur apportent des hosties consacrées ; un juif qui, durant la messe, profana une hostie en la mordant, commença à faire des bonds en aboyant comme un chien dans l'église jusqu'à ce qu'un saint la lui arrache de la bouche ; les juifs de Deggendorf (Bavière) transperçaient les hosties avec des aiguilles ; ceux de Paris (en 1290) les grillaient. En Bohême, ils les couvraient de crachats et les enfilaient sur des poignards. A Nuremberg, ils les écrasaient au mortier… ».

Jean semble tout de même avoir pris la mesure du péril. Contrairement aux synoptiques, il anticipe l'institution de l'eucharistie plusieurs chapitres auparavant. Avec les paroles sur le pain de vie, « c'est ma chair pour la vie du monde » (Jn 6,51), l'eucharistie est débrayée de la Cène. Et, mis à part deux brêches où justement Judas apparaît, Jean estompe tant qu'il peut le fait que les adieux sont situés lors d'un repas. L'accent est mis sur le lavement des pieds des disciples. Jésus se fait le serviteur de ses compagnons.

Il est remarquable qu'au lieu de l'eucharistie Jean préfère citer le motif du baptême, l'autre rite chrétien essentiel. A travers ce geste, c'est un acte de purification qui est évoqué. Et de quoi se purifier sinon de l'impureté ? « Vous aussi vous êtes purs, mais pas tous », dit Jésus. Il connaissait en effet celui qui le livrait ; voilà pourquoi il dit : « Vous n'êtes pas tous purs » (Jn 13,10-11). On l'a souvent relevé à propos des miracles et des guérisons opérés par Jésus, l'évangile de Jean, par opposition aux synoptiques, ne comporte pas la moindre scène d'exorcisme. Ce silence est généralement interprété comme une réticence de l'évangéliste envers le caractère thaumaturgique de l'activité de Jésus. Chronologiquement ou géographiquement, cet aspect de sa personnalité n'a plus de sens lorsque l'évangéliste écrit, et, derrière l'exorcisme, rôde l'accusation de magie que l'on n'a pas manqué de porter contre Jésus, le Talmud en est témoin. Reste que la menace diabolique n'est pas pour autant expulsée du récit.

C'est Jésus en personne qui doit être exorcisé de ce mal dont les juifs voudraient, dans le texte, sans relâche le rendre coupable. « "Pourquoi cherchez-vous à me tuer ?" La foule répondit : "Tu as un démon" » (Jn 7,20). Et plus tard : « Les juifs lui répondirent : "N'avons-nous pas raison de dire [...] que tu as un démon ?" » (Jn 8,48). Et encore : « Les juifs lui dirent : "Maintenant nous savons que tu as un démon" » (Jn 8,52), et ils tentent de le lapider, « mais Jésus se déroba et sortit du Temple » (Jn 8,59).

Il faut retourner l'accusation vers l'accusateur, expulser le mal. D'où – par référence au serpent qui séduisit Ève – la phrase terrible que Jésus adresse aux juifs : « Vous êtes du diable, votre père » (Jn 8,44). Jésus est indemne. Ce n'est pas lui qui est possédé par le diable, ce sont les juifs. Le diable, étymologiquement, est celui qui s'insinue, celui qui s'intercale, celui qui sépare. Judas est le premier agent de cette séparation entre Jésus et les siens : « "N'est-ce pas moi qui vous ai choisis, vous les Douze ? dit-il dans l'évangile selon Jean. Et l'un d'entre vous est un diable." Il parlait de Judas, fils de Simon Iscariote » (Jn 6,70-71).

Pour définir Judas, les Évangiles insistent très particulièrement sur son appartenance au groupe des Douze. Judas est l'un des Apôtres, l'un des pères fondateurs, l'un de ceux qui participent au repas eucharistique, l'un de ceux qui devraient s'asseoir sur l'un des douze trônes des tribus d'Israël. Peut-être même sur celui de la tribu de Juda, la Judée ? Sa trahison et sa mort mettront en danger, symboliquement du moins, le groupe tout entier, l'organisation même de la régence du Royaume futur.

Faux frère

Dans la *Didaché*, on pourra lire cette mise en garde solennelle : « Que nul ne mange et ne boive de votre eucharistie, qui ne soit baptisé au nom du Seigneur. » Puis : « A ce propos, le Seigneur a dit : "Ne donnez pas aux chiens ce qui est Saint." » Que Judas participe au rite eucharistique ou seulement au repas du Seigneur, sa « communion » ne lui évite pas de « trahir », pas plus que son « baptême » ne le purifie. Judas n'est pas pur, c'est un mauvais disciple, un diable probablement.

Avant de devenir emblématique des juifs, Judas apparaît emblématique des « faux chrétiens ». C'est-à-dire de ceux qui, à l'intérieur même de la communauté, sont considérés par leurs frères, à la fois juifs et chrétiens, comme des hérétiques, comme des chrétiens dans l'erreur, comme la personnification de l'un des nombreux courants qui divisent le christianisme primitif. Judas est un faux frère. Et le faux frère est toujours un renégat, un apostat, un délateur dont on peut craindre le pire. Un traître en puissance. Comme le dit la dernière épître du Nouveau Testament, l'épître de Jude, ou de Judas comme on voudra : « Malheur à eux ! car c'est dans la voie de Caïn qu'ils sont allés, c'est dans l'égarement de Balaam qu'ils se sont jetés pour un salaire, c'est par la révolte de Coré qu'ils ont péri. Ce sont eux les écueils de vos agapes. » En des termes très voisins, les trois évangiles synoptiques placent l'avenir des fidèles sous la menace de la trahison : « Le frère livrera son frère à la mort, et le père son enfant ; les enfants se dresseront contre leurs parents et les feront mourir » (Mc 13,12).

Paul, dans l'épître aux Galates, s'en prenait déjà à ceux qu'il appelait les « intrus », « ces faux frères qui se sont glissés pour espionner la liberté que nous avons dans le Christ Jésus, afin de nous réduire en servitude » (Gal 2,4). Se réclamer du Christ ne suffit pas. « Il y a des hommes qui se proclament chrétiens, qui reconnaissent le Jésus qui a été crucifié comme le Seigneur et le Christ et qui "enseignent" non pas sa doctrine à lui mais celle qui vient des "esprits d'erreur" », dira Justin une soixantaine d'années plus tard, dans son *Dialogue avec Tryphon.* Appartenir au groupe n'empêche pas, tout au contraire, de devenir un ennemi de l'intérieur : « Ce n'est pas en me disant "Seigneur, Seigneur" qu'on entrera dans le Royaume des Cieux », avertit Jésus selon l'évangile de Matthieu. Puis il ajoute : « Beaucoup me diront en ce jour-là : "Seigneur, Seigneur, n'est-ce pas en ton nom que nous avons prophétisé ? En ton nom que nous avons chassé les démons ? En ton nom que nous avons fait bien des miracles ?" Alors je leur dirai en face : "Jamais je ne vous ai connus ; écartez-vous de moi, vous qui commettez l'iniquité" » (Mt 7,21-23).

Judas étant présenté comme l'un des plus proches, peut-être le plus récent converti, au moins symboliquement (ne figure-t-il pas toujours en dernier sur les listes ?), qu'il ait ou non existé, qu'il ait vécu en même temps que Jésus ou plus tard, Judas concentre sur lui la haine de l'autre, la haine de soi. Judéo-chrétien avant ou après l'heure, à la fois juif et « chrétien » comme le préfigurent les autres disciples, il déserte une minorité assiégée (les Douze), pour rejoindre les juifs, cette masse anonyme qui vient se saisir de Jésus.

A l'intérieur des Évangiles, Judas passe d'un camp dans l'autre, du bon au mauvais. Dans l'histoire du christianisme, Judas va cristalliser sur sa figure et sur son nom plus que la haine du judéo-christianisme, ou de l'un de ses courants, plus que la haine de la Judée (*Yehuda*), la haine des juifs (*yehudi*). Son nom devenu symbole de traîtrise sera tracé de milliers de lettres, de milliers de têtes. Judas est une foule.

Ioudaïos

Le mot « juif » vient de l'hébreu *yehudi* qui, à l'origine, désignait les habitants du royaume de Juda, c'est-à-dire les Judéens. Il apparaît dans la Bible, au deuxième livre des Rois. Vers l'an 300 avant notre ère, Théophraste, le disciple et le continuateur d'Aristote, les nomme pour la première fois dans la littérature grecque, les qualifiant de « peuple de philosophes » à cause de leur adhésion au monothéisme. Le mot a été transmis à l'Occident par le canal du grec *ioudaïos* et du latin *judaeus* dont l'Occident a fait « le juif ».

Au cours de l'histoire, cette désignation locale réservée d'abord aux Judéens s'est élargie pour devenir le nom générique de toute la population vivant en Palestine, région intégrée à la province romaine de Syrie. Le terme « juif » s'applique donc non seulement aux habitants du royaume de Juda au sud du pays mais aussi à ceux d'Israël, le royaume du Nord. Il identifie aussi bien les Judéens que les Galiléens... Jésus, Pierre, Paul, Jean, Jacques, tous les disciples, Marie et les femmes qui accompagnent Jésus sont donc des « juifs » et non des « Judéens » comme on a parfois voulu le soutenir jusqu'à l'absurde.

En restituant leurs noms sémitiques et leurs tournures d'expression aux personnages des Évangiles, le traducteur André Chouraqui est allé à contre-courant de la tradition chrétienne qui, pendant des siècles, avait tout fait pour oublier l'enracinement sémitique de Jésus. Avec les meilleures intentions, ce souci de rapprocher les chrétiens de leur passé juif, ce travail par nature œcuménique conduit pourtant à travestir la réalité du texte. La lecture du Nouveau Testament n'est pas seulement affaire de traduction. Les textes n'ont pas été détournés au point qu'il suffirait de retrouver leur substance, voire leur substrat sémitique, pour les rendre à leur terre, pour restituer leur vérité. Les Évangiles, comme tous les manuscrits chrétiens les plus anciens, ont été transmis en grec. La langue de ces livres, contrairement à la Bible, n'est pas l'hébreu, ou l'araméen, malgré quelques touches de couleur locale, malgré leur arrière-plan linguistique, mais le grec. D'une certaine manière, les principaux acteurs des Évangiles sont déjudaïsés par la langue du texte. Jésus, Iesous en grec, n'est pas Yéshoua', Marie est autre que Miryam, Schim'ôn, Ya'aqov, Yohânan ont disparu. Pour le lecteur des Évangiles, Jésus, Simon-Pierre, Jacques ou Jean doivent paraître chrétiens. Seul Judas dont le nom garde l'empreinte de ses origines demeure juif, comme s'il payait sa trahison à ce prix.

La volonté d'exhumer un original hébraïque du texte des Évangiles a conduit certains à d'étranges aberrations, comme de soutenir la thèse qu'ils seraient l'œuvre de « chroniqueurs », notant au jour le jour les dits et les actes de Jésus, dont la valeur historique deviendrait alors incontestable. D'autant plus incontestable que, rédigés en hébreu (langue sacrée) et non en araméen (langue vulgaire), à la garantie historique s'ajouterait la garantie religieuse : en tout, les Évangiles tiendraient un discours de vérité. Cette hypothèse, insoutenable au regard des textes eux-mêmes, reflète, en réalité, des convictions où la science et la critique littéraire ont peu de place, tant les présupposés idéologiques commandent la démonstration. Démonstration que l'on peut résumer ainsi :

1. les Évangiles sont écrits par des compagnons de Jésus ;
2. ils ont été rédigés en hébreu ;
3. l'hébreu est la langue de Dieu ;
4. Dieu ne saurait mentir ;
5. donc, si les Évangiles disent que les juifs sont coupables de la mort de Jésus, ils disent la vérité.

CQFD… Sous le philosémitisme de façade, la vieille entreprise antisémite s'offre une nouvelle jeunesse.

L'impureté d'Israël

Aux alentours des années 30, les Romains exercent depuis près de cent ans leur domination sur la Palestine. Leur présence prolonge plusieurs siècles d'occupation étrangère presque ininterrompue. Sans négliger le poids de la violence et des humiliations, l'erreur serait d'analyser la situation du temps de Jésus selon les critères modernes.

Pour les juifs du Ier siècle, cette présence des impies sur la terre sacrée est, avant tout, le signe de l'impureté d'Israël face à Dieu. Les Romains sont un symptôme. Ils matérialisent les péchés d'Israël. C'est par eux que la colère de Dieu contre son peuple se manifeste :

Toi, Seigneur, tu as choisi David comme roi d'Israël
et tu lui juras au sujet de sa descendance que jamais
sa maison royale ne s'éteindrait devant toi.
Or, à cause de nos péchés, des pécheurs se sont dressés
contre nous, ils nous ont assaillis et nous ont expulsés.
Eux à qui tu n'avais rien promis, ils ont pris de force
et n'ont pas glorifié ton nom digne d'honneur :
avec faste, ils ont établi une royauté conforme à leur morgue
ils ont dépouillé le trône de David avec la fierté de s'y substituer.

Ainsi s'expriment les psaumes de Salomon, composés entre – 70 et l'an 50 de notre ère.

D'un point de vue juif, il serait donc vain et même présomptueux de chercher à affronter militairement les troupes romaines. Comment espérer vaincre Rome, si Dieu n'est pas avec Israël ? L'urgence est religieuse. Israël doit se laver de la faute qui obscurcit la face de son Dieu. Il faut donc se tourner vers soi. S'y tourner jusqu'à ce que Yahvé pardonne à son peuple et, par un grand miracle ou à force de patience, rende à Israël sa pureté perdue.

Se tourner vers soi signifie en particulier se tourner vers le Temple. Alors que l'on y sacrifie quotidiennement, que les rites se perpétuent, que les fêtes y sont célébrées, comment admettre que Dieu demeure sourd au message des croyants, qu'il tolère la présence étrangère, qu'il l'inflige comme un châtiment à son peuple ? Jérusalem serait-elle prostituée aux païens ? Le culte serait-il inefficace ? Les grands prêtres indignes, corrompus ?

Les réponses à ces questions vont être multiples. Mais tous les mouvements, que ce soit des mouvements de renouveau (tournés vers l'avenir) ou de restauration (tournés vers le passé), se rejoignent sur le salut d'Israël :

– Ceux de la secte de Qumrân iront se mortifier au désert, comme si Israël devait revivre l'expérience de l'Exode pour renaître. Ils s'imposeront une vie d'ascèse et de prière, espérant que l'épreuve qu'ils s'infligent provoquera l'intervention de Dieu et restaurera son Royaume.

– Jean le Baptiste, de son côté, va inviter les juifs à un nouveau rite, l'immersion pour le pardon des péchés. Un rite de repentance effectué en dehors du Temple, contre lui, contre l'impuissance de ses rites. Une repentance pour se préparer à la venue de la Fin des Temps, à l'Apocalypse.

– Le grand prêtre Caïphe lui-même, lorsqu'il offre Jésus en sacrifice, n'accomplit un geste scandaleux que du point de vue chrétien ; d'un point de vue juif il ne fait qu'assumer la charge de sa fonction à l'intérieur des institutions nationales. Son message n'intéresse qu'Israël : « Il est de votre intérêt, déclare-t-il, qu'un seul homme meure pour le peuple et que la nation ne périsse pas tout entière » (Jn 11,50). Il agit au nom de tous les Juifs et pour leur salut, comme le confirme indirectement l'évangile selon Jean quand Jésus prévient ses disciples : « Quiconque vous tuera pensera offrir un culte à Dieu » (Jn 16,2).

– L'intervention de Jésus au Temple n'a, elle aussi, d'autre destinataire qu'Israël. Dans une action de type millénariste, Jésus intervient avec l'espoir de hâter la manifestation de la puissance divine annoncée par la prophétie de Zacharie :

« Alors Yahvé sortira pour combattre les nations, comme lorsqu'il combat au jour de la guerre. En ce jour-là ses pieds se poseront sur le mont des Oliviers qui fait face à Jérusalem vers l'orient », dit le prophète (Za 14,4). Parti du mont des Oliviers, Jésus entre à son tour dans Jérusalem comme il est écrit : « Voici que ton roi vient à toi ; il est juste et victorieux, humble monté sur un âne… » (Za 9,9). Jésus se fait acclamer comme fils de David et roi d'Israël avant de chasser du Temple les changeurs et les vendeurs d'animaux destinés aux sacrifices, cherchant à accomplir la prophétie selon laquelle « il n'y aura plus de marchands dans la maison de Yahvé Sabaot ce jour-là » (Za 14,21). En s'en prenant au Temple, Jésus s'en prend, réellement ou symboliquement, à l'institution qui est la clé de voûte du judaïsme de l'époque, comme avant lui l'avait fait le prophète Jérémie sur ordre de Yahvé : « Contre tous ceux des villes de Juda qui viennent se prosterner dans le Temple de Yahvé tu diras toutes les paroles que je t'ai ordonné de leur dire ; ne retranche pas un mot. Peut-être écouteront-ils et se repentiront-ils : alors je me repentirai du malheur que je suis en train de méditer contre eux pour la perversité de leurs actes » et, plus loin : « Pourquoi as-tu fait au nom de Yahvé cette prophétie : "Ce Temple deviendra comme Silo et cette ville sera une ruine inhabitée" ? » (Jr 26-2,9).

Que cet épisode relate un événement de la vie de Jésus ou qu'il ne soit qu'une relecture des livres de Zacharie ou de Jérémie, pour les juifs il remémore immédiatement une des pages les plus glorieuses de leur histoire : la purification du Temple par Judas Maccabée après sa victoire contre les troupes d'Antiochus Épiphane. Dans l'évangile selon Matthieu, Jésus affirmera : « Je n'ai été envoyé qu'aux brebis perdues de la maison d'Israël » (Mt 15,24). Les sectaires de Qumrân, Jean le Baptiste, les zélotes, les sicaires ou même le grand prêtre n'expriment rien d'autre que leur souci d'Israël. Comme Jésus.

Sous tension

Jusqu'en 70, le judaïsme a un centre : le Temple de Jérusalem. A partir de ce centre s'exerce une force centrifuge qui par cercles successifs atteint toute la Palestine, voire la diaspora juive. Plus on est près de ce centre, comme les sadducéens, plus l'action de cette force est sensible, et plus on en bénéficie. Jésus et ceux qui le suivent se retrouvent, au contraire, sur l'un des cercles les plus extérieurs produit par cette force. S'ils ressentent la puissance exprimée par le Temple, c'est de façon diffuse. Cela entraîne deux conséquences apparemment contradictoires : d'une part, à cause de leur éloignement, ils ont un sentiment de grande liberté vis-à-vis du Temple ; d'autre part, étant quand même irrémédiablement attirés par lui, ils doivent fournir plus d'efforts que tout autre groupe pour s'en rapprocher.

Au cœur de cette contradiction, Jésus, personnage charismatique, juif inspiré, peut donc tout à la fois donner de la Torah une lecture maximaliste (regarder une femme, c'est déjà être adultère ; traiter son frère de « crétin », c'est déjà être assassin ; prêter serment, c'est s'exposer au parjure) et transgresser le jour du sabbat en opérant des guérisons, en arrachant les épis des champs de blé, en refusant de jeûner ou déclarer caduques les règles rituelles de pureté : « Ne comprenez-vous pas que rien de ce qui pénètre du dehors dans l'homme ne peut le souiller parce que cela ne pénètre pas dans le cœur mais dans le ventre, puis s'en va aux lieux d'aisances [ainsi il déclarait purs tous les aliments] ? » (Mc 7,18-19). Reprenant un à un les commandements de la loi de Moïse, Jésus, selon Matthieu, n'hésite pas à les reformuler comme s'il était le nouveau législateur.

L'urgence apocalyptique dans laquelle il vivait annulait-elle de fait la Loi ? Aurait-il voulu ainsi rompre avec le judaïsme ? A observer l'activité de Jésus de son vivant ainsi qu'elle est rapportée par les Évangiles, il est difficile de déceler la moindre trace d'une telle volonté : « N'allez pas croire que je sois venu abolir la Loi ou les Prophètes. Je ne suis pas venu abolir mais accomplir. Car je vous le dis en vérité : avant que ne passent le ciel et la terre, pas un iota ne passera de la Loi, que tout ne soit réalisé » (Mt 5,17-18). D'ailleurs, les adversaires les plus déterminés de Jésus n'imaginent pas un instant qu'il puisse être tenté de réaliser une telle rupture. Si cela avait été le cas, Jésus ne serait pas mort crucifié mais lapidé comme blasphémateur, comme faux prophète, comme magicien, comme imposteur.

Au contraire, les évangélistes soulignent à plusieurs reprises combien Jésus s'intéresse à la lettre de la Bible hébraïque. Comment il la commente, l'analyse, s'y réfère constamment. Comment il en dégage le pain quotidien de ses réflexions et de son enseignement, comme dans l'évangile selon Luc où on le voit lire le passage d'Isaïe : « L'Esprit du Seigneur est sur moi » (Lc 4,18). En scrutant les Écritures, Jésus calque les modes de raisonnement et le système de pensée pharisiens, qu'il se soit ou non reconnu dans cette mouvance religieuse. Les controverses qu'il suscite, les disputes qu'il entretient avec ses coreligionnaires, avec les anciens et les scribes, témoignent de son attachement fondamental à la Torah, de son exigence à ne rien céder sur l'expression écrite de la volonté de Dieu. Ses contradicteurs ne sont pas animés d'une exigence moindre. Leurs débats, leurs polémiques sont une manière d'entretenir jour après jour leur relation avec Dieu, de la faire vivre en faisant vivre sa parole. Joseph Klausner, dans son livre sur Jésus, pouvait affirmer à bon droit : « Sans risquer d'être taxé de subjectivisme et sans qu'on nous impute de faire l'apologie du judaïsme, dans tout l'Évangile, il n'y a pas un seul précepte de morale qui n'ait son équivalent soit dans l'Ancien Testament, dans les Apocryphes, soit dans la littérature midrachique et talmudique de l'époque de Jésus. »

La boîte noire

Deux générations après la mort de Jésus, les rédacteurs des Évangiles entrent en conflit avec les juifs de leur temps. S'autorisant du fait que Jésus lui-même s'était opposé aux sadducéens, aux grands prêtres, jusqu'aux pharisiens, les évangélistes mettent alors en scène, à travers lui, leurs discordes et leurs combats. Anachroniquement, ils font de Jésus leur porte-parole. Même si la situation religieuse, politique, sociale n'est plus comparable à celle de l'époque où Jésus vivait, ne sont-ils pas en droit d'attendre que leur Messie, leur Christ, leur Seigneur, soutienne leur cause ? C'est de bonne guerre, pourrait-on dire, en tout cas de bonne littérature.

Les Évangiles font comme si cette « guerre » avait éclaté à l'époque où Jésus vivait. En réalité, elle ne s'est déclarée que vers la fin du Iᵉʳ siècle, tandis que le Temple avait brûlé, à l'occasion de la prise de Jérusalem. Après 70, la religion d'Israël perd son centre. Ou, plus exactement, se décentre. Elle passe d'un lieu (le Temple) à un texte (la Bible hébraïque). Les sadducéens disparus avec le Temple, les rabbins pharisiens se mettent à élever pierre à pierre un monument nouveau, indestructible celui-là, un monument de l'esprit qui n'est autre que leur questionnement vigilant et incessant de la Torah.

Il est d'ailleurs extraordinaire de constater que le relèvement du Temple pas plus que la célébration de son souvenir ne semblent, après la défaite, la priorité immédiate des juifs. De même l'événement, s'il apparaît dans les Évangiles, reste-t-il très voilé ou très rhétorique, comme si les rédacteurs, y compris les rédacteurs ultimes, n'y accordaient pas l'importance qu'à nos yeux il mériterait.

La reconstruction du judaïsme se fait donc sous l'autorité pharisienne. L'orthodoxie que définissent les pharisiens marginalise ceux qui la récusent, des sectaires comme les baptistes ou les « chrétiens », quelle que soit leur appellation : ébionites, nazôréens, elchasaïtes, galiléens (« la machination des galiléens », dira plus tard l'empereur Julien pour dénoncer le christianisme). Les relations se situent encore à l'intérieur du judaïsme, mais le divorce devient inéluctable. Juifs chrétiens et juifs pharisiens rompront les dernières amarres quand cette position ne sera plus tenable, et les divers tenants de la mouvance chrétienne seront finalement chassés des synagogues (le terme qui signifie « hors synagogue » apparaît pour la première fois dans le texte grec de l'évangile de Jean, lequel fait prophétiser par Jésus à l'intention de ses adeptes : « On vous exclura des synagogues » [Jn 16,2]).

Les raisons de cette exclusion ne sont pas pour autant celles que met en avant la littérature chrétienne. Ce n'est pas parce que les judéo-chrétiens reconnaissent Jésus comme le Messie qu'ils deviennent hérétiques. Lors de la dernière insurrection juive, en 135, Rabbi Aqiba salua Bar Kochba comme le Messie sans que personne ne le lui reproche ou l'accuse de blasphémer. En revanche, l'ouverture de la communauté à des non-juifs qui ne respectent ni les interdits alimentaires, ni la circoncision, ni le repos du sabbat, et, malgré cela, s'asseyent à la même table que des juifs sont les motifs les plus certains qui ont conduit à l'exclusion. Motifs déjà au cœur des rapports difficiles que Paul entretient, à travers ses épîtres, avec la communauté mère de Jérusalem, avec ceux qui estiment qu'il faut d'abord « judaïser » les « craignant-Dieu » avant de les convertir à l'Évangile.

Pour Jésus, seule comptait la question d'Israël et de ses « brebis perdues ». Une ou deux générations plus tard, Israël n'est plus pour les évangélistes la question cruciale. Ni même simplement une réalité concrète. La diaspora juive, d'une part, et, d'autre part, l'audience auprès des « craignant-Dieu » sont devenues les objets privilégiés du prosélytisme chrétien. Ce conflit d'intérêts entre Jésus et ceux qui prétendent raconter sa vie installe une tension permanente qui travaille presque chaque verset des Évangiles. Il faut donc sans cesse s'efforcer de distinguer les deux réalités qui se confondent dans les textes : la réalité du judaïsme à l'époque où Jésus vivait, lorsque le Temple fonctionnait, et celle du judaïsme après la destruction du Temple, à l'époque où les évangélistes sont à l'œuvre.

Après ce bouleversement du paysage religieux, ce qui n'était qu'expression de tendances concurrentes dans la lecture de la Torah va devenir concurrence frontale et fratricide entre deux expressions du monothéisme. Cette guerre civile ne se réglera pas avec l'absorption d'un courant par l'autre mais avec l'émergence de deux nouvelles religions antagonistes : le judaïsme rabbinique tel qu'il existe encore et, issu du judaïsme chrétien, le premier christianisme, partagé lui-même en une diversité d'interprétations, d'influences, de groupes, de rivalités, y compris personnelles. Sous couvert de raconter l'histoire de Jésus et de ses Apôtres, le Nouveau Testament est aussi de bout en bout l'archive de ces conflits et de cette révolution intellectuelle. La « boîte noire » de ce cataclysme.

Les juifs chez les synoptiques

Le mot « juif » est un excellent instrument de mesure de la séparation entre juifs et « chrétiens ». Dans l'évangile selon Marc on n'en compte que six occurrences dont cinq à propos de l'accusation portée sur le *titulus*, « roi des juifs ». En revanche, l'appellation « Hébreux » n'apparaît jamais. Quant à « Israël », il n'y est fait allusion qu'à propos des moqueries des grands prêtres : « Que le Christ, le roi d'Israël, descende maintenant de la croix pour que nous voyions et que nous croyions ! » (Mc 15,32). Marc cite peu les pharisiens et les sadducéens. S'il parle du peuple ou de la foule, il ne rappelle pas son appartenance au judaïsme, elle va de soi. S'il ne cache pas les disputes avec Jésus, Marc les circonscrit dans le cadre de querelles géographiques. C'est la Judée contre la Galilée, la ville contre la campagne, les nantis contre les misérables. Les adversaires les plus acharnés de Jésus s'avèrent les « scribes », ces lecteurs sourcilleux de la Torah irrités par l'arrogance des Galiléens ignares. Le divorce judéo-chrétien est donc à peine amorcé au moment de la rédaction de l'évangile selon Marc. A peine visible : une lézarde.

Matthieu – sur le modèle de Marc – emploie le terme « juif », essentiellement à propos de l'inscription mentionnée sur le *titulus*, et au moment de l'ensevelissement de Jésus, lorsque est évoquée l'accusation qui court contre les disciples d'avoir dérobé le corps du Crucifié : « Et cette histoire s'est colportée parmi les juifs jusqu'à ce jour » (Mt 28,15).

En revanche, Matthieu utilise plus volontiers le terme « Israël », l'associant toujours de près ou de loin aux disciples, comme pour mieux souligner leur appartenance profonde au judaïsme. Dans l'évangile selon Matthieu, non seulement les scribes sont hostiles à Jésus mais aussi les anciens, les grands prêtres et toute l'aristocratie sacerdotale de Jérusalem. Ce sont surtout les pharisiens qui sont la cible privilégiée de la vindicte de l'évangéliste. A eux seuls ils totalisent près d'une trentaine de citations qui sont autant de marques d'hostilité. Jésus prononce même sept malédictions d'une rare violence : « “Malheur à vous, scribes et pharisiens hypocrites, qui fermez aux hommes le Royaume des Cieux !” dit-il pour commencer avant de conclure en reprenant les paroles de Jean le Baptiste : “Serpents, engeance de vipère ! Comment pourrez-vous échapper à la condamnation de la géhenne !” » (Mt 23,13 et 33).

Un tel acharnement est anachronique à l'époque de Jésus. Il ne s'explique pas autrement que par réaction à la réforme pharisienne. Tout est bon pour rendre caricatural le portrait de l'adversaire, jusqu'à l'accuser de parcourir « mers et continents pour y gagner un prosélyte » (Mt 23,15). Accusation qui doit traduire les difficultés rencontrées par l'évangélisation chrétienne devant la concurrence qu'entraîne non pas le prétendu prosélytisme pharisien qui s'est peu manifesté mais l'irrésistible force d'attraction de la morale et du monothéisme juifs.

Ce sont là les plus solides indices pour situer la mise en forme de l'évangile de Matthieu au plus fort de la crise entre juifs pharisiens et juifs chrétiens. D'où le cynisme ahurissant de l'exclamation prêtée au peuple de Jérusalem avant la mort de Jésus : « Que son sang soit sur nous et sur nos enfants ! » (Mt 27,25), comme si les juifs eux-mêmes appelaient sur eux les persécutions et justifiaient par avance leurs bourreaux.

La dernière rédaction de l'évangile selon Luc est, d'ordinaire, datée autour des années 80-85. Alors que l'œuvre pharisienne de reconstruction du judaïsme est en marche, les communautés chrétiennes s'ouvrent lentement aux païens, aux « craignant-Dieu », sous l'impulsion de Paul ou de ses disciples, élargissant la déchirure entre juifs et judéo-chrétiens. Cependant, l'évangile de Luc se place encore dans le cadre du judaïsme : il cherche à agir de l'intérieur, à combiner prudemment les comportements religieux des uns et des autres. Un exemple est lumineux à cet égard : aussitôt après l'épisode des marchands du Temple, Luc relativise la situation et dit, à propos de Jésus : « Il était journellement à enseigner dans le Temple [...] et tout le peuple l'écoutait, suspendu à ses lèvres » (Lc 19,47-48).

Comme chez Marc et chez Matthieu, « juif » est un mot très peu utilisé par Luc, et toujours dans les mêmes circonstances. On notera seulement, pour caractériser Arimathie, l'ajout de la mention « la ville des juifs ». Quant aux différentes forces en présence (pharisiens, sadducéens, grands prêtres, scribes, etc.), leurs interventions sont plus ambivalentes que chez les deux autres synoptiques. En particulier, les pharisiens du texte se montrent, à plusieurs reprises, ouverts à la discussion et attentifs aux idées de Jésus. Ils ne sont jamais incriminés dans les disputes auxquelles il se livre à Jérusalem. Par rapport à celui de Matthieu, l'évangile de Luc apparaît comme une ultime tentative de conciliation. Luc chasse sur les mêmes terres que les rabbins pharisiens, mais à l'opposition frontale il préfère les méandres de la diplomatie.

Les juifs chez Jean

L'évangile selon Jean diffère profondément des synoptiques. Jean mentionne les « juifs » soixante-dix ou soixante et onze fois, et la plupart du temps comme s'il s'agissait d'étrangers, voire d'adversaires.

Les juifs sont, pour l'évangéliste, les habitants d'un pays inconnu dont il faut expliquer les coutumes intrigantes. C'est bien là que vit Jésus et là qu'il remplit sa mission, mais dans l'indifférence ou l'hostilité de la plupart de ses frères de sang. D'où l'impression persistante, obsédante même, d'inquiétante étrangeté, ce caractère *unheimliche* que Freud avait observé à propos de *L'Homme au sable* d'Hoffmann. Ce qui est proche devient irrésistiblement menaçant, ce qui est familier a perdu tout caractère rassurant pour devenir source d'angoisse. Au début du récit de Jean, l'on apprend que Jésus « est venu chez lui et les siens ne l'ont pas reçu » (Jn 1,11). A la fin, les disciples se cachent, « les portes étant closes [...] par peur des juifs » (Jn 20,19). Jésus n'est plus contemporain des juifs du récit : c'est déjà un revenant, personne ne le reconnaît.

Selon les circonstances, le terme *ioudaïoi* chez Jean peut désigner tantôt les juifs de manière générique (« Or la Pâque des juifs était proche » [Jn 6,4]), tantôt les Judéens plus spécifiquement (« Jésus parcourait la Galilée ; il n'avait pas pouvoir de circuler en Judée, parce que les juifs cherchaient à le tuer » [Jn 7,1]), et parfois, plus étroitement encore, les autorités juives (« Les juifs lui répliquèrent : "Nous avons une Loi et d'après cette Loi il doit mourir, parce qu'il s'est fait Fils de Dieu" » [Jn 19,7]). Mais les rédacteurs du quatrième évangile ne sont pas des esprits scientifiques. Ils n'ont pas à cœur de pratiquer des classements ou de répartir les responsabilités. Ce sont, s'il le faut, des pamphlétaires cuirassés de certitudes, armés de mots blessants.

Quel que soit l'embarras des traducteurs actuels, il est clair que les « juifs » sont devenus « les autres », sinon les ennemis du groupe qui se reconnaît dans l'évangile de Jean. De l'indifférence les juifs passent à l'hostilité la plus vive. L'évangéliste se plaît à les décrire persécutant Jésus, l'accusant d'être un possédé, cherchant à le tuer. Quant à Jésus lui-même, Jean n'hésite pas à le mettre en scène renvoyant les juifs à « leur Loi », comme si ce n'était pas la sienne, comme s'il n'était plus des leurs. Les juifs symbolisent l'ignorance, l'aveuglement, la rigidité, ils sont l'image du mal, de la peur : « Bien qu'il eût fait tant de signes devant eux, ils ne croyaient pas en lui » (Jn 12,37).

L'évangile selon Jean ne cesse d'instruire à charge le procès des juifs. Tous les moyens sont bons pour y parvenir : provocation, outrance, intoxication, mensonge, hypocrisie la plus sournoise comme dans la scène où Pilate se résout à faire exécuter Jésus pour donner satisfaction aux juifs et aux grands prêtres : « Alors il le leur livra pour être crucifié » (Jn 19,16). Dans ce contexte, le pronom « leur » désigne, sans véritable ambiguïté, les juifs comme les bourreaux de Jésus, alors même qu'il est absolument certain que seuls les soldats romains procédaient aux exécutions. Plus en conformité avec l'histoire (et avec la tradition synoptique), le texte de Jean fera d'ailleurs apparaître les soldats quelques versets plus loin. Mais, si l'on peut dire, le mal était fait. Ce « leur » est un leurre dont l'efficacité sera redoutable, pour ne pas dire meurtrière.

Pour voler au secours de l'évangéliste dont l'antijudaïsme dérange, nombre d'exégètes brandissent aussitôt la fameuse assertion « le salut vient des juifs » (Jn 4,22). Mais pour la relativiser et mesurer sa portée exacte, peut-être faut-il souligner que cette phrase est mise sur les lèvres de Jésus à l'occasion d'un débat avec une Samaritaine. Elle concerne le choix du lieu le plus propice pour adorer Dieu – le mont Garizim (lieu de culte des Samaritains) ou Jérusalem (lieu de culte des juifs) –, et l'évangéliste de préciser entre parenthèses : « Les juifs n'ont pas de relations avec les Samaritains », un schisme les ayant séparés au IXe siècle avant notre ère. Par ailleurs, comme le relevait Rudolf Bultmann, le mot « salut » est inconnu du vocabulaire de Jean, excepté à cet endroit. Il y a donc de fortes chances pour que l'expression « le salut vient des juifs » soit un ajout ou, au contraire, une survivance, aux fins d'une prédication chrétienne destinée à ces autres hérétiques du moment qu'étaient les Samaritains.

Cette proclamation peut aussi s'entendre comme l'affirmation que, Jésus étant né dans la judaïté, le salut vient par lui ; mais c'est surtout un magnifique exemple de l'incroyable polysémie des Évangiles. De leur capacité à soutenir dans un même texte une opinion et son contraire, à coaguler des propositions antagonistes.

La religion de l'amour

Cinquante ou soixante ans après la mort de Jésus, du temps de la rédaction de l'évangile de Jean, la communauté dite « johannique » n'est encore qu'une minorité face à l'orthodoxie pharisienne. Elle a perdu une bataille mais ne désespère pas de gagner la guerre. Cependant, conscient de sa faiblesse, l'évangéliste fait avouer à Jésus : « Si mon Royaume était de ce monde, mes gens auraient combattu pour que je ne sois pas livré aux juifs » (Jn 18,36).

Trois siècles plus tard, le Royaume de Jésus sera parvenu à être « de ce monde » : il se confondra, à partir de Constantin, avec l'Empire romain. Après la conversion de l'empereur, le christianisme reconnu comme religion sera d'abord officiellement autorisé par l'édit de Milan (313), puis décrété religion officielle par la loi de Théodose en 391. Parallèlement, la conversion au judaïsme devenait un crime passible de la peine de mort. En un laps de temps relativement court, les persécutés vont devenir des persécuteurs. « Parce que le christianisme a été au pouvoir et s'est confondu avec l'État, il est devenu totalitaire et a persécuté tous ceux qui s'écartaient de la doctrine officielle », affirme Jean Delumeau. Mais ce totalitarisme est-il un accident historique du développement de la chrétienté ou le mal n'était-il pas, déjà, à la racine ?

Dans l'évangile selon Matthieu, Jésus enseigne : « Vous avez entendu qu'il a été dit : "Tu aimeras ton prochain et tu haïras ton ennemi." Eh bien ! moi je vous dis : "Aimez vos ennemis et priez pour vos persécuteurs" » (Mt 5,45). Ce commandement paradoxal est présenté comme l'essence même du message de Jésus, son expression la plus haute, peut-être la plus sublime. Mais qui, sauf peut-être à la Fin des Temps, à l'instant précédant le Jugement dernier, peut aimer son prochain comme lui-même ? Qui peut aimer son ennemi ou tendre la joue gauche lorsqu'il a reçu un soufflet sur la joue droite ? Ce commandement d'amour est un commandement inapplicable. En aucun cas il ne peut fonder l'éthique durable d'une société. Dès lors, les chrétiens vont se trouver écartelés entre leur volonté d'exalter leur idéal et le fait de s'y dérober sans cesse. Pour se libérer de l'insupportable tension créée par cette situation, ils ne trouveront d'autre échappatoire que la force. Comme pour se venger sur d'autres de ne pouvoir l'appliquer eux-mêmes, ils persécuteront, tortureront, extermineront ceux qui refusent le commandement d'amour ou veulent l'ignorer. Tragique paradoxe que Freud analysera dans *Malaise de la civilisation* : « Après que l'apôtre Paul eut fait de l'amour général de l'humanité le fondement de la communauté chrétienne, la plus grande intolérance vis-à-vis de ceux qui restèrent à l'extérieur de cette communauté fut une conséquence inéluctable. »

Ce radicalisme absolu et proprement chrétien va ainsi s'ajouter à l'exclusivisme inhérent au monothéisme juif. Dès lors, comme le pointe Guy Stroumsa, « les croyants de la religion de l'amour [vont] inventer des formes de violences et d'intolérance religieuses jusqu'alors inconnues dans le monde ancien ».

Ils ne plaisent pas à Dieu

Les chrétiens sont, au Ier siècle, des juifs qui s'opposent à d'autres juifs porteurs d'une autre lecture des Écritures et d'un message différent. Leur antijudaïsme est d'abord une affaire de famille. De façon brutale, on peut résumer ainsi la position des évangélistes par rapport aux juifs : chez Marc, les juifs sont ceux qui ne comprennent pas ; chez Matthieu, ceux qui ne veulent pas comprendre ; chez Luc, ceux qui pourraient comprendre ; chez Jean, ceux qui ne comprendront jamais.

L'évangile selon Jean, en particulier, reflète une catastrophe interne. Les chrétiens de la communauté dite johannique n'ont plus le droit d'être juifs. D'où leur déchaînement, leur ressentiment, leur haine. Leur littérature est une littérature de crise. Aussi leurs anathèmes ne sont ni métaphoriques ni allégoriques, ce sont des accusations réelles. Jean tient réellement « les juifs » pour responsables de la mort de Jésus et il entend réellement leur en faire payer le prix.

Comme entre communistes et trotskistes à l'époque stalinienne qui, aussi marxistes les uns que les autres, s'affrontèrent idéologiquement, c'est-à-dire au prix de nombreux morts. « La nécessité du mensonge et de la calomnie, écrivait Arthur Koestler dans *Les Militants*, de l'intimidation des masses pour les sauver de leur propre myopie ; de la liquidation des groupes d'opposition ; du sacrifice d'une génération entière au bénéfice de la suivante – tout cela peut paraître monstrueux, et pourtant je l'acceptais sans difficulté, suivant la voie toute tracée de la foi. On l'avait déjà vu dans l'histoire des Églises médiévales, à Byzance, ou dans les chambres ardentes des sectes mystiques ; néanmoins l'univers intellectuel de l'intoxiqué est difficile à expliquer au profane qui n'a jamais pénétré dans le cercle magique et n'a jamais joué au croquet avec lui-même, au Pays des Merveilles. »

Malgré le changement d'échelle, la comparaison permet de regarder l'évangile de Jean en se dégageant du point de vue christo-centriste travaillé par la culpabilité chrétienne après la Shoah. Certes, Jean n'a jamais imaginé la lecture ultérieure qui serait faite de son texte, mais il n'est pas pour autant innocent de ce qu'il écrit. Savoir si les rédacteurs de l'évangile qui porte son nom étaient juifs eux-mêmes n'est qu'une question secondaire. Une question soulevée pour épargner l'âme de l'évangéliste, pour le disculper de la lecture antijudaïque et fatalement antisémite qui a été donnée de son évangile. Cette peste, il la contenait en germe.

L'évangile selon Jean, dans sa forme actuelle, est le plus tardif des Évangiles et l'on peut tenter d'expliquer son antijudaïsme par l'histoire d'Israël. Mais comment expliquer qu'un antijudaïsme au moins aussi virulent s'exprime bien auparavant, dans le texte réputé le plus primitif de toute la littérature chrétienne ? Au chapitre 2 de la première épître aux Thessaloniciens, l'apôtre Paul tient en effet ces propos à ses frères de Thessalonique : « Vous avez souffert de la part de vos compatriotes des mêmes traitements qu'ils ont soufferts de la part des juifs : ces gens-là ont mis à mort Jésus le Seigneur et les prophètes, ils nous ont persécutés, ils ne plaisent pas à Dieu, ils sont ennemis de tous les hommes quand ils nous empêchent de prêcher aux païens pour leur salut, mettant ainsi en tout temps le comble à leur péché ; et elle est tombée sur eux, la colère, pour finir » (1 Th 2,14-16).

Le réquisitoire est sans appel. Aucun des évangélistes, même pas Jean, n'ira, ouvertement, aussi loin. Il est évident que si ce passage était de la main de l'apôtre Paul, s'il avait été écrit vers les années 50-51 comme on le date, il constituerait historiquement le fondement doctrinal de l'antijudaïsme, si ce n'est la justification théologique de l'antisémitisme chrétien. Mais comment Paul, juif de Tarse, peut-il écrire que ses coreligionnaires sont « ennemis de tous les hommes » – à moins que l'accusation que professaient les ébionites à l'encontre de Paul ne soit fondée, qu'il n'ait pas été juif de naissance, mais un converti déçu de sa conversion ? Comment les autres juifs pourraient-ils – et pourquoi voudraient-ils – l'empêcher de prêcher aux païens ? Où trouve-t-on la trace de persécutions juives à Thessalonique ? Et cette colère « tombée sur eux à la fin », n'a-t-elle pas tout l'air d'être la destruction du Temple qui ne se produira que vingt ans plus tard, voire la déroute de 135 à l'issue de laquelle Jérusalem devenue Aelia Capitolina sera interdite aux juifs ? L'hypothèse la plus réaliste pour expliquer l'antijudaïsme du fragment est celle d'une interpolation tardive, plus proche du début du IIe siècle que du milieu du Ier siècle.

La main de Marcion

Les tendances antijudaïques du christianisme primitif jointes à l'accroissement numérique de la population chrétienne d'origine païenne par rapport aux chrétiens d'origine juive, sans compter l'écrasement de la nation juive, tout cela aurait dû conduire à la déjudaïsation totale du christianisme. Ce fut précisément le projet de Marcion dans cette période capitale. Fils de l'évêque de Sinope en Asie Mineure, Marcion est né à la fin du Ier siècle. C'est l'un des premiers grands intellectuels du christianisme primitif. Il tenta de construire une théologie cohérente, autrement dit débarrassée de ses éléments juifs, y compris l'eschatologie apocalyptique. Pour lui, il y avait deux Dieux. Un Dieu de justice : le Dieu inflexible, le Dieu de colère, le Dieu créateur, le Dieu juif, un dieu aliéné, *deus alienus*, et un autre Dieu, le Dieu d'Amour : le Dieu bon, le Dieu chrétien, le Dieu inconnu dont le Christ était venu apporter la révélation sur terre.

Pour Marcion, Jésus, homme en apparence, est pleinement Dieu. Il n'est pas venu accomplir la Loi, mais l'abolir : l'Évangile est l'antithèse de la Loi. Refusant toute interprétation figurée, Marcion constate les hiatus entre le message biblique et le message chrétien. Selon lui, il faut donc départager, dans les textes eux-mêmes, ce qui revient à l'un et à l'autre, dégager le christianisme de sa gangue hébraïque, dévoiler son caractère radicalement neuf. Démontrer pied à pied comment le Dieu chrétien a vaincu le Dieu juif.

Marcion propose donc une Écriture chrétienne de référence qui se détache définitivement de la Bible hébraïque qu'il rejette, qu'il abandonne aux juifs. Cette Écriture chrétienne, appelée à faire autorité, est un diptyque composé de l'*Évangile* et de *L'Apôtre*, une collection de dix épîtres de Paul. En les réunissant dans un seul livre, Marcion impose le concept de « Nouveau Testament ». Pour lui, la Bible hébraïque est périmée, elle devient « l'Ancien Testament ».

Des Évangiles en circulation Marcion ne veut en retenir qu'un, l'évangile selon Luc. Il exclut les autres, trop altérés à ses yeux par le judaïsme. Aussi s'emploie-t-il à expurger Luc de tous les éléments parasites, des renvois à la tradition d'Israël qu'il considère comme des additions et des fraudes qui ont maquillé le texte original. « Ô merveille des merveilles, ravissement et sujet de stupeur, on ne peut absolument rien dire ni penser qui dépasse l'Évangile, il n'existe rien à quoi on puisse le comparer. »

Si Marcion fait d'un côté œuvre d'éradicateur, de l'autre il ne craint pas de compléter et d'amplifier les textes. Ainsi, dans un style manifestement inspiré de l'historiographie gréco-romaine, il est avéré, depuis Tertullien, que la mention de « l'an quinze du principat de Tibère César » est son œuvre. Elle sera développée ultérieurement, dans le même style, par d'autres correcteurs, telle qu'on la trouve aujourd'hui dans l'édition canonique : « Ponce Pilate étant gouverneur de Judée, Hérode tétrarque de Galilée, Philippe son frère tétrarque du pays d'Iturée et de Trachonitide, Lysanias tétrarque d'Abilène, sous le pontificat d'Anne et de Caïphe » (Lc 3,1-2).

L'éditeur de Paul

Mais Marcion est surtout le découvreur et l'éditeur des épîtres de Paul. Ces lettres, considérées comme les documents « chrétiens » les plus anciens, sont ignorées avant la publication de *L'Apôtre*, vers 130-140. Marcion en est le premier témoin daté. Il n'est pas difficile de penser qu'il est allé au-delà d'un simple travail de « correcteur ». On est toutefois réduit aux conjectures quant à l'étendue et à la nature exactes des modifications qu'il a pu opérer car son édition de *L'Apôtre* a disparu, tout comme la méthode exégétique qu'il défendait dans ses *Antithèses*. Son œuvre n'est connue que par ses détracteurs, notamment les Pères de l'Église, Justin, Irénée, Tertullien – lequel, entre 200 et 210, consacre, sous le titre *Contre Marcion*, cinq livres à le réfuter.

En vérité, personne ne sait – et il n'y a aucun moyen de le savoir – comment se présentaient les textes de Paul avant que Marcion ne les accommode à sa théologie. En dégageant les doublons, comme les deux lettres rassemblées dans l'épître aux Philippiens, la critique textuelle permet de supposer qu'il s'agissait à l'origine de courts billets que Marcion a articulés entre eux. Il a créé les liens rédactionnels qui permettent de lire ces notes qui sont devenues des lettres, comme s'il s'agissait d'une œuvre d'une seule venue. Cela lui a permis aussi de développer les textes, d'y apporter des gloses comme le cantique de l'amour dans la première épître aux Corinthiens, la leçon sur les charismes, celle sur le voile des femmes ou sur le déroulement de la célébration eucharistique qui sont des interpolations manifestes. De même, ne faut-il pas voir sa main plutôt que celle de Paul sous les phrases si violemment hostiles aux juifs des Églises de Judée dans l'épître aux Thessaloniciens ?

Mais saura-t-on jamais combien il y a eu d'intermédiaires, d'interpolateurs, de rectificateurs entre les écrits authentiques de Paul, son édition par Marcion et celles qui suivirent ? Comment prendre pour argent comptant cet envoi qui conclut la deuxième épître aux Thessaloniciens : « Ce salut est de ma main, à moi Paul. C'est le signe qui distingue toutes mes lettres. Voici quelle est mon écriture » (2 Th 3,17), quand l'on sait avec certitude que cette épître attribuée à Paul n'est justement pas de sa main, et qu'il n'existe pas, de façon générale, la moindre trace autographe de l'apôtre ?

Nouveau et Ancien Testament

Marcion proposait d'oublier la tradition d'Israël. Pour lui, la Bible était caduque. Il fallait la rejeter et rejeter avec elle les juifs qui la revendiquaient comme seule Écriture, mais sa tentative échoua. En 144, Marcion est « excommunié » de l'Église de Rome. Se posant en successeur authentique (et fortuné) de l'apôtre Paul, il fonde non seulement une école de pensée qui va perdurer mais des Églises rivales de la grande Église. Elles seront solidement organisées et largement implantées dans la même aire géographique. « La tradition hérétique de Marcion a rempli l'univers », constatera Tertullien au siècle suivant.

La chrétienté a été littéralement mithridatisée par Marcion. Malgré son échec apparent, les conséquences de son entreprise sur l'identité chrétienne ont été incalculables, ne serait-ce parce qu'elle lui est redevable de la conservation et la connaissance des épîtres dites « de Paul ». Mais aussi, par sa volonté de se dissocier de la Bible hébraïque, par son opposition à la prolifération des textes chrétiens, il précipita la conception et l'établissement du Nouveau Testament, s'il n'en est pas l'inventeur.

Marcion voulait procéder par exclusion. Les autres courants chrétiens feront prévaloir une conception hétérogène et très composite du corpus néotestamentaire : quatre évangiles, les Actes des Apôtres, les épîtres de Paul, d'autres épîtres – attribuées à Pierre, à Jean, à Jacques, à Jude ou à Judas – sans omettre l'Apocalypse. Vingt-sept livres dont le Canon définitif, décrétant dogmatiquement l'unité contre l'évidence des textes, sera quasiment arrêté à la fin du IVe siècle.

« L'enthousiasme apocalyptique se changea peu à peu en un mysticisme néoplatonicien que la théologie fit reculer, résume Miguel de Unamuno dans *Le Sentiment tragique de la vie*. On craignait les excès de la fantaisie, qui supplantait la foi en créant les extravagances gnostiques. Mais il fallut signer une sorte de pacte avec le gnosticisme, un autre avec le rationalisme ; ni la fantaisie ni la raison ne s'avouaient vaincues. Et alors la dogmatique catholique devint une sorte de système d'antinomies plus ou moins bien accordées. La Trinité fut un pacte entre le monothéisme et le polythéisme ; l'humanité et la divinité pactisèrent dans le Christ. »

Le rapt des ancêtres

Les chrétiens du IIe siècle sont d'emblée devant un dilemme qui les oblige aussi à pactiser. Et ce pour deux raisons : l'une politique, l'autre théologique. Politique parce que dans l'Empire, pour être *religio licita*, « religion légale », il fallait avoir des ancêtres. S'il se coupait de ses racines juives, le christianisme se coupait de ses ancêtres, il se condamnait à demeurer une secte sans droits ni privilèges aux yeux de Rome. Théologique parce que, contrairement à ce que prétendait Marcion, le projet du Nouveau Testament ne pouvait être d'abroger la Bible hébraïque. Ils doivent donc à la fois tirer les conséquences de leur divorce d'avec le judaïsme et ne pas sacrifier l'immense corps de références bibliques sans lequel les Évangiles et leur littérature ne seraient rien.

Les chrétiens vont donc entreprendre de « déterritorialiser » tout l'appareil conceptuel propre au judaïsme, de le neutraliser, de le rendre compatible avec la philosophie païenne et avec la pensée mythique. Ils vont helléniser celui qui aurait pu rester un juif obscur de Galilée, crucifié sous Ponce Pilate. Ainsi fera-t-on de Jésus, « fils de Dieu » parmi beaucoup d'autres juifs, son Fils unique, le Messie, le Christ, etc. Il faudra surtout faire du Nouveau Testament l'accomplissement de la Bible hébraïque, sa clé de lecture. Comme le formulera saint Augustin, le Nouveau Testament est caché par l'Ancien Testament, et l'Ancien Testament est dévoilé par le Nouveau Testament.

Vaste programme. D'où le succès durable de la lecture allégorique systématisée par tous les premiers Pères de l'Église, leur interprétation typologique permettant de décoder le sens crypté – à leurs yeux – de la Torah et des Prophètes, de découvrir par exemple toute la « vie de Jésus » entre les pages de la Bible : l'Annonciation dans Isaïe (Is 8,8), la Nativité dans Jérémie (Jr 7,42), la Grotte encore dans Isaïe (Is 3) avec l'âne et le bœuf, l'un venant d'Isaïe, l'autre d'Habacuc (Ha 3,2), la fuite en Égypte dans Osée (Os 11,1), le massacre des Innocents dans la Genèse (Gn 35,19)... « Partout dans l'Ancien Testament, commentera Nietzsche, il devait être question du Christ, et rien que du Christ, partout, notamment de sa croix, et tous les passages où il était question de bois, de verge, d'échelle, de rameau, d'arbre, de roseau, de bâton ne pouvaient être que des prophéties relatives au bois de la croix ; même l'érection de la licorne et du serpent d'airain, Moïse lui-même avec les bras étendus pour la prière, et les lances où rôtissait l'agneau pascal – tout cela n'était que des allusions et, en quelque sorte, des préludes de la croix. »

Le profit de la lecture chrétienne sera aussi d'un autre ordre. Il permettra de rendre lisible la Bible hébraïque par d'autres lecteurs que les lecteurs juifs. Et du même coup de manifester à ces derniers qu'ils n'ont pas su lire, qu'ils n'ont pas compris. C'est « la farce philologique » à laquelle fait encore allusion l'auteur d'*Aurore* : « Je veux dire la tentative d'enlever l'Ancien Testament aux juifs avec l'affirmation qu'il ne contenait que des doctrines chrétiennes et qu'il devait appartenir aux chrétiens, le véritable peuple d'Israël, tandis que les juifs n'avaient fait que se l'arroger. Il y eut alors une rage d'interprétation et de substitution qui ne pouvait certainement pas s'allier à la bonne conscience. » Comme Justin l'avait asséné au rabbin Tryphon : « Vos Écritures ou plutôt les nôtres, car nous nous laissons persuader par elles, tandis que vous les lisez sans comprendre l'esprit qui réside en elles. »

Verus Israël

Dans son récit de la Passion, Jean note, comme en passant, que l'inscription du *titulus* placé sur la croix était écrite en trois langues : l'hébreu, le grec et le latin. L'information permet en général de dresser un état linguistique de la Judée au début du Iᵉʳ siècle. La précision n'a rien d'impossible. Ni de très vraisemblable. « Beaucoup de juifs lurent cette inscription », l'évangéliste juge bon de le spécifier aussitôt (Jn 19,20). Mais pourquoi insister ? Pour souligner l'exemplarité du châtiment infligé à Jésus ? « Parce que le lieu où Jésus fut crucifié était proche de la ville », répond Jean avec un aplomb déconcertant. Mais d'une ligne à l'autre ce ne sont plus les habitants de Jérusalem qui sont les spectateurs de la crucifixion, mais nécessairement par extrapolation, les juifs, « beaucoup de juifs ».

L'universalisme sous-tendu par la présence des trois langues sur le *titulus* dissimule une redoutable ségrégation. Elle isole « les juifs » (beaucoup d'entre eux) du reste du monde, puisqu'ils se sont révélés incapables de lire, ne serait-ce que cela, la proclamation de la royauté du Christ dont ils étaient pourtant les destinataires naturels. Comme bien d'autres, Schelling ne manquera pas de traduire en termes « philosophiques » l'anecdote de Jean : « Auprès de sa croix, l'humanité entière était pour ainsi dire rassemblée, païens et juifs, car eux seuls composaient le genre humain. Il faut toutefois souligner que les païens n'étaient que l'instrument, alors que les juifs étaient les auteurs. Ceux-là n'avaient que la force, ceux-ci avaient la *volonté* ».

Pour les chrétiens, les juifs ne sont plus dignes d'être le peuple élu. C'est au nom de cette incompréhension, de cette surdité, de cet aveuglement qu'ils vont littéralement les déshériter : la Bible devient l'Ancien Testament, et sans être aboli, il est assujetti au Nouveau. Le christianisme accapare les ancêtres et capte l'héritage. Là où Antiochus Épiphane et Hérode Antipas avaient échoué, restreignant les obligations rituelles, préférant les certitudes aux questions, la vérité à l'interrogation, les dogmes au texte, le christianisme invente une nouvelle forme de judaïsme accessible aux païens. Son génie politique, philosophique, théologique sera même d'oser se proclamer « véritable Israël », *Verus Israël*.

Extraordinaire retournement. Retournement paradoxal.

Paradoxal parce que la déchéance devenait le préalable de la gloire. Paradoxal parce que la souffrance devenait désirable. Parce que la mort devenait une victoire. Paradoxal parce qu'il fallait épargner les bourreaux et dissuader l'Empire de transformer les chrétiens en boucs émissaires. Paradoxal parce que Jésus sera célébré par les païens alors que, ni de son vivant ni après sa mort, il n'a été reconnu par les siens. Paradoxal parce que le prophète d'Israël « mort et ressuscité selon les Écritures » devenait prophète des temps futurs – au point que ses paroles et ses actes n'auront de sens que déplacés dans l'espace et dans le temps. Paradoxal parce qu'une nouvelle religion, universelle et romaine, aura fini par éclore de l'acharnement d'une petite minorité de juifs galiléens à restaurer la pureté du judaïsme. Le comble est que Jésus aura été, malgré lui, l'instrument de ce retournement.

La part maudite

Reprenant l'évangile selon Jean, ce n'est pas à Jésus mais à Judas qu'il faudrait appliquer cette parole tirée des Psaumes : « Ils m'ont haï sans motif » (Ps 34). Emblématique des Judéens (aux yeux de la diaspora des judéo-chrétiens dispersés loin de la Judée) puis des juifs (aux yeux des chrétiens non juifs), Judas deviendra l'incarnation d'un judaïsme qui, repoussant le Christ Jésus, aurait trahi l'Alliance que Dieu avait conclue avec lui. La trahison est la forme tragique de l'incompréhension.

Lorsqu'il va être transporté hors de Palestine, l'antijudaïsme primitif des juifs chrétiens va être lentement mais irrémédiablement déconnecté de ses raisons historiques, de son contexte d'opposition à la Judée puis d'opposition au judaïsme pharisien. Il va devenir un antijudaïsme en soi, un antijudaïsme ontologique. La fixation puis la canonisation des textes chrétiens vont l'entériner définitivement, lui donner force de loi. Il sera dès lors un antijudaïsme institutionnel, une règle de l'Église. Les phrases assassines particulières à l'évangile selon Jean ou aux épîtres de Paul comme tous les autres passages du Nouveau Testament incriminant peu ou prou les juifs vont ainsi être investies d'une légitimité incontestable, d'une autorité dans laquelle l'Église reconnaîtra la voix même de Dieu.

Après le schisme, les chrétiens auraient pu se détourner définitivement des juifs, les abandonner à une religion qui, jamais plus, ne serait la leur. Au contraire, ils feront de l'antijudaïsme un des éléments constitutifs de leur propre identité. L'antijudaïsme sera un signe de reconnaissance. Les chrétiens se définiront comme ceux qui ne sont pas juifs, comme ceux qui se sont démarqués d'eux, comme leurs adversaires ou plutôt leurs ennemis les plus intimes.

Les juifs ne sont pas expulsés des Évangiles ni des autres textes du Nouveau Testament. Ils y demeurent comme la part maudite, comme la personnification du mal, comme le pôle négatif du monothéisme. Au IVe siècle, Grégoire de Nysse les couvrira d'anathèmes : « Meurtriers du Seigneur, assassins de prophètes, rebelles et haineux envers Dieu, ils outragent la Loi, résistent à la grâce, répudient la foi de leurs pères. Comparses du diable, race de vipères, délateurs, calomniateurs, obscurcis du cerveau, levain pharisaïque, sanhédrin de démons, etc. ».

Saint Bernard, abbé de Clairvaux, aura beau s'exclamer : « Ne touchez pas aux enfants d'Israël et ne leur parlez qu'avec bienveillance, car ce sont les os et la chair du Messie, et si vous les molestez, vous risquez de blesser le Seigneur à la prunelle de l'œil », ce sera trop tard. La doctrine exprimée par Grégoire de Nysse et beaucoup d'autres avant et après lui, dominera la pensée de l'Église et inspirera tous les crimes commis au nom du Christ, persécutions, pogroms, massacres… « L'Église suscita moins de martyrs que de bourreaux », selon la formule d'Henri Guillemin.

Il faudra attendre le pape Jean XXIII pour que l'on cesse de prononcer, tous les samedis saints dans les églises, l'exécration perpétuelle des juifs. Une trentaine d'années plus tard, en 1998, dans la déclaration du Vatican sur la Shoah, on pouvait lire ce curieux préambule prétendument historique : « A l'aube du christianisme, après la crucifixion de Jésus, les disputes ont émergé entre l'Église primitive et le peuple juif, et ses responsables qui, dans leur dévotion à la Loi, se sont opposés, violemment parfois, aux annonceurs de l'Évangile et aux premiers chrétiens. »

L'« Église primitive » n'était-elle donc pas partie prenante du peuple juif ? Simon-Pierre, Jean, Jacques, l'« Église de Jérusalem », les Apôtres, les disciples, étaient-ils étrangers au judaïsme ? Étaient-ils déjà catholiques et romains ? Les responsables du peuple juif, « dévoués » à la Loi, seraient-ils les « pharisiens hypocrites » dénoncés par Matthieu, ces juifs préférant la lettre de la Torah à l'esprit des chrétiens ? Les porteurs de l'Évangile n'étaient-ils pas tous fils du judaïsme ? « A l'aube du christianisme, après la mort de Jésus » qui étaient les « chrétiens », sinon certains des juifs qui reconnaissaient en Jésus le Messie qu'Israël attendait ? Si ce n'est par hypocrisie – c'est-à-dire en donnant le spectacle d'un repentir qui, en réalité, ne se repent de rien et réitère les accusations évangéliques contre les juifs –, la déclaration du Vatican atteste combien l'inconscient de l'Église et de ses docteurs est puissamment structuré d'antijudaïsme.

De leur côté, les chercheurs juifs sont confrontés à un débat cruel : comment admettre que la vie, les paroles, les actes d'un de leurs prophètes aient été mobilisés contre son peuple ? Comment ne pas y reconnaître la source de son malheur, la cause des souffrances endurées depuis le règne de Constantin jusqu'aux abominations de l'histoire contemporaine ? Comment dépasser le tabou qui pèse sur le Nouveau Testament ? Comment accepter de le lire enfin comme un témoin irremplaçable de l'histoire juive tout au long du Ier siècle ? Comment rendre Jésus à cette histoire, au judaïsme ?

Albert Einstein, avec raison, voyait en Jésus « le juif central ». C'est bien là notre seule certitude : Jésus a vécu et est mort sous la Loi, sans autre horizon qu'Israël. Le grand miracle qu'il espérait n'a pas eu lieu. Le Fils de l'Homme n'est pas revenu sur les nuées pour juger les vivants et les morts. Le Royaume d'Israël n'a pas été restauré. Au contraire, les défaites de 70 et de 135 ont marqué définitivement l'écrasement de la nation juive. Pendant ce temps, les rédacteurs des Évangiles, les chrétiens du Moyen-Orient, d'Asie Mineure, de Grèce, de Rome, d'Alexandrie vont détacher Jésus de la Palestine, l'arracher à sa langue, l'enlever à sa religion, à son histoire.

A partir de la confession de foi de Paul dans l'épître aux Corinthiens, « à savoir que le Christ est mort pour nos péchés selon les Écritures, qu'il a été mis au tombeau, qu'il est ressuscité le troisième jour, qu'il est apparu à Céphas, puis aux Douze », les écrivains chrétiens vont tirer toute la trame de leurs récits, raconter la fin puis la vie de leur maître, « inventer » Jésus. Mot après mot, phrase après phrase, le prophète juif galiléen va se muer en Christ universel par la puissance, par la magie de l'écriture.

Chronologie

env. – 1000	Royaume d'Israël fondé par David.
env. – 930	Séparation du royaume du Sud (Juda) et du royaume du Nord (Israël).
– 721	Invasion par les Assyriens. Chute de la Samarie, fin du royaume d'Israël.
– 586	Chute de Jérusalem, fin du royaume de Juda.
– 301	La Palestine passe sous l'autorité des Lagides.
– 197	Les Séleucides leur succèdent.
– 175	Politique d'hellénisation d'Antiochus Épiphane.
– 167	Insurrection des Maccabées. Avènement de la dynastie hasmonéenne.
– 63	Prise de Jérusalem par l'armée romaine sous la conduite de Pompée.
– 46	César accorde un statut privilégié aux juifs.
– 40	Hérode le Grand est nommé roi de Judée par Rome.
– 4	Mort d'Hérode le Grand, et division de son royaume.

0	Début théorique de l'ère chrétienne.
4	Hérode Antipas devient Tétrarque de Galilée (jusqu'en 39).
6	La Judée et la Samarie constituent une province romaine. Soulèvement de Judas le Galiléen.
14	Tibère, empereur jusqu'en 37.
18	Caïphe, grand prêtre du Temple de Jérusalem jusqu'en 36.
26	Ponce Pilate, préfet de Judée jusqu'en 36.
env. 30	Crucifixion de Jésus.
37	Caligula, empereur.
41 ou 49	Expulsion des juifs de Rome.
54	Néron, empereur.
env. 55	1re épître de Paul aux Corinthiens.
62	Lapidation de Jacques, frère de Jésus, à Jérusalem.
66	Début de la révolte juive.
70	Prise de Jérusalem par les Romains, destruction du Temple.
132-135	Seconde révolte juive sous la conduite de Simon Bar Kochba. Interdite aux juifs, Jérusalem prend le nom d'Aelia Capitolina.
env. 135	Papyrus Ryland, fragment le plus ancien d'une copie d'évangile.
312	Conversion au christianisme de l'empereur Constantin.
391	Le christianisme devient la religion officielle de l'Empire romain.

Abréviations des références bibliques

Ac	Actes des Apôtres
Ap	Apocalypse
1 Co	1re épître aux Corinthiens
2 Co	2e épître aux Corinthiens
Dn	Daniel
Dt	Deutéronome
Est	Esther
Ex	Exode
Ez	Ézéchiel
Gal	1re épître aux Galates
Gn	Genèse
He	Épître aux Hébreux
Hén	Hénoch
Is	Isaïe
Jn	Évangile selon Jean
Jos	Josué
Jr	Jérémie
Lc	Évangile selon Luc
1 Mac	1er livre des Maccabées
Mc	Évangile selon Marc
Mt	Évangile selon Matthieu
Nb	Nombres
Os	Osée
1 P	1re épître de Pierre

2 P	2e épître de Pierre
Ph	Épître aux Philippiens
Ps	Psaumes
2 R	2e livre des Rois
Rm	Épître aux Romains
Rt	Ruth
2 S	2e livre de Samuel
Sg	Sagesse
1 Th	1re épître aux Thessaloniciens
2 Th	2e épître aux Thessaloniciens
Za	Livre de Zacharie

Bibliographie sélective

Amphoux, Christian-Bernard, *La Parole qui devint Évangile* (Le Seuil, 1993) ; *L'Évangile selon Matthieu – Codex de Bèze* (Le Bois d'Orion, 1996).
Auerbach, Erich, *Mimesis* (Gallimard, 1969).
Baslez, Marie-Françoise, *Bible et Histoire* (Fayard, 1998).
Ben Chorim, Schalom, *Mon frère Jésus* (Le Seuil, 1983).
Bernheim, Pierre-Antoine, *Jacques, frère de Jésus* (Éd. Noêsis, 1996).
Blanchard, Yves-Marie, *Aux sources du Canon, le témoignage d'Irénée* (Éd. du Cerf, 1993).
Blanchetière, François, et Herr, Moshe David (éd.), *Aux origines juives du christianisme* (Cahiers du Centre français de Jérusalem-Peeters, 1993).
Blinzer, Joseph, *Le Procès de Jésus* (Mame, 1962).
Boismard, Marie-Émile, *Moïse ou Jésus* (Leuven University Press, 1988) ; *Faut-il encore parler de « résurrection » ?* (Éd. du Cerf, 1995).
Bovon, François, *Révélations et Écritures* (Labor et Fides, 1993).
Brandon, S. G. F, *Jésus et les Zélotes* (Flammarion, 1975).
Bultmann, Rudolph, *Jésus, mythologie et démythologisation* (Le Seuil, 1968).
Campenhausen, Hans von, *Les Pères grecs* (Le Seuil, 1963).
Carrez, Maurice, *Manuscrits et Langues de la Bible* (Société biblique française, 1991) ; *La Bible* (Desclée de Brouwer, 1992).
Cousin, Hugues, Lémonon, Jean-Pierre, et Massonnet, Jean (éd.), *Le Monde où vivait Jésus* (Éd. du Cerf, 1999).
Cullmann, Oscar, *Des sources de l'Évangile à la formation de la théologie chrétienne* (Delachaux & Niestlé, 1969) ; *Jésus et les Révolutionnaires de son temps* (Delachaux & Niestlé, 1973).
Daniélou, Jean, *L'Église des premiers temps* (Le Seuil, 1963).
Dubourg, Bernard, *L'Invention de Jésus*, t. 1 et 2 (Gallimard, coll. « L'Infini », 1987 et 1989).

Dubuisson, Daniel, *L'Occident et la Religion* (Complexe, 1998).
Floris, Ennio, *Sous le Christ Jésus* (Flammarion, 1987).
Fredriksen, Paula, *De Jésus aux Christs* (Éd. du Cerf, 1992).
Flusser, David, *Jésus* (Le Seuil, 1970).
Frends, Yedi, *L'Apprentissage de la Bible* (Archipel, 1933) ; *En compagnie de Yedi Frends* (Pascale Lanniot éd., 1991).
Gibert, Pierre, *Comment la Bible fut écrite* (Bayard-Le Centurion, 1995).
Grant, Robert, *La Gnose et les Origines chrétiennes* (Le Seuil, 1964) ; *La Formation du Nouveau Testament* (Le Seuil, 1969).
Grappe, Christian, *D'un temple à l'autre* (PUF, 1992) ; *Images de Pierre aux deux premiers siècles* (PUF, 1995).
Grelot, Pierre, *L'Espérance juive à l'heure de Jésus* (Desclée, 1996) ; *Les Juifs dans l'évangile selon Jean* (Gabalda, 1995) ; *L'Origine des Évangiles, Controverse avec Jean Carmignac* (Éd. du Cerf, 1986).
Grimblat, Shimon, *Titulatures et Inscriptions dans la critique exégétique moderne* (Lisa éd., 1941).
Guignebert, Charles, *Jésus* (Albin Michel, 1933, rééd. 1969) ; *Le Christ* (Albin Michel, 1943, rééd. 1969).
Hannaniel, Tristan, *Les Controverses du christianisme* (Bordas, 1992).
Harnack, Adolf von, *Marcion* (Labyrinth Press, rééd. 1990).
Hengel, Martin, *Jésus et la Violence révolutionnaire* (Éd. du Cerf, 1973) ; *La crucifixion dans l'Antiquité* (Éd. du Cerf, 1981) ; *The Zealots* (T & T Clark, 1989).
Isaac, Jules, *Jésus et Israël* (Fasquelle, 1959).
Jeremias, Joachim, *Jerusalem au temps de Jésus* (Éd. du Cerf, 1967) ; *Théologie du Nouveau Testament* (Éd. du Cerf, 1980).
Kaestli, Jean-Daniel, et Marguerat, Daniel (éd.), *Le Mystère apocryphe* (Labor et Fides, 1995).
Kelber, Werner, *Tradition orale et Écriture* (Éd. du Cerf, 1991).
Kelly, John F., *Dictionnaire du christianisme ancien* (Brepols, 1994).
Koester, Helmut, et Bovon, François, *Genèse de l'écriture chrétienne* (Brepols, 1991).
Labriolle, Pierre de, *La Réaction païenne au christianisme* (Choureau et Cie, 1934).
Le Déaut, Roger, *Liturgie juive et Nouveau Testament* (Institut biblique pontifical, 1965).
Légasse, Simon, *Le Procès de Jésus,* t. I et II (Éd. du Cerf, 1994).
Leisegang, H., *La Gnose* (Payot, 1951).
Lémonon, Jean-Pierre, *Pilate et le Gouvernement de la Judée* (Gabalda, 1981).
Léon-Dufour, Xavier, *Dictionnaire du Nouveau Testament* (Le Seuil, 1975) ; *Les Évangiles et l'Histoire de Jésus* (Le Seuil, 1963) ; *Résurrection de Jésus et Message pascal* (Le Seuil, 1991).

Maccoby, Hyam, *Paul et l'Invention du christianisme* (Lieu commun, 1987) ; *Revolution in Judaea (Jesus and the Jewish Resistance)* (Ocean Books, 1980).
Marchadour, Alain, *Lazare* (Éd. du Cerf, 1988).
Marguerat, Daniel (éd.), *Le Déchirement, Juifs et chrétiens au Ier siècle* (Labor et Fides, 1996).
Marguerat, Daniel, et Norelli, Enrico (dir.), *Jésus de Nazareth, Nouvelles approches d'une énigme* (Labor et Fides, 1998).
Mélèze Modrzejewski, Joseph, « Juifs et Grecs entre l'État et la religion : la crise maccabéenne », in *Revue des sciences morales et politiques* (Gauthier-Villars, 1994).
Mimouni, Simon Claude, *Le Judéo-christianisme ancien* (Éd. du Cerf, 1998).
Neirynck, Frans, *Collected Essays* (Leuven University Press, 1991-1992).
Nodet, Étienne, *Flavius Josèphe, baptême et résurrection* (Éd. du Cerf, 1999).
Nodet, Étienne, et Taylor, Justin, *Essai sur les origines du christianisme* (Éd. du Cerf, 1997).
Osier, Jean-Pierre, *L'Évangile du ghetto* (Berg International, 1984).
Pelikan, Jiroslav, *La Tradition chrétienne : I. L'émergence de la tradition catholique* (PUF, 1994).
Perrot, Charles, *Jésus et l'Histoire* (Desclée, 1993) ; *Jésus, Christ et Seigneur des premiers chrétiens* (Desclée, 1997).
Puech, Émile, in *Qumrân et les Manuscrits de la mer Morte, un cinquantenaire* (Éd. du Cerf, 1997).
Quesnel, Michel, *L'Histoire des Évangiles* (Éd. du Cerf, 1987).
Robinson, James, *Le Kérygme de l'Église et le Jésus de l'histoire* (Labor et Fides, 1960).
Robinson, John, *Redater le Nouveau Testament* (Éd. P. Lethielleux, 1987).
Rougier, Louis, *La Genèse des dogmes chrétiens* (Albin Michel, 1972).
Sachot, Maurice, *L'Invention du Christ* (Odile Jacob, 1997).
Sanders, E. P., *Jésus and Judaïsm* (S. C. M. Press, 1985).
Sartre, Maurice, *L'Orient romain* (Le Seuil, 1991).
Schenke, Ludger, *Le Tombeau vide et l'Annonce de la résurrection* (Éd. du Cerf, 1970).
Schlosser, Jacques, *Le Dieu de Jésus* (Éd. du Cerf, 1987).
Schubert, Kurt, *Jésus à la lumière du judaïsme du Ier siècle* (Éd. du Cerf, 1974).
Schwartz, Daniel, *Studies in the Jewish Background of Christianity* (J. C. B. Mohr, 1992).

Simon, Marcel, *La Civilisation de l'Antiquité et le Christianisme* (Arthaud, 1972).
Stanton, Graham, *Parole d'Évangile ?* (Éd. du Cerf, 1997).
Starobinski, Jean, *Trois Fureurs* (Gallimard, coll. « Le chemin », 1974).
Steinberg, Léo, *La Sexualité du Christ dans l'art de la Renaissance et son refoulement moderne* (Gallimard, coll. « L'Infini », 1987).
Stroumsa, Guy G., *Savoir et Salut* (Éd. du Cerf, 1992) ; « Le radicalisme religieux du premier christianisme », in *Les Retours aux écritures, fondamentalisme présent et passé* (Peeters, 1993).
Taubes, Jacob, *La Théologie politique de Paul* (Le Seuil, 1999).
Theissen, Gerd, *Le Christianisme de Jésus* (Desclée, 1978) ; *Histoire sociale du christianisme primitif* (Labor et Fides, 1996).
Trocmé, Étienne, *La Formation de l'évangile selon Marc* (PUF, 1968) ; *Jésus de Nazareth vu par les témoins de sa vie* (Delachaux et Nietslé, 1972) ; *The Passion as Liturgy* (S. C. M. Press, 1983).
Vaganay, Léon, édition revue par Christian-Bernard Amphoux, *Initiation à la critique textuelle du Nouveau Testament* (Éd. du Cerf, 1986).
Vermes, Geza, *Jésus le juif* (Desclée 1978).
Veyne, Paul, *Comment on écrit l'histoire* (Le Seuil, 1971) ; *Les Grecs ont-ils cru à leurs mythes ?* (Le Seuil, 1983).
Vidal-Naquet, Pierre, *Les Juifs, la mémoire et le présent* (La Découverte, 1991).
Vouga, François, *Les Premiers Pas du christianisme* (Labor et Fides, 1998).
Wagner, Marina, *Seule entre toutes les femmes* (Rivages/Histoire, 1989).
Yerushalmi, Yosef Hayim, *Zakhor, Histoire juive et mémoire juive* (Gallimard, 1984).

Collectif, *La Résurrection du Christ et l'Exégèse moderne* (Éd. du Cerf, 1969).
ACFEB, *Origines et Postérité de l'évangile selon Jean* (Éd. du Cerf, 1990).
Notre histoire, *Les Évangiles* (Desclée de Brouwer, 1990).
Encyclopaedia Universalis, *Dictionnaire du judaïsme* (Albin Michel, 1998).

La collection de la revue *Le Monde de la Bible* (Bayard), notamment :
« Aux origines de la croix » (1996), « L'évangile de Jean » (1988), « Que sait-on de Jésus ? » (1998).

Les Cahiers Évangile (Éd. du Cerf), notamment :
Étienne Charpentier, « Christ est ressuscité ! » (1973). Pierre-Marie Beaude, « … selon les Écritures » (1975). Charles Perrot, « Les récits de

l'enfance de Jésus » (1976). Michel Gourgues, « L'au-delà dans le Nouveau Testament » (1982). Collin Matthieu et Pierre Lenhardt, « Évangile et tradition d'Israël » (1990), « La Torah orale des pharisiens » (1990). Francine Culdaut (éd.), « A la naissance de la parole chrétienne, tradition et écriture au IIe siècle » (1992).

Nous renvoyons également à quelques textes fondamentaux devenus introuvables :
- l'ensemble de l'œuvre d'Alfred Loisy, et notamment : *L'Évangile et l'Église* (1903), *Autour d'un petit livre* (1904), *Jésus et la Tradition évangélique* (1910), *La Naissance du christianisme* (1933), *Remarques sur la littérature épistolaire du Nouveau Testament* (1935), *Les Origines du Nouveau Testament* (1936) ;
- Maurice Goguel, *Jésus* (Payot, 1950) et *Naissance du christianisme* (Payot, 1955) ;
- Joseph Klausner, *Jésus de Nazareth* (Payot, 1933) ;
- D. F. Strauss, *Vie de Jésus* (1864) ;

et aux ouvrages des historiens rationalistes comme Prosper Alfraric, Paul-Louis Couchoud, Daniel Massé et Georges Ory.

*

Textes anciens cités :

Origène, *Contre Celse*, traduction Marcel Borret (Éd. du Cerf, coll. « Sources chrétiennes », 3 t., 1968-1969).

Tertullien, *Contre Marcion*, traduction René Braun (Éd. du Cerf, coll. « Sources chrétiennes », 3 t., 1990-1994).

Méliton de Sardes, *Sur la Pâque*, traduction Othmar Perler (Éd. du Cerf, coll. « Sources chrétiennes », 1966).

Les Pères apostoliques, Écrits de la primitive Église (La *Didaché*, Ignace d'Antioche, Polycarpe), traduction et introduction de France Quéré (Le Seuil, 1980).

Justin, *Œuvres complètes*, présentées par Jean-Daniel Dubois, traduit par G. Archambault et L. Pautigny (Migne, 1994).

Philon d'Alexandrie, *In Flaccum*, traduction par André Pelletier (Éd. du Cerf, 1967).

Flavius Josèphe, *La Guerre des Juifs*, précédé par « Du bon usage de la trahison » par Pierre Vidal-Naquet, traduction par Pierre Savinel (Éd. de Minuit, 1977) ; *Antiquités juives*, traduction et notes par Étienne Nodet (Éd. du Cerf, 1992).

Écrits apocryphes chrétiens, t. I, édition dirigée et présentée par François Bovon et Pierre Geoltrain (Gallimard, Bibliothèque de la Pléiade, 1998), et notamment :
Évangile selon saint Thomas, traduit et présenté par Claudio Gianotto.
Évangile de Pierre, traduit et présenté par Éric Junod.
Ascension d'Isaïe, traduit et présenté par Enrico Norelli.

Thérèse d'Avila, *Œuvres complètes*, traduction par Marcelle Auclair (Desclée de Brouwer, 1964).

Index des thèmes

Index des noms d'auteurs

Remerciements

Les auteurs tiennent à exprimer toute leur reconnaissance aux chercheurs qu'ils ont rencontrés et interrogés pour la série *Corpus Christi* :

Christian-Bernard Amphoux, Moshé Bar-Asher, Marie-Émile Boismard, Alan Culpepper, Joseph Fitzmyer, Ennio Floris, Sean Freyne, Pierre Geoltrain, Christian Grappe, Pierre Grelot, Martin Hengel, Éric Junod, Jean-Pierre Lémonon, Malcolm Lowe, Hyam Maccoby, Daniel Marguerat, Frans Neirynck, Étienne Nodet, Enrico Norelli, Charles Perrot, Émile Puech, Daniel Schwartz, Jean-Marie Sevrin, Guy Stroumsa, Gerd Theissen, Étienne Trocmé, Joe Zias.

Ils tiennent également à remercier pour leur aide François Bovon, Henri Broch, Maurice Carrez, David Flusser, Jean Grosjean, Jean-Daniel Kaestli, Pierre Lenhardt, Simon Légasse, Michèle Morgen, Jacques Schlosser, Justin Taylor, Raoul Vaneigem, Jean Zumstein.

Ainsi que Denis Freyd, Jérôme Clément, Victor Rocaries, Thierry Garrel, Jean-Étienne Cohen-Seat, Olivier Nora et Sophie Rouffio.

Et le Centre national du livre.

Ils disent leur gratitude particulière à Pierre Geoltrain et à Jean-Louis Schlegel.

Table

RÉALISATION . PAO ÉDITIONS DU SEUIL
IMPRESSION : BUSSIÈRE CAMEDAN IMPRIMERIES À SAINT-AMAND
DÉPÔT LÉGAL : NOVEMBRE 1999. N° 34994 (994539/4)